U0613816

基于技术补贴的“区块链+”农产品供应链运营机制研究

刘 盼 李炳军 李 晔 崔笑颜 著

中国农业出版社
北 京

FOREWORD 前言

农产品质量安全问题日益严峻，特别是在农业强国与质量强国战略下实现农产品信息的可追溯已成为提高消费者信任的迫切需要。因此，建立农产品溯源体系势在必行。区块链技术凭借其在农产品溯源领域的应用优势受到广泛关注，但区块链的投资成本高，资本回收期长，拟采用区块链技术的企业需要了解该技术的投资条件及投资后供应链的协调问题，而目前这些问题尚未得到解决。加之三年疫情给国家倡导的以区块链助力农产品质量安全政策的推行带来了巨大挑战，区块链并未得到广泛应用。为推动区块链技术的研发与应用，各国政府纷纷出台相关补贴政策，这将对企业的区块链投资决策以及产品定价产生新影响，进而影响农业产业升级。因此，探究政府采取不同补贴策略时基于区块链的农产品供应链的定价规律、投资策略以及协调，对以区块链推进农业现代化建设、助力乡村振兴至关重要。从乡村振兴战略的实际要求出发，针对区块链应用于农产品供应链所带来的一系列变化，本书创新性地提出在区块链背景下，考虑政府采取不同补贴策略时的农产品供应链运营决策机制。主要研究内容包括以下两部分：

第一部分主要考虑消费者对区块链溯源信息的可信度和偏好是影响其购买决策的关键因素，强调投资区块链后消费者对产品信息的信任水平与需求函数之间的关系，修正市场需求函数。基于此，分别针对补贴对象、补贴类型与补贴方式的异质性，探讨不同补贴模式下的定价策略与区块链技术投资决策。

首先，选择由一个生产商、一个区块链溯源服务商和一个零售商组成的绿色农产品供应链作为研究对象，考虑采用区块链技术后消费者感知绿色信任系数和感知新鲜度信任系数，修正需求函数。假设政府对使用和研发区块链的企业提供税收补贴策略，考虑补贴对象不同将可能导致供应链成员的决策差异，提出并分析了三种补贴模式。研究结果表明：①当区块链溯源服务商的区块链技术投资成本在一定范围内时，税收补贴模式下供应链成员的收益将高于无税收补贴模式下的收益。此外，区块链溯源服务商的区块链技术投资成本与政府对其和生产商的税收补贴系数负相关。②获得政府税收补贴的供应链成员收益的变化趋势与税收补贴率和区块链溯源服务商的区块链技术投资成本相关。③供应链成员若想获得较低的价格和更多的收益，应竭力利用区块链技术提高消费者的感知绿色信任系数和感知新鲜度信任系数。

其次，考虑提供冷链服务的第三方物流公司在降低农产品损耗中扮演的重要角色以及农产品电商在疫情时期发挥的重要作用，选择由一个生产商、一家第三方物流公司与一个电子商务零售商组成的三级生鲜农产品供应链为研究对象。考虑在新背景下消费者对新鲜信息和溯源信息的感知信任水平以及复购率的变化，进一步修正需求函数。提出“区块链+大数据”背景下，供应链成员需求和溯源信息服务的三种投资模式，并假设在这三种投资模式下政府分别采取保鲜补贴策略与基于“区块链+大数据”技术的需求和溯源信息服务成本的补贴策略，可得政府补贴策略的效果与供应链成员的投资条件。研究结果表明：①在三种投资模式下，政府基于“区块链+大数据”技术的需求和溯源信息服务成本的补贴将提高供应链成员的收益，进而激励其投资基于“区块链+大数据”技术的需求和溯源信息服务。此外，其将降低销售价格并提高消费者剩余。②但当政府补贴保鲜努力成本时，仅第三方物流公司的最优收益增加，其余最优决策保持不变。这说明政府应优先补贴基于“区块链+大数据”技术的需求和溯源信息服务成本。

最后，为探索新背景下政府补贴政策，选择由一个生产商、一个区块链溯源服务提供商与一个零售商作为研究对象，将政府补贴划分为固定补贴和变动补贴。然后，考虑消费者对区块链溯源信息的信任水平与偏好，修正需求函数，提出并分析了三种补贴模式。研究结果表明：①变动补贴将有助于零售商、生产商与溯源服务提供商制定较低的价格。

②同时，向区块链溯源服务商和生产商提供变动补贴将有助于整体供应链成员获得更多收益。

第二部分主要考虑在新技术环境下产品重要信息的不可靠性是影响企业投资决策和消费者购买决策的关键因素，强调产品重要信息的不可靠性与需求之间的关系，重建市场需求函数。基于此，分别探讨不同补贴方式下农产品供应链的定价策略与区块链投资决策以及投资区块链后供应链的协调问题。

首先，选择由一个生产商和一个零售商组成的农产品供应链为研究对象，并将政府补贴方式划分为直接补贴和间接补贴。考虑新环境下质量信息的不可靠性，更好地反映市场需求和农产品质量之间的关系，修正需求函数。此外，针对基于大数据和区块链信息服务（BBIS）的投入，提出并分析了三种补贴模式及其收益函数。研究结果表明：①补贴模式不影响价格和收益随着BBIS优化系数、生产商和零售商的BBIS投资成本、质量安全不可靠系数的增加及农产品质量水平的变化而变化的趋势。②当直接补贴和间接补贴的补贴系数满足一定关系时，在间接补贴模式下供应链成员的收益将高于直接补贴模式。

其次，基于区块链的防伪溯源系统的应用对改善新鲜度信息的不可靠性有着积极作用。然而，采用基于区块链的防伪溯源系统将增加供应链成员的额外支出。基于区块链的防伪溯源系统的投资条件及投资后如何协调供应链是供应链成员亟须了解的问题。为解决此问题，选择由一个生鲜农产品生产商和一个零售商组成的供应链作为研究对象，考虑新鲜度信息的不可靠性，进一步修正需求函数。然后，构建采用基于区块链的防伪溯源系统前后的收益函数，采用价格折扣和收益共享契约协调供应链。研究结果表明：随着新鲜度信息不可靠系数的增加，在提出的三种情况下供应链成员的收益均减少。由此可知，若供应链成员想要在采用基于区块链的防伪溯源系统后获得更多收益，其应竭力挖掘基于区块链的防伪溯源系统的价值并降低新鲜度信息的不可靠系数。

上述研究均以单一供应链为研究对象。值得注意的是，竞争型农产品供应链是农产品供应链的重要组成部分。在竞争环境下，越来越多的农产品供应链采用区块链溯源服务来提高农产品的溯源水平。对于许多想采用区块链溯源服务的公司，区块链溯源服务的投资策略和农产品供应链的协调规则是至关重要的问题。为了探索这些规律，本书构建了两条竞争型农产品供应链，每条农产品供应链包括一个供应商和一个零售商。考虑采用区块链溯源服务后消费者对产品质量安全感知的新变化，修正需求函数。然后，构建了在三种投资情况下供应链成员的收益函数。研究结果表明：①采用区块链溯源服务将提高消费者的感知质量，从而增加其收益。②当决策者想要投资区块链溯源服务时，其应关注消费者对其竞争型产品的质量安全感知系数。③当投资成本大于其阈值时，两条竞争型供应链将共同投资区块链溯源服务。

最后，通过文献梳理和调研分析，了解采用区块链后消费者对新鲜信息、绿色信息与溯源信息的感知信任水平、质量信息与新鲜度信息的不可靠性以及产品复购率的实际变化情况。基于掌握的实际情况对各参数赋值，并使用Matlab进行数值仿真，从而验证所得结论的有效性。研究结果可为政府补贴下供应链参与者制定有竞争力的农产品定价策略，市场监督等决策部门监管、控制、制定农产品价格以及企业投资区块链提供理论支持。

刘　盼　李炳军　李　晔　崔笑颜

CONTENTS 目 录

1 绪　　论

1.1 研究背景

随着中国经济的快速发展，消费者的生活水平不断提高，其对农产品的消费需求也在发生变化，绿色、优质以及安全的农产品越来越受欢迎[1,2]。然而，近 10 年来，一系列农产品质量安全事件的发生严重打击了消费者的信心[3]。为了获取经济利益，食品欺诈时有发生[4,5]，这损害了供应链的品牌声誉，甚至损害业绩。据统计，食品欺诈为英国的食品企业和消费者带来数亿英镑的损失[6]。在中国，2004—2012 年的 8 年间，共曝光了 2 489 起食品安全事件，其损失难以估计[7]。各国要求采取措施以防止食品欺诈，但食品安全欺诈行为（产品原料欺诈、标签说明书欺诈、食品生产经营行为欺诈、宣传欺诈、食品检验与认证欺诈、许可申请欺诈、备案信息欺诈等）仍可能发生在整个供应链中，即使其有食品质量管理的认证系统[8]。尤其是在新冠疫情防控期间，冷链食品安全事件频发，在生鲜食品的外包装上频繁检测到新冠病毒，为新冠疫情防控带来了巨大挑战，食品安全问题已成为全球共同关注的问题[9]。同时，新冠疫情引发了许多经济社会问题，农业和食品部门受到严重影响[10]，导致农产品滞销、库存积压，损失严重，而且在配送过程中面临如何确保如期交付以及避免新冠病毒污染的双重问题[11]。考虑到上述方面，各国政府希望了解病毒是何时、何地、由何人传播到生鲜食品上的，以及如何有效应对供应链中断。此外，农产品供应链是一个复杂的生态系统，涉及多个利益相关者，具有链条长、生产分散、信息多源异构等特点，极易造成供应链上下游信息断链和不透明，面临产品违规、质量问题以及数据丢失等挑战[12]。总之，与食品安全、污染风险以及农产品供应链管理相关的问题越来越多，特别是在农业强国与质量强国建设时期，食品安全和供应链管理的重要性尤为突出[13]。

为解决上述问题，增强消费者的信心和购买意愿，实现产品的信息可追溯性和监督至关重要[14-16]。这就产生了对有效的可追溯性解决方案的巨大需求，该解决方案可作为一个重要的质量管理工具，确保农产品供应链中产品的充分安全[17]。一项调查研究表明大约 94%的参与者会购买采购信息透明的产品[18]，另一项调查发现消费者往往将可追溯性与健康、质量、安全和控制联系在一起，重要的是质量和安全都与消费者感知的可追溯性有关，可追溯性将有助于提高消费者的信心[19]。基于溯源技术的溯源系统是确保食品质量安全、减少安全恐慌以及协调食品供应链利益相关者的有效方法[20-22]，其可以协助企业和政府有效地监控食品的生产过程，准确把控问题源头，管理食品危机。从整个供应链来看，可追溯系统将使供应链各节点企业权责分明，出现问题时有充分的依据维护自己的利益[23]。同时，可追溯系统还可以加强供应链上各节点企业之间共担风险、共享收益的战略伙伴关系，提高整个供应链的竞争优势[24]。此外，可追溯信息的获取将大大提高消费者的信任水平[25]。因此，食品的可追溯性已经成为区域和国家立法、许多研究和技术发展倡议以及许多科学文章的焦点[26]。新兴信息技术已成为实现可追溯性、可持续性以及抵御新冠疫情等危机的主要工具[27]。部分企业已经使用了防伪溯源技术监控和追踪食品质量，如安布罗斯公司的橄榄油溯源，EZ 实验室的葡萄酒区块链也曾采用区块链溯源系统用以追溯产品[28]。在传统环境下，防伪溯源系统（物联网、射频识别、近场通信、条码识别等）在解决信息不对称、加速产品流通方面起到了很好的作用。但基于这些技术的追溯系统是一种中心化的服务器—客户端机制[29,30]，其溯源流程固化，系统灵活性较差[31]。传统的集中式追溯系统的另一个主要缺点是供应链上的不同用户有其自己的系统，相应地有他们自己的复杂性和不同特征。中心化的服务器—客户端机制的数据存储于各节点企业，数据的管理者为供应链成员，当发现数据存在问题或对利益相关者不利时，供应链成员有可能篡改数据，而且在供应链上下游数据传递过程中存在协作信任度低、真实性差等问题。这种中心化的数据存储模式将导致传统溯源服务的可信度不高，消费者对追溯信息的真实性产生信任危机。现如今，随着消费者对产品可追溯性意识的提高，传统供应链可追溯性系统的缺点更加明显[32]，如公信力缺失、溯源结果可靠性低、政府和企业监管困难、隐私数据易泄露、信息孤岛以及社会参与度低等[33]。上述情况将导致消费者和供应链成员获取有关产品完整信息和追溯农业食品来源变得十分困难[34,35]。

为了满足消费者对生鲜产品的信息透明度和查询便利性的要求，利益相关方需要一个真实、可靠、可信的追溯系统来提供有关信息。此外，为了保证市场反馈数据的准确性，防止一些卖家骗取货物，生产者也需要一个可靠可信的追溯系统。对于政府而言，亟须一个有助于监管食品安全问题的溯源平台，尤其是追溯新冠病毒在生鲜食品外包装上的传播途径。已有研究表明精心设计的可追溯性系统是从质量控制、生产控制和满足消费者需求等方面获得最佳效益的基础[36]，而作为共享数据库的区块链技术（具有不可篡改、可追溯、公开、透明等性质）有助于解决信任问题并满足多方溯源需求[37,38]，有多项实证也已证明区块链技术可为农产品供应链中的产品溯源提供创新的解决方案。如一项以在巴基斯坦经营的农业公司为调查对象的采访研究表明区块链可有效解决货物跟踪、产品和交易欺诈以及供应链灵活性较低等问题[39]。另一项以中国江西省有机稻米这一生态农产品为研究对象的调查研究结果表明，消费者对生态农产品可追溯技术的偏好依次为：区块链技术应用属性、传统追溯技术应用属性、高信用监管属性和国际认证属性，且在支付意愿方面，消费者对区块链技术应用的支付意愿最高，愿意为其每千克多支付 CNY 21.902[40]。

因此，相较于传统溯源技术，区块链技术在农产品领域的应用更具优势，区块链技术通过确保从农民到消费者整个网络的可追溯性、透明度和效率，证明了其在改善当前农产品供应链方面的价值[41]。基于区块链的防伪溯源系统可有效提高组织[42]和消费者之间的数据可信度与信任，增强消费者对食品的信心[43]，同时便于政府对农产品供应链的管理以及相关政策的制定。然而，值得注意的是区块链凭借其自身优势虽然可以实现数据的完整记录和不可篡改，但其对数据的统计分析能力较弱，而数据的存储和统计分析是大数据的强项，因此，将大数据技术融入区块链（即“区块链＋大数据”）可极大地挖掘区块链的数据价值和使用潜力[44]。此外，区块链上的数据可作为数据补充用于大数据技术的分析和预测功能，这将使需求预测更加准确。因此，基于“区块链+大数据”技术的农产品透明可追溯系统可打破数据孤岛，最大程度保障农产品的质量安全和溯源发展[45]。

大数据和区块链的融合应用是一场管理革命，可提高企业的竞争优势[46]。实际上，许多企业已经意识到大数据和区块链的应用有助于降低运营成本，并实施了大数据和区块链计划[47]。在疫情防控期间，区块链与大数据技术更是被广泛用于从源头到目的地追溯生鲜食品信息，特别是进口生鲜食品[48]。在现实中已有一些区块链与大数据技术的应用案例，如Compete Chain在区块链的基础上融入了大数据技术，实现了去中心化的支付方式，并利用大数据分析技术提供数据支持，完善了游戏产业；中南集团与黑龙江省农业股份有限公司合作建立了基于大数据和区块链的农产品溯源平台；京东和阿里云已推出了基于区块链和大数据的溯源服务和零售服务。事实上，在其他国家，一些信息技术供应商（ripe. io、IBM等）、生产商和零售商（泰森食品、沃尔玛等）均有各自的溯源计划。

尽管区块链具有诸多应用优势，但由于区块链的投资成本较高以及资本回收期较长，大多企业都处于观望状态。这导致区块链技术在农产品供应链领域中并未得到广泛应用。疫情防控期间，我国部分冷冻产品的外包装被检测出新冠病毒，疫情加快了区块链技术在供应链中的应用[49]，基于区块链的溯源已成为未来的趋势，且其已经引起了企业和政府的关注，尤其是在农产品供应链领域。然而，面对新技术的高额投资，企业需要政府的政策激励。值得注意的是，对于传统的农产品生产商或零售商来说，区块链和大数据的融合研发是非常具有挑战性的。因此，很多企业选择向专业的信息技术公司购买基于大数据和区块链的信息服务。此外，农产品易腐烂的特性也不容忽视。在我国，果蔬产品每年在流通中的损耗高达8 000万吨，损耗率达25%～30%，经济损失达到30%[50]。为加强冷链保鲜，越来越多的公司选择将冷链物流外包给第三方物流公司[37,51]，从而有效提高生鲜农产品的新鲜度、降低损耗，进而直接影响消费者的购买意愿[52]。然而，冷链保鲜需配备专业的冷藏设备，这些固定资产的投资将增加生鲜农产品供应商的运营成本，从而使农产品供应链面临高成本低利润的难题。综上，为推动区块链技术的发展和应用并缓解冷链保鲜的成本压力，各国政府纷纷出台了相关政策[53,54]（表1-1）。其中，本书主要归纳了两种补贴类型：一是政府补贴区块链的相关政策。通过对政府补贴区块链相关政策的梳理和归纳，将政府补贴划分为税收补贴、固定补贴、变动补贴、直接补贴和间接补贴四类。二是政府补贴保鲜设施的相关政策。在这种情况下，企业主要思考并关注以下问题：①有多少种补贴模式？哪一种补贴模式最佳？②在不同的补贴模式下如何定价能获得更多收益？③投资区块链技术前后如何协调农产品供应链参与者？这些问题的核心是探讨考虑区块链应用的农产品供应链补贴定价策略以及投资后的协调问题。

表1-1 区块链与保鲜设施建设的相关政策

国家	类型	政策文件	相关内容
韩国	区块链相关政策	2018年税法执法法令的拟议修正案	将区块链技术型企业作为税收减免对象，中小企业税务减免30%～40%，大型企业税务减免20%～30%
英国		分布式账本技术：超越区块链	计划开发分布式账本技术系统应用于政府公共机构的管理
中国		市经贸信息委关于组织实施深圳市战略性新兴产业新一代信息技术信息安全专项2018年第二批扶持计划的通知	区块链作为被扶持项目之一，单个项目资助金额不超过200万元，资助金额不超过项目总投资的30%
		关于打造西溪谷区块链产业园的政策意见（试行）	采用区块链的企业可享有房租补助、税收优惠、科技成果奖励以及人才扶持政策
		关于组织实施深圳市战略性新兴产业新一代信息技术信息安全专项2018年第二批扶持计划通知	单个区块链项目资助金额不超过200万元，资助金额不超过项目总投资的30%
	保鲜设施相关政策	关于促进冷链物流业高质量发展的若干政策措施	针对新建产地保鲜设施建设，湖南省将补贴其建设资金的20%
		农业农村部关于加快农产品仓储保鲜冷链设施建设的实施意见	加大对农产品仓储保鲜冷链设施建设的支持，对冷藏车购置等给予一定财政补贴

区块链在农产品供应链中的应用虽引起了众多学者的关注，但大多研究集中在技术整合与突破、概念定义与划分等方面[55]。而基于博弈论，考虑区块链技术的投资所引起的需求函数的变化，少有研究探讨在政府的不同补贴策略下农产品供应链的区块链技术投资与协调策略。值得注意的是，消费者对基于区块链溯源信息的偏好、基于区块链的溯源信息的感知信任水平、产品重要信息的不可靠性、对农产品的感知安全等将对其购买决策以及企业的投资决策产生重要影响[56-60]。此外，在传统环境下，生鲜农产品的复购率普遍不高，如盒马鲜生的复购率不足10%，这将制约农产品供应链的发展[61]。而根据京东报告的数据，其在提供基于区块链的溯源服务后，生鲜产品的复购率提升了47.5%，可见区块链技术的投入对农产品复购率也产生了积极影响。因此，本书将主要考虑消费者对基于区块链溯源信息的偏好与信任水平、投资区块链技术对产品信息的不可靠性与生鲜产品复购率的影响，强调投资区块链后需求函数的变化。

基于此，本书考虑投资区块链后需求函数的新变化，探讨政府不同补贴策略下的农产品供应链的区块链技术投资策略以及投资后农产品供应链的协调问题。为此，本书以基于区块链的农产品供应链为研究对象，考虑到新背景下的上述变化，修正了需求函数，构建后疫情时期政府补贴下基于区块链的农产品供应链定价博弈模型，并对本书主要探讨的问题进行进一步的补充和拓展。

1.2 政府补贴策略下基于区块链的农产品供应链现状评述

1.2.1 区块链概述

区块链这个词最早出现于2008年[62,63]，区块链技术源于名为“中本聪”的日本学者在密码学邮件组发表的奠基性论文《比特币：一种点对点电子现金系统》[64-66]。尽管区块链的概念早已被提及，但在国内的起步较晚，直至2017年全国两会后逐渐被大众熟知，继而于2018年全国两会期间成为热词。2020年4月，国家发改委首次明确新型基础设施的范围，正式将区块链列入“新基建”的范畴，这意味着区块链技术已上升为国家战略技术。目前，区块链在全球创新领域赢得了众多研究的认可和公众的关注。《经济学家》将区块链比作“信任的机器”，并预测“区块链将重新定义世界”。同物联网[67]、云计算[68]、大数据[69]等下一代信息技术类似，区块链是一种新兴技术，由计算机网络进行维护和更新，结合了计算技术的独特性和创新性[70]，如分布式存储、分散和独立的点对点网络[71]、自动和智能共识机制、拜占庭容错（Byzantine Fault Tolerant）[72]、可编程智能合约[73]和动态加密算法[74-76]。根据 Gartner 的报告，从 2016 年到 2017 年，区块链被认为是对大部分企业机构产生显著影响的十大战略科技之一[77]。

一般认为区块链是一种融合多种现有技术的新型分布式计算和存储范式[78]。从狭义上讲，区块链是一种链式数据结构，按照时间顺序组合数据和信息块，并结合密码学原理和时间戳等技术将这些数据块存储为不能被篡改或伪造的分布式分类账。从广义上讲，区块链技术使用块型数据结构来验证和存储数据，使用分布式节点一致性算法来生成和更新数据，并使用加密来确保数据传输和访问安全[79,80]，利用自动化脚本代码或智能合约实现上层应用逻辑。区块链的工作流程主要包含生成区块、共识验证与账本维护三个步骤。根据不同场景下的信任构建方式，可将区块链分为两类，即非许可链与许可链[81]。非许可链是一种完全开放的区块链，而许可链是一种半开放式的区块链，只有指定的成员可以加入，且每个成员的参与权各有不同，其可进一步分为联盟链和私链[82]。区块链技术具有的去中心化、过程可信、数据防篡改以及信息公开透明等特性使得区块链溯源等应用发展得如火如荼[83]。得益于其去中心化的属性，区块链被认为能够在多方之间建立信任，提高经济和社会的运行效率。作为去中心化的系统，区块链不需要第三方信任机构，并采用了去中心化的共识机制，其中共识算法是区块链技术发展的关键，影响区块链技术的交易处理能力、可扩展性以及安全性[84,85]。在现有的区块链系统中，主要包括四种共识机制[86,87]，即工作量证明机制（PoW）、权益证明机制（PoS）、股份授权证明机制（DPoS）、实用拜占庭容错算法（PBFT），其他共识机制如带宽证明（PoB）、经过时间证明（PoET）、权威证明（PoA）等也在一些区块链系统中使用，可有效保障数据和交易的可靠性和一致性。此外，区块链能够在多利益相关者参与的场景下以低成本的方式构建信任基础，旨在重建社会信用体系[88]。简言之，区块链技术提供了各种优势，如去中心化、数据安全性、自治性、不变性、透明性以及可审计性等[89]。

基于上述优势，区块链技术的应用已延伸至数字金融、物联网、教育、信息数据安全、能源、医疗保健、商业、食品、物流以及供应链管理等多个领域，且应用数量与种类不断扩大[90,91]。目前，学界关于在各个领域应用区块链技术可能性的研究较为丰富。在金融领域，张峰等[92]归纳区块链从去中介化简单交易应用到自动执行智能合约应用的发展历程，并分析了区块链在国内外金融领域中的应用与所面临的挑战，并提出了未来区块链在金融领域的应用方向与趋势；Gong 等[93]提出了关于区块链未来研究的三个方向，包括供应链金融中区块链应用的成本优化、供应链金融中区块链业务的风险管理、区块链和可持续供应链金融；Chang 等[94]描述了金融科技和区块链对金融业的影响和变革，提出了关于采用区块链技术的三个关键挑战以及三个伦理问题，并讨论区块链在金融领域中的发展。在医疗保健领域，区块链技术应用于医疗保健领域的价值主张是在医疗保健实体之间安全地共享敏感的患者数据，并赋予患者一定的权利，基于此，El－Gazzar 等[95]讨论了医疗保健领域区块链技术的创新和安全含义，并表明需要更多的例子确保医疗保健部门的安全的数据共享；Gaynor 等[96]阐述了区块链在三个主要领域解决当前医疗保健问题的方法：数据交换、合同以及供应链管理；Xi 等[97]研究发现区块链和智能合约在医疗数据领域具有应用优势，可保障医疗保健数据的不可篡改以及可追溯；Xie 等[98]提供了一个区块链技术在医疗保健领域当前和未来应用的系统综述以及未来研究的方向，并讨论了疫情的发生为区块链在医疗实践中的应用带来的一些新想法；Shi 等[99]针对安全性和隐私性两方面对 EHR 系统设计的区块链方法进行了系统的文献综述；为解决隐私数据的安全问题，Zhao 等[100]根据在医疗保健中采用区块链的特点，利用人体传感器网络设计了一个轻量级的健康区块链密钥备份和高效恢复方案。在能源领域，Wang 和 Su[101]通过聚类分析表明现有的能源区块链研究主要集中在可再生能源上，试图解决其发展过程中的瓶颈问题，为可再生能源替代化石能源提供更好的解决方案，并为能源可持续性提供动力；宁晓静等[102]提出了一种基于物理－信息－价值三维属性的能源区块链研究视角，最后基于能源微网的场景构建了多维综合视角下能源区块链的协同自治模式及其运行过程；Schletz 等[103]研究了应用区块链实现能源效率的三种不同方法的益处和限制，对于其中的每一个案例均采用了一个决策框架来评估区块链的可行性，并概述了一个潜在的基于区块链的设计；丁伟等[104]分析了能源互联网对区块链的技术需求和引入区块链的适用性，并提出能源区块链的概念，进而分析了能源区块链发展的关键技术与区块链应用于能源互联网所面临的安全挑战与应对策略；张妍等[105]探讨了区块链技术在综合能源系统应用方面的现状以及面临的挑战，分析了能源区块链系统构建中需要解决的核心问题，并描述了区块链技术在综合能源领域的应用前景。区块链在教育中的应用已成为教育技术研究的热点之一，Loukil 等[106]全面调查了区块链技术在教育领域中的应用，重点关注区块链融合的教育应用与益处，并从两个方面即区块链在教育领域的应用与区块链技术为教育领域带来的好处方面分析了提出的解决方案；Bhaskar 等[107]对区块链技术应用于教育领域进行了系统的文献综述，确定了区块链技术在教育中的益处、障碍以及应用现状，研究表明区块链技术在教育领域具有很大的应用潜力，将使整个教育部门受益；Ocheja 等[108]探讨了存储在区块链上的学术数据是如何在各种区块链教育解决方案中可视化的，并发现大多数研究建议的区块链教育解决方案侧重于证书收集，而没有提供一种理解区块链数据的方法；Alammary 等[109]综述了区块链在教育中的应用情况。除此之外，部分学者也对一些常见问题进行了探讨，如考虑到区块链技术将提供可靠的实时信息，从而提高税收管理的效率与透明度，Kim[66]将区块链的研究扩展至税收管理领域，评估了区块链技术纳入现有税收管理的可行性，并为政策制定者提供区块链应用的建设意见。Nanayakkara 等[110]为企业介绍了一种选择合适的区块链平台的方法。Li 等[111]提出了基于奖惩策略改进 PBFT 区块链共识机制，设计了一个适应资源受限的设备场景的轻量级区块链，可有效减少共识的延迟、共识所需的通信资源以及区块链存储的成本。Bracci 等[112]采用知识管理的观点，利用技术接受模型强调区块链技术扩散的水平，并探讨哪些因素导致中小企业采用区块链，研究发现采用区块链与否与区块链的知识、感知的有用性和易用性相关联。Iyengar 等[113]构建了一个经济框架来理解供应链和其他相关产业的许可区块链的参与者的动机，旨在确定区块链的采用是否对社会有益，以及区块链的采用是否在均衡中产生。供应链管理被认为是区块链技术发展的主要领域之一[114]，也是本书主要研究的问题，将在下一节中详细探讨。未来随着企业和政府对区块链技术的重视以及技术逐渐发展成熟，还将衍生出更多新应用、新业务，创造出更多的行业与社会价值[115]。

需额外说明的是，区块链技术可凭借其优势解决一些信息技术所面临的挑战，促进新兴技术的融合与发展[116]。区块链与新兴技术的结合已成为未来的发展趋势，区块链通过与物联网、人工智能、大数据与云计算等技术的融合，彻底改变了可扩展信息技术系统和多样化应用的创建[117]，许多学者认为这些技术的融合标志着第四次工业革命（工业 4.0）的开始[118]。区块链技术可有效解决物联网发展面临的两大挑战，即较低的安全性与较高的运营和维护成本[119]。区块链的去中心化将解决物联网的集中式管理架构所导致一系列安全风险，能够与各种物联网相关设备进行通信，使智能架构更加高效和安全地运行[120]，为解决物联网应用中的安全和个人隐私问题提供一种建立安全、可信、分散系统的新方法[121,122]，从而促进物联网的发展。如 Firdaus 等[123]通过文献计量分析发现区块链能够解决物联网中的安全问题，并且在未来将呈增长趋势；Qiu 等[124]指出了在物联网系统中部署区块链的现实障碍，并提出了基于动态区块链的信任系统，为物联网提供动态的以及可扩展的通信架构；Singh 等[125]讨论了区块链技术应用于物联网系统相关的开放问题以及未来的研究方向；Atlam 等[126]探讨了物联网系统与区块链技术的融合，通过强调融合的好处以及区块链如何解决物联网系统的问题，对区块链与物联网系统的融合进行了全面的回顾；Zhou 等[127]针对物联网设备资源有限、无线链路连接物联网设备易受攻击的无线物联网系统，提出一种优化后的基于区块链的机制，从而有效解决无线物联网系统中的安全问题；Rejeb 等[128]说明了区块链技术与物联网基础设施相结合的部署如何能够简化和惠及现代供应链，增强价值链网络，最后得出了六个研究命题，概述了区块链技术如何影响物联网的关键特征。此外，许多新兴的无线应用有其独特的构建需求，如边缘数据处理、分布式信任和自动化，而这些都可以由区块链技术通过去中心化、交易责任和基于智能合同的自动化来提供和实现[129]。袁勇等[130]提出区块链技术与人工智能相结合的新路径，试图促进相对中心化的人工智能技术与去中心化的区块链融合发展，构建高效能、高可控、高安全、具有智能决策能力的新式区块链系统，形成“区块链智能”。

Tsolakis 等[131]研究探索了人工智能和区块链技术在供应链中的联合实施，以扩展运营绩效边界，促进可持续发展和数据货币化。随着互联网去中心化的流行，部分研究考虑到当前互联网模型的不同方面（从基础设施和协议到服务和应用），已经提出了一些方法来实现去中心化。Zarrin 等[132]对能够用于互联网去中心化的基于区块链的方法进行了综述，从共识算法和区块链与各种新兴互联网技术的合规性两个方面探讨实现去中心化互联网面临的挑战。与传统的服务架构相比，云计算在安全服务管理和控制、隐私保护以及分布式数据库中的数据完整性保护、数据备份和同步方面面临着新的安全挑战，而区块链可以有效解决这些挑战。基于此，Zou 等[133]针对如何在云计算模型中应用区块链提供安全服务的研究进行了综述，并分析了当前云计算模型中区块链相关技术的研究趋势。区块链技术与大数据的融合是本书关注的重点，将在下一节中对其进行详细阐述。

区块链技术的快速发展已引起了全社会的广泛关注，各国政府纷纷意识到区块链的重要性并在实践中加以实施。如加拿大政府已经实施了基于区块链的架构以解决大麻的监管问题，其可实现生产过程的及时追溯，降低监管成本并有助于减少犯罪[134]。迪拜政府的目标是通过在所有交易中采用区块链技术来实现无纸化，并借助区块链提高政府效率、创造新的专业领域及实现全球领先地位[135]。其他国家如澳大利亚、爱沙尼亚、新加坡、瑞士和美国等均颁布区块链相关政策，以引导国内与区块链相关的活动，或吸引来自其他地方的区块链投资[136]。因各国国情、技术以及产业所处阶段不同，其对区块链的支持和监管政策有各自的侧重点，多数国家重视区块链技术与实体经济的融合应用，但对数字货币持谨慎监管的态度[137]。学界也有研究表明区块链技术具有的特征使其成为转变政府流程和改善公共利益管理的有效工具，如 Ning 等[138]研究发现与传统和一般的数字政府相比，区块链支持的政府可以实现更高水平的效率和公正性，其以中国的一个主要大都市为例，发现区块链支持的政府流程可以有效提高当地政府针对性扶贫工作的效率；Nguyen 等[139]利用区块链技术的优势建立基于区块链的认证系统来处理越南的假证问题，促进了区块链技术在处理一般社会问题以及证书管理中的应用。此外，大型互联网公司如 IBM、微软和谷歌等，正在试图建立有助于商业化发展与基础设施改善的区块链框架，腾讯、百度、阿里巴巴、京东等中国互联网领军企业均相继布局和大力发展区块链技术。

尽管区块链具有上述诸多优势，但其仍处于发展初期，面临着许多挑战，其中最为突出的问题就是技术难题，如共识机制、可扩展性、安全与隐私保护、智能合约开发与保障、存储和数据管理、链结构以及监管和治理等挑战[140-143]。简言之，区块链落地尚面临诸多问题，其中业界广泛关注性能、去中心化治理和安全性三方面的问题。学界针对区块链所面临的挑战展开了大量的讨论。首先，研究区块链监管体制治理区块链是区块链技术的一个重要发展趋势，Cheng 等[144]提出了一种基于智能契约的跨区块链共识机制解决监管区块链和被监管区块链之间的信任问题；Ferreira 等[145]分析了区块链生态系统中区块链治理和行业市场结构之间的相互作用，推动了区块链治理理论的发展；Liu 等[146]提出了一个全面的区块链治理框架，阐明了分散化程度、决策权、激励措施、问责制、生态系统以及法律和道德责任的综合观点。其次，可拓展性是阻碍区块链主流应用的巨大挑战，可扩展性方面存在问题将导致性能不足，包括延迟和吞吐量[147,148]。区块链在可扩展性方面存在的技术挑战表现为区块链上数据无休止的增加为区块链节点的存储容量带来了巨大挑战，阻碍了其去中心化，并暴露出区块链先进的存储系统不可扩展的问题。Sanka 等[149]对区块链的可拓展性进行了系统的综述，总结了各种已提出的解决方案与区块链可拓展性的方法；Fan 等[150]研究发现实现可扩展的区块链存储系统的关键是处理好数据冗余与其去中心化特性之间的矛盾，在此基础上，其提出了基于节点的区块链存储系统可扩展模型；毛志来等[151]讨论了区块链扩展性差等问题，并从交易、区块和共识三方面对性能问题进行了分析建模，讨论了性能扩展的场景性和分布式账本新技术，并提出未来可扩展性研究应重点关注的问题；为解决许可区块链的事务吞吐量和可扩展性的问题并弥补现有解决方案的不足，Huang 等[152]提出基于新兴的 RDMA（远程直接数据存取）的许可区块链框架。此外，考虑到区块链技术存在一些安全与隐私问题[153,154]，如系统漏洞、私钥安全性、犯罪活动、双重支出、交易隐私泄漏等，Li 等[155]系统研究了区块链的安全风险并分析每种风险或漏洞存在的原因以及可能造成的后果，最后总结了增强区块链安全的措施；江沛佩等[156]回顾区块链安全方面的相关工作，对区块链潜在的安全问题进行了系统研究，将区块链框架分为数据层、网络层、共识层和应用层，从而分析其中的安全漏洞与攻击原理，并探讨了增强区块链安全的防御方案；Kabashkin 等[157]通过建模分析区块链生态系统的潜在风险，并提出有效的解决方案；Kausar 等[158]详细讨论了针对区块链技术普遍的面向核心和面向客户端的攻击以及其所利用的漏洞，并提出了针对这些攻击的有效对策；Zamani 等[159]详细介绍了区块链的相关风险和问题，并探讨了与区块链相关的实施标准和法规，通过调查分析 38 起区块链事件确定根本原因，从而了解最常被攻击的漏洞。最后，在其他问题上，江云超等[160]为解决区块链新节点面临的越来越大的区块存储以及较长的区块同步时间等问题提出了一种区块链节点存储优化方案；考虑不变性会导致区块链上易受攻击的智能合约不能被修订，Jia 等[161]提出了在去中心化的环境下具有可追溯性的有效的可编辑区块链。为了充分利用可再生能源，新一代能源系统倡导在能源项目中深度整合信息技术，其中区块链已成为应用最广泛的技术之一，然而，Wang 等[162]发现随着相关研究和项目的不断发展，区块链暴露出越来越多的局限性，这也使其面临着局限性带来的各种挑战。针对复杂场景下区块链技术应用暴露出的问题，如数据欺诈使用、海量数据难以存储、海量溯源请求下溯源效率低下等，Ju 等[163]以图像为增强手段，构建了一种基于图像的交互式溯源结构。

总之，区块链技术具有巨大的应用优势，其已在多个特定领域得到广泛应用与探索，热点研究之一就是区块链技术在供应链管理中的应用。区块链技术为各个领域带来了去中心化、不变性、可追溯性、透明性、共享等新特性，也在各个领域的应用中面临着新的挑战与机遇，其势必将对各领域产生颠覆式影响。此外，区块链与大数据、物联网、云计算等新兴技术的融合日益紧密，并具有优势互补的特点，在未来，如何实现区块链技术与新兴技术的融合与应用将成为全社会重点关注的问题。

1.2.2 区块链与大数据的融合应用

在过去的十年里，大数据因其巨大的潜在价值引起了科学和工程领域的广泛关注。然而，为提供更好的服务，大数据也正面临着许多挑战，隐私和安全均是其需解决的重要问题[164,165]。例如，大数据保存在云端可以实现有效的管理，但也面临着被攻击的风险，数据的完整性无法得到保证，这些均会降低数据的价值[166,167]。区块链作为一种共享数据库，是解决大数据隐私和安全问题的有效工具，可确保大数据系统的最高安全性、可信度和最大访问控制[168]，并且凭借其信息共享特性和去中心化管理原则，有望成为构建未来数据共享平台的新引擎。

事实上，许多研究也简要提到了区块链和大数据的融合应用[169-171]。近年来，Deepa 等[172]详细介绍了关于区块链在大数据方面的应用优势（如提高数据的安全性和完整性、防止欺诈以及加强数据共享等）。Yang 等[173]提出了一个基于区块链的大数据共享和交易框架，该框架利用区块链去中心化和开放性的思想，为多个用户建立大数据交易平台。考虑到大数据是一种仅有科技巨头才能获得和访问的数据中心化形式，采用区块链技术可使数据管理去中心化并在规模较小的组织中可用，Remesh 等[174]讨论了区块链在大数据中的用法以及面临的挑战。Peng 等[175]通过研究区块链在大数据传媒业的实际案例，分析当前全球区块链及传媒业的整体发展现状及存在的问题并提出相应对策，以加快大数据背景下区块链与传媒业的融合发展。Tulkinbekov 和 Kim[176]提出了一种新的完全适用于边缘计算环境的区块链体系结构，从而解决了与大数据相关的存储利用率问题。lv 等[177]采用区块链技术解决无人机大数据的隐私保护问题，性能评估结果表明基于区块链技术的无人机大数据隐私保护方案在密钥生成、加密和解密方面具有较低的计算成本。考虑区块链的引入将极大地解决城市大数据质量和获取面临的一系列问题，Xiao 等[178]基于区块链和大数据融合的视角，提出基于区块链的大数据管理系统建设，加强智慧城市建设，推动城市治理能力现代化。针对大数据资源来源广泛、动态性强、分布式管理的特点以及当前主流集中式访问控制机制存在的不足，刘敖迪等[179]基于 ABAC 模型提出了一种基于区块链的大数据访问控制机制。Sharma 等[180]针对医疗大数据面临的安全问题，提出了一种用于数据管理的分布式方案，用以在医疗保健领域实施区块链技术。考虑大数据的"数据孤岛"对科研水平和科研进度的影响，Wen 等[181]提出了基于区块链的大数据科研模式和关键机制的研究与实现。为解决信息物理社会系统大数据被篡改和泄露的问题，Tan 等[182]提出了一种基于区块链的信息物理社会系统大数据访问控制方案。针对随着多媒体大数据的应用出现的信息泄露、数据篡改等问题，Li 等[183]提出了一种保护压缩感知图像隐私性、完整性和可用性的区块链水印方案。Chen 等[184]提出了一种基于区块链和大数据技术的数据共享系统，该系统极大加强了数据共享的安全性。Nasonov 等[185]提出了一个分布式大数据平台，该平台基于数据事务完整性的区块链机制来实现数字数据市场。Jin 等[186]描述了基于区块链的基因组大数据平台 LifeCODE. ai 的案例，从数据所有权、数据共享和数据安全的角度说明区块链实现基因数据存储和管理的方式。Liu 等[187]提出了一种基于区块链联盟技术的隐私大数据更新加密算法，获取隐私大数据的冗余，并在此基础上设计去重技术，完成大数据预处理。Chen 等[188]提出了一种基于区块链的人事管理系统，分析了区块链的缺陷并提出了改进方法，构建了一种新的链上链外数据存储模型，有效解决了数据冗余和存储空间不足的问题，并在此基础上探究了区块链与大数据融合的可能性。考虑到存储和分析大数据的困难性以及个人敏感信息的不安全性，Bakir[189]等围绕大数据安全和隐私的问题提出了一个解决方案，即基于区块链的新安全模型。基于中国宁波市的一个大数据中心存在的问题，Fan 等[190]探索了基于区块链技术的数据共享机制的潜力。针对典型的大数据安全采集算法，尤其是区块链分布式环境下大数据安全采集算法忽略了紧急情况下的大数据调度的情况，Xu 和 Tang[191]开发了一种考虑整个生命周期的基于区块链的大数据安全获取技术。Moreno 等[192]提出了一个由专用区块链网络支持的事件响应流程，该流程允许记录大数据生态系统中发生的不同事件和事故，使用区块链提高存储数据的安全性，增加其不变性和可追溯性。为了解决物联网大数据管理中的信任和安全问题，Ma 等[193]提出了一种基于许可区块链的物联网大数据去中心化信任管理和安全使用控制方案。Shahzad 等[194]提出了一个基于区块链的绿色大数据可视化解决方案，使用 Hyperledger Sawtooth 优化组织资源的利用。Chen 等[195]提出了一个基于区块链的模型，保护大数据环境下用户数据的隐私。Zheng 等[196]提出一种基于区块链的新型大数据模型 BIM 系统，以解决移动云架构中的信息安全问题，该新型模型旨在通过大数据共享，促进区块链在移动云中对 BIM 数据历史修改的审计。传统能源数据的存储和利用是信息孤岛，缺乏高效可信的数据共享机制，这将直接阻碍能源大数据的信息挖掘。针对这个问题，席嫣娜等[197]提出一种基于区块链的能源互联网大数据知识共享模型。通过利用区块链支持信任的不可否认性和不可篡改性，Xu 等[198]开发了一个基于区块链的大数据共享框架，以支持跨越资源有限边缘的各种应用。

1.2.3 区块链与大数据在供应链中的应用

作为供应链领域的一种新兴解决方案，区块链被视为一种颠覆性技术，并受到学术界和实践者越来越多的关注[199]。学界针对区块链在供应链中的应用已展开广泛研究[200-206]。如 Cole 等[207]从运营和供应链管理的角度研究区块链技术，确定潜在的应用领域，并提出未来的研究方向，研究结果表明区块链将提高产品的安全与保障、改善质量管理、减少非法伪造，改善可持续供应链管理、推进库存管理和补充以及降低供应链交易的成本。Wamba 和 Queiroz[208]针对区块链在运营和供应链管理领域创造价值中的作用进行了详细的讨论，随后，Wamba 和 Queiroz[209]又提出了一个多阶段采纳模型（意向、采纳和常规化阶段），以更好地理解区块链在供应链中的扩散。Yong 等[210]开发了一个基于区块链和机器学习技术的“疫苗区块链”系统来监督疫苗供应链，从而解决疫苗过期和疫苗记录欺诈的问题。Mangla 等[211]提出了整合区块链技术的概念框架，以建立一个可持续的茶叶供应链，确定可能产生的行为，并对整合过程中可能出现的风险进行优先排序。Alkhader 等[212]研究了区块链的采用，以提高使用增材制造技术生产的产品的可追溯性，保证交易数据来源的可信度，并确保利益相关方的信任。Sun 和 Wang[213]研究了考虑可追溯性供应链买方的购买决策，发现购买者更有可能从可追溯性高的供应商处购买。Casino 等[214]设计了一个基于区块链的农产品可追溯系统，并通过对真实乳品企业的具体研究评估了该模型的可行性。陈飞等[215]针对食品质量安全问题设计了一种基于区块链的食品溯源系统，除了实现去中心化、防篡改、可追溯等功能外，还实现了数据变更服务和食品召回功能。高琪娟等[216]设计了基于区块链技术的茶叶溯源系统，通过与传统溯源系统对比发现区块链溯源可以保证数据的安全性。Griffin 等[217]使用分布式总账技术来检测棉花质量，跟踪棉花数据并协调供应链管理。Salah 等[218]利用区块链和智能合约设计了大豆可追溯系统。通过对葡萄酒供应链的调查，Saurabh 和 Dey[219]研究了决策者在采用区块链技术时最关心的因素。Li 和 Zhou[220]研究了区块链如何影响关键的供应链管理目标，如成本、质量、速度和风险管理，研究结果说明了区块链可以帮助实现上述供应链目标的各种机制。Li 等[221]研究了某个可持续供应链的绿色投资问题，其中制造商决定是否实施区块链，零售商考虑情感公平，该研究对比了有无区块链的供应链绩效。Korepin 等[222]为探究区块链和供应链是如何整合的，开发了一种利用区块链技术提高供应链可靠性的机制，对最新的供应链趋势进行了系统回顾，结果表明供应链参与者希望改善货物在供应链中流通的可见性和可追溯性。刘家稷等[223]利用区块链分布式架构、去信任化和不可篡改的特性设计了一个基于区块链技术的防伪溯源系统。Dasaklis 等[224]对区块链支持的供应链可追溯系统的各种技术实施方面进行了系统的文献综述，发现基于区块链的供应链可追溯性系统数量巨大且过多，但学术界主要将注意力集中在与区块链相关的供应链可追溯性解决方案的非结构化实验上，缺少开发和测试实际的可追溯性解决方案，尤其是在考虑可行性和成本相关的供应链方面。上述研究均围绕区块链在供应链中的应用优势展开讨论，为本书针对区块链与大数据在农产品供应链中的应用研究奠定了坚实基础。

在供应链管理领域，大数据和区块链的融合应用也引起了广泛关注。Tian[225]分析了采用大数据和区块链构建粮食供应链溯源体系的优势和不足。Rubio 等[226]提出了大数据和区块链融合应用环境下的去中心化供应链模式。在实践中，Thomas Bocek 利用区块链保证了拖拽式供应链中产品温度数据的公开性和不可篡改性[227]。IBM 与沃尔玛合作，构建了一个基于区块链、云技术和大数据的平台，极大缩短了农产品的追溯时间，提高了供应链信息的透明度[228]。基于区块链的供应链管理平台可以帮助收集产品信息，并以可信和安全的方式共享这些信息[229]。研究表明大数据和区块链的融合应用将有助于提高供应链的可持续性[230]。“区块链＋大数据”可以依靠上述优势来解决供应链所面临的诸多挑战[231]。Sundarakani 等[232]提出了大数据驱动的区块链在供应链管理中的实践方式。Unal 等[233]提出了一种将区块链和基于 FL 的大数据分析相结合的实践方法，提供隐私保护和安全的大数据分析服务。Hader 等[234]提出了一个新的基于区块链的纺织品供应链可追溯框架，为所有供应链成员提供了一个透明和信息共享的信息平台；考虑到区块链的固有缺陷，提出了区块链与大数据融合的新方法。Venkatesh

等[235]开发了一个系统架构，该架构集成了区块链、物联网（IoT）和大数据分析的使用，使卖家能够高效并有效地监控其供应链的社会可持续性。Xu 等[236]提出了一种基于以太坊区块链的供应链参与者信息服务集成平台的设计方案，讨论并解决了基于区块链方案中的一些共性和关键问题，其中提出了基于区块链的数据驱动的信用评估方案，并设计了一个跨链的体系结构，使系统更加安全、智能和可扩展。通过了解在各供应链参与者的区块链网络中保存和操纵越来越多的不可变交易记录所面临的挑战，以及利用从这些记录中生成的大数据的复杂分析的机会，Wong 等[237]设计了基于云基础设施的区块链架构。在跨境电子商务背景下，Liu 等[238]提出了基于区块链的产品可追溯框架，并开发了一套相应的技术和方法实现供应链管理中产品和交易的可追溯性。基于区块链技术的大数据分析可以为管理供应链风险做出巨大贡献，Narwane 等[239]确定了基于区块链技术的大数据分析对印度制造企业的风险因素的影响，通过文献检索和专家判断后确定了 16 个风险因素。Stroumpoulis 和 Kopanaki[240]旨在通过采用特定技术（区块链技术、大数据分析、物联网）来探讨可持续供应链管理与数字化转型之间的关系，研究表明不同技术的融合可能会导致企业重要能力的发展，提高可持续的绩效并实现可持续战略的发展。Tan 等[241]提出了一个基于区块链的绿色物流参考框架，通过物联网和大数据的融合，实现供应链中物流的可持续运营。Adarsh 等[242]提出一项先进的大数据和区块链技术支持的移动/网络疫苗供应链可追溯性解决方案。Fernandez－Carames 等[243]探讨了无人机和基于区块链的系统在大数据驱动的供应链管理中的库存和可追溯性应用。贾晓阳[244]研究在区块链和大数据快速发展下，如何将其发展相结合并运用到供应链管理中以提升供应链管理的效率。针对供应链金融管理的痛点，蔡恒进和郭震[245]基于区块链技术与大数据可以相互优化并在改善信任问题的同时提升风险管理的精准和效率，构建了区块链＋大数据供应链金融服务新型框架。考虑大数据与区块链的融合应用在解决黄河流域低碳制造业同质化严重问题的同时将引起关键定价因子的变化，刘盼等[246]探究了在此背景下如何定价将使供应链成员获得更多收益。王超[247]阐述了区块链与大数据融合应用的优势所在及可行性，并基于区块链与大数据技术对供应链信息的协调管理进行优化设计，提出供应链信息协调管理新模式。

1.2.4 区块链与大数据在农产品供应链领域的应用

近年来，在国家政策和消费者的推动下，可追溯服务的理念逐渐成为农产品供应链管理的重要组成部分[248]。Rejeb 等[249]分析了在农产品供应链管理背景下的大数据，其研究结果表明可追溯性可以提高食品安全，并带来可持续的农产品供应链效益。Badia - Melis 等[250]总结了传统追溯服务的技术发展，如 RFID、NFC、同位素分析和 DNA 条形码。考虑到农产品产地溯源技术是其质量安全追溯系统中的关键技术，曾楚锋等[251]探讨了农产品产地溯源技术研究进展，其研究对象包括传统的电子信息编码技术和新型综合性溯源技术，综合性溯源技术包括矿物元素分析技术、稳定同位素技术和其他成分分析技术。钱丽丽等[252]分析用于农产品产地溯源的稳定有机成分指纹、红外光谱指纹、同位素指纹、矿物元素指纹和电子鼻等分析技术的原理、特点、应用以及局限性。考虑电子可追溯性（e - traceability）有助于农业食品公司提高绩效，最大限度地减少食品欺诈活动，确保产品的有效召回，并有助于整体农业食品供应链管理，Srivastava 和 Dashora[253]探究印度农产品供应链中实施电子可追溯性的促进因素。Cheng 等[254]在分析现有农业可追溯系统不足的基础上，介绍了一种基于数据中心的通用农业溯源方法。为解决消费者对企业主体自行设计和实施的溯源平台的溯源结果认同问题，姜爽等[255]分析现有农产品溯源机制及实现方式，以稻米为例提出一种第三方溯源平台的设计模式。Canavari 等[256]对不同供应链中的生鲜农产品可追溯系统进行分类，识别出其对信息系统管理、采购管理、产品管理、交易成本和协调问题的影响。Corallo 等[257]考虑可追溯性的含义以及采用可追溯性系统的公司的驱动因素、利益、障碍和意图，开发了一个理论框架，分析可追溯系统在意大利农业食品行业的扩散程度。郑开涛和刘世洪[258]从多边平台的理论研究出发，结合多边平台和农产品溯源的各自优势，设计了全国统一的基于时空追溯码的农产品质量安全溯源多边平台，以期实现农产品高效溯源。王力坚等[259]从关键环节、可追溯系统在农产品中的应用和应用主体的研究三方面对我国的农产品质量可追溯系统进行了总结与展望。李文勇等[260]以基于地理坐标的农产品追溯码为编码方式，改进高级加密标准（advanced encryption standard）算法，设计了一种基于嵌入式平台的农产品追溯码加密算法。董玉德等[261]利用二维码技术、数据库技术、网络信息技术进行农产品溯源系统的构建和开发，实现了农产品在整个供应链上从种植、采收、加工到销售的全程跟踪和溯源，加强了对农产品质量安全的监管。Sharma 等[262]介绍了一个基于信息的粮食供应链溯源系统，作为各种供应链参与者的合作成果，其记录了供应链系统内部之间的物流和信息流。针对当前稻米溯源体系缺乏统一规范和溯源信息表达不够精准等问题，陶佰睿等[263]设计了稻米生长环境溯源指标体系表优化稻米溯源体系。

针对食品溯源，马慧鋆等[264]分别讨论了传统食品追溯技术，包括近红外光谱溯源技术、物联网标签溯源技术、同位素溯源技术、矿物元素溯源技术、有机成分溯源技术、虹膜特征技术和 DNA 溯源的原理与国内外研究现状，分析了其优缺点与应用前景。基于食品链理论，郑火国等[265]提出了食品安全追溯链的层次模型，从而全面分析了食品安全追溯链的连续性和完整性。王虹等[266]通过对进口食品溯源体系的发展历程和发展趋势以及信息溯源技术、检测溯源技术等进行综述，提出了我国进口食品溯源体系的改进措施。赵璐瑶等[267]探讨了几种常用的基于标志物的食品溯源技术在不同种类食品中的应用研究进展，分析了各种方法的优势和不足，并展望了今后食品溯源技术研究的发展趋势。Mgonja 等[268]讨论了食品制造企业中可追溯系统的基本原理，然后详细分析了在设计和执行可追溯系统时的重要指标。为了解决食品追溯过程中存在的追溯数据缺失、不同步或不完备的问题，刘丽梅等[269]提出利用追溯单元流转时间预测其流动状态、估测其历史流动路径的智能化追溯方法。赵勇和赵国华等[270]讨论了食品供应链及其溯源体系的概念、溯源系统的分类及特点以及用于可追溯体系建立的技术及其发展等内容。Deng 和 Feng[271]提出了一种基于 RFID 的粮食供应链追溯模型，保证了粮食供应链追溯系统的安全性、可追溯性和准确性。Francois 等[272]提出保障食品质量安全需要新的、灵活的、廉价的和有效的可追溯性工具，如同位素分析、DNA 指纹分析等。Wu 等[273]提出了基于物联网的食品溯源应用模型、食品溯源 Petri 网络模型和改进 K－means 算法的时间序列数据食品溯源模型。考虑到食品产地溯源是建立食品质量安全追溯制度的重要组成部分，马冬红等[274]分析了近红外光谱技术应用于食品产地溯源的优势与不足，并展望了近红外光谱技术在食品产地溯源中的发展趋势。管骁等[275]讨论了近红外光谱技术常用的化学计量学技术及软件平台在食品产地溯源中的研究进展，分析了其在目前产地溯源研究中的优势和存在的问题。郭波莉等[276]重点讨论了同位素溯源技术的基本原理，几种常用同位素在自然界中的变化机理，以及其在不同食品产地溯源中的应用进展。为提高和保障牛肉产品质量安全，提高供应链的透明度，梁万杰等[277]设计并开发了基于射频识别（RFID）和 EPCglobal 网络的牛肉产品供应链追溯系统。唐华丽等[278]讨论了稳定同位素法在水产品溯源中的研究进展，发现在单一的稳定同位素溯源中存在部分因素影响产地溯源的正确率与种类辨别的准确率，而稳定同位素结合其他溯源技术将有效改善上述问题。孙传恒等[279]系统地提出了适合中国国情的基于行政监管的水产品追溯系统架构，并设计了基于行政区域代码的水产品追溯编码方案。Bosona 和 Gebresenbet[280]对食品可追溯性问题进行了全面的文献综述，发现未来可追溯性的研究应重点关注的问题之一是食品可追溯系统的技术方面。Karlsen 等[281]通过文献综述表明缺乏食品可追溯性的合理的共同理论框架会影响可追溯性在食品行业的实施过程，因此食品可追溯性的实施需要进一步的理论发展。Wang 等[282]探讨了五种食品溯源技术（稳定同位素溯源技术、DNA 溯源技术、近红外光谱溯源技术、气相色谱溯源技术、矿物元素溯源技术）的原理，综合对比与分析了应用前景和优缺点，总结了其在羊肉中的应用进展，促进了食品可追溯体系的建立和完善。其他类似的研究也较为广泛[283-285]，但未提及区块链技术的发展。秦雨露等[286]分析了我国食品安全追溯系统的应用现状，结果表明追溯的成本高、系统的应用价值低以及信息安全保障不完善是影响企业应用追溯系统的重要因素，也是传统溯源技术未得以推广应用的主要原因之一。传统农产品溯源系统面临着数据集中式存储、兼容性差、共享性低以及溯源流程固化等问题，从而导致可追溯性服务在溯源信息安全性、透明度、可信度与系统灵活性等方面存在不足[287]。

区块链作为一种分布式创新技术，其去中心化、不可篡改、可追溯、智能执行等特点保证了数据的透明性、安全性和可追溯性[288,289]，现已在多个领域得到广泛讨论和应用[290]，尤其是在供应链管理领域[291,292]。供应链的复杂性使其面临可追溯性、信息对称性和可持续性的挑战[293]，区块链凭借上述优势有望成为缓解供应链管理问题、促进供应链可持续发展的颠覆性技术[294,295]。且 Srivastava 等[296]通过文献计量研究，分析并确定区块链技术未来研究的重点新兴主题就是农业和供应链管理领域。

区块链技术的出现和实施为农业领域现代化带来了相当大的积极影响，其最新趋势和进步在一定程度上促进农业理想化发展，保障了农产品的质量和可追溯性，防止欺诈并有利于实现现代化以及优化产量[297]。目前，区块链技术在溯源方面的优势已在农业供应链领域得到验证，并得到全社会的广泛认可，人们普遍认为区块链可以提高农产品供应链的透明度并实现农产品溯源。许多学者讨论了区块链在农产品溯源中的应用，但其大多集中于基于区块链的追溯技术研究。如 Salah 等[298]提出了一种基于以太坊公共区块链的创新大豆追溯系统，此系统能够提高利益相关者在产品交易和追溯方面的有效性，增加供应链的透明度。Tian[299]基于区块链、物联网、危害分析与关键控制点，提出了食品供应链的溯源系统，其中，危害分析和关键控制点能够防止食品安全事件的发生[300]。同样，针对清真食品供应链，Rejeb[301]也做了同样的工作，介绍了基于区块链、物联网、危害分析和关键控制点的追溯框架，该系统将有助于消费者追溯清真食品的来源。Kamath[302]的研究表明沃尔玛基于区块链的溯源框架可以节省追溯时间，一个关于芒果的溯源实例表明追溯时间为 2.2 秒，但在此之前，追溯时间为 7 天。为解决食品安全问题，Lin 等[303]提出了一种基于区块链和低功耗广域网的新溯源方案，追溯方案的数据来自企业 ERP 系统和物联网。在棕榈行业，为了追溯产品，基于区块链，可持续棕榈油圆桌倡议组织提出了一种新的可追溯系统，该系统可追溯棕榈的整个生命周期[304]。为了降低产品的仿冒风险，基于开放的区块链平台，Biswas 等[305]提出了一种辨别葡萄酒真伪的新追溯系统。Tsang 等[306]将模糊逻辑法纳入区块链和基于物联网的可追溯系统。

针对基于区块链系统面临的存储短缺问题，部分学者探索了基于云技术的存储方法[307,308]。然而，大多数系统难以满足农产品/生鲜供应链的管理和溯源需求，因此，Chen 等[309]构建了基于区块链的溯源框架并采用了深度增强学习的方式，从而满足农产品/生鲜供应链的管理和溯源需求。卞立平等[310]以联盟链为基础，建设了适用于农产品的深度溯源系统。Caro 等[14]提出了一种基于区块链的新农产品溯源框架，并称之为 AgriBlockIoT。Yang 等[311]采用区块链技术设计了生鲜农产品供应链追溯系统，提高了供应链信息的透明度和可信度，弥补了传统追溯服务在透明度和可信度方面的不足。王志铧等[312]提出一种基于区块链技术的农产品柔性可信溯源解决方案，优化数据存储形式，有效改善了传统农产品溯源系统的溯源结果可信度低与系统灵活性差等问题。Feng 等[313]确定了基于区块链的农产品可追溯性问题的解决方案，并强调了基于区块链的可追溯性系统实施的优势和挑战，帮助研究人员和从业人员应用基于区块链技术的食品可追溯性系统。Collart 和 Canales[314]通过对高质量农产品供应链的案例研究认为未来的研究应重点关注可追溯的经济可持续性数据和区块链技术的经济可行性。针对我国果蔬产品溯源的现存问题，孙传恒等[315]设计了基于区块链多链架构的果蔬产品溯源框架。针对农产品追溯系统中的安全和效率问题，依托区块链的去中心化安全特性，于华竟等[316]通过分析杂粮供应链环节的业务流程与监管特性，提出了基于区块链多链架构的杂粮追溯模型，并在此基础上建立多链数据存储架构，设计了基于监管授权组网建链的网络准入机制，并通过智能合约实现数据的链前监管与追溯节点的链上管控。针对农产品追溯系统的安全储存和效率问题，王可可等[317]提出一种基于联盟区块链的高效解决办法。刘双印等[318]在分析农产品产业链业务流程和区块链关键技术的基础上，设计了基于区块链的农产品质量安全可信溯源系统，解决了农产品产业链数据安全和溯源信息真实可信等问题。针对常规农产品追溯过程中存在的数据可信度低、关联追溯难等问题，Zhang[319]分析了基于区块链与物联网的农产品供应链溯源系统，保证农产品加工数据的有效性、不可篡改性、安全性和可靠性，并大大降低了交易延迟。Lin[320]设计了基于区块链的农产品溯源信息分析系统，数据层增加的协同验证功能模块保证了区块链上数据的真实性，有效解决了农产品信息共享和追溯难的问题。景旭等[321]提出一种基于区块链中继技术的集群式农产品供应链溯源模型，打破了联盟间的信息孤岛，实现整个供应链的信息贯通。孙俊等[322]依托区块链的相关技术，提出了基于联盟区块链的农产品追溯系统架构模型。Menon 和 Jain[323]探究区块链技术促进农产品供应链透明度的关键在于区块链的主要属性，即可追溯性、不变性、可审计性和来源。

考虑到农业供应链中要求信息可信度的常见场景之一是电子商务平台[324]，部分研究针对基于区块链的农产品线上商业模式展开研究。如 Chao

等[325]基于区块链和改进的遗传算法研究电子商务农产品网上营销系统的构建模式，保证信息的可追溯性和不可篡改性。Hu 等[326]对红美橙案例进行扩展分析，证明了在区块链平台购物便利性高、运营成本低的情况下，区块链电子商务模式是一种很好的有机农产品供应链模式。Xie 等[327]采用 Vennia 算法对双链区块链农产品电子商务信息的可追溯性进行了深入的研究和分析，实际案例表明基于区块链技术的农业电子商务集成模式能够给电子商务行业带来巨大的发展潜力，并能提高农业电子商务的安全性与可追溯性[328]。Dey 和 Shekhawat[329]开展了区块链集成物联网在电子农业中的数据验证、数据存储、数据安全和数据隐私等方面的研究。Demestichas 等[330]阐述了区块链技术在农产品可追溯系统中的适用性，并强调了区块链技术在农业食品供应链中应用的相关挑战和未来前景。

此外，一些研究针对现有的基于区块链的农产品溯源系统的不足，进一步优化区块链溯源系统。如为解决现有农产品区块链溯源系统中数据差异化共享与追溯效率不高以及难以保障上链数据可信性的问题，伍德伦等[331]通过分析农产品供应链各环节的业务逻辑与数据组成，设计了农产品区块链信息可信评估差异化共享模型。Zhang 等[332]阐述了基于区块链和 IPFS 的农产品供应链溯源解决方案，其中后者用于存储大量交易数据，前者用于数据存储和流通的安全性。多方平等的区块链上存储、监管和传递数据面临重大的安全风险，如数据隐私泄露、未经授权的访问和信任问题，为解决上述问题，Zhang 等[333]提出了一个由区块链和 CP-ABE 加密技术支持的安全可信的农产品追溯系统。针对基于区块链的农产品溯源系统源数据的准确性问题，Wu 等[334]基于射频识别（RFID）传感器等物联网技术，提出了一种结合区块链和最大似然的新方法来确保区块链源数据的准确性。Yao 和 Zhang[335]提出了一种基于以太坊区块链的可信农产品追溯系统，设计了“区块链+IPFS（星际文件系统）”的双存储模型，以减轻区块链的存储压力，实现高效的信息查询。

除了溯源方面的优势外，区块链技术也是解决农产品其他常见问题的有效工具。如考虑到区块链技术在农产品的管理和流通中也起着至关重要的作用，Wang 等[336]讨论了区块链技术对农产品合格率和流通效率的影响，研究表明区块链的引入使合格率提高了近 30%，并使流通效率提高了近 15%，提升了农产品流通系统的治理水平，降低了监管成本。考虑到产品产量估计的不确定性是引起农产品价格波动的主要因素，而传统的和遥感的产量估计方法只有在产品播种季节之后才得到产出，基于此，Osmanoglu 等[337]提出了一个基于区块链的解决方案，对农产品进行产量估算。为解决供应链各方之间分配农产品细菌污染成本的问题，Niu 等[338]通过建立博弈模型探究区块链在确定细菌污染责任方和供应链各方参与激励方面的价值以及可以实现的条件。此外，区块链与冷链物流溯源系统的结合也是生鲜农产品供应链领域的一大研究热点。Hu[339]构建了基于嵌入式系统和区块链的农产品冷链物流系统，通过实验验证发现该系统能够有效提高农产品的运输效率并保证了生鲜农产品的质量安全。为解决传统冷链物流存在的数据存储集中、数据可靠性低、数据易篡改、责任人难以定位等问题，Zhang 等[340]以区块链为例，提出了生鲜农产品冷链物流追溯系统。

此外，有部分研究关注区块链在食品供应链中的应用[341,342]，食品追溯机制已成为新兴的区块链技术应用之一。其中，有学者关注区块链技术在食品供应链中的投资方式，如 Kamble 等[343,344]采用技术接收方法进行分析，Kristoffer 和 David[345]也对该领域进行了研究。区块链在食品供应链中的应用主要包括以下四个方面：①区块链技术应用于食品供应链的影响因素。Tayal 等[346]通过食品供应链中名为 TISM 的创新方法和 MICMAC 分析，得出了投资区块链技术的关键驱动因素（如透明度和造假）。Saurabh 和 Dey[347]认为去中心化和可追溯性是影响在葡萄酒供应链中采用区块链的关键因素。在 Hyperledger Fabric 的基础上，Gao 等[348]设计并实施了基于区块链的食品供应链溯源系统，该系统集合了食品供应链上的所有企业和组织。Nam 等[349]采用文献综述的方式探讨在食品供应链中区块链采用的驱动因素和障碍、应用和实施阶段。Dong 等[350]开发了一个有多个上游（第二层）供应商的三层供应链模型，以研究可追溯性技术（如区块链技术）的采用如何影响供应链成员的激励与预期收益的实现。为了确定共享保证信息的边界条件以提高可追溯性，Behnke 和 Janssen[351]使用 16 次访谈的模板对食品供应链中的四个案例进行了调查，调查结果表明在成功使用区块链之前，必须首先修改供应链系统且需要采取组织措施来满足边界条件。Joo 和 Han[352]检验了基于区块链的食品供应链中分布式信任的决定因素。②区块链技术应用于食品供应链的优势和挑战。Ali 等[353]揭示了一个可持续的区块链框架，以克服清真食品供应链所面临的挑战。Li 等[354]介绍了目前在食品供应链中使用的主要区块链平台并进行了综合分析，以探讨区块链技术在食品行业中的优势和挑战。Khan 等[355]进行了全面的文献审查，最终确定与食品供应链中实施区块链技术相关的 16 个主要障碍。为探索区块链技术在食品供应链中促进可持续转型的潜力，Friedman 和 Ormiston 等[356]对全球食品供应链中的各种行为者进行了 18 次专家采访，以评估区块链技术作为可持续发展驱动力的机遇和阻力。Westerlund 等[357]通过文献综述以及对正在进行基于区块链的食品可追溯性试验的五家公司的调查，了解在食品供应链中应用区块链技术的益处。Kamilaris 等[358]研究了区块链技术在农业和食品供应链中的影响，介绍了现有的正在进行的项目和倡议，讨论了总体影响、挑战和潜力，并对这些项目的成熟度提出了批评意见。Kazancoglu 等[359]通过模糊综合评价方法确定新冠疫情期间在可持续食品供应链中采用区块链技术需考虑的风险，以消除食品供应链中柔性逆向物流的区块链适应风险。Rogerson 和 Parry[360]通过对食品公司的案例研究调查区块链如何超越加密货币，并被部署以增强供应链中的可见性和信任，同时研究了其局限性和潜在影响。Duan 等[361]采用内容分析法综述了区块链在食品供应链中应用研究的趋势，提出存在四个好处，即区块链有助于提高食品可追溯性、信息透明度和召回效率，也可以与物联网（IoT）结合实现更高的效率。Collart 和 Canales[362]重点关注区块链技术的广泛采用如何帮助解决美国生鲜农产品行业面临的主要挑战，包括食品安全、食品欺诈、食品损失和浪费，以及对更完善的可追溯系统的普遍需求。Yang 等[363]建立了一个博弈论模型，研究在新冠疫情暴发期间由一个平台和一个供应商组成的食品供应链的运营决策和区块链采用策略。针对有机食品供应链中存在的假冒伪劣和难以追究责任等痛点，Ding 和 Bai[364]研究了由供应商和零售商组成的二级有机食品供应链，建立了传统模式下和区块链可追溯背景下的两个供应链模型。以泰国渔业为背景，Tsolakis 等[365]研究以区块链为中心的食品供应链的设计，研究成果推动了可持续发展目标的实现。Bumblauskas 等[366]研究了美国中西部一家公司在鸡蛋从农场到消费者的生产和供应链交付系统中实施区块链技术的情况。识别和解决全球食品供应链中的污染源、解决可追溯性问题并确保透明度的一种方法是使用区块链技术，Galvez 等[367]通过综述研究了区块链技术在确保食品供应链的可追溯性和真实性方面的潜力。Iftekhar 和 Cui[368]介绍了一个基于区块链的供应链架构，以确保防篡改审计跟踪的可用性，这种防篡改审计跟踪有助于确保采取所有安全措施，最大限度地降低冷冻肉供应链中存在的新冠病毒和其他细菌、真菌及寄生虫的风险。Katsikouli 等[369]探索了典型管理系统面临的挑战，并重点介绍区块链技术和分布式账本在食品供应链管理中的应用。Tanwar 等[370]对食品行业安全、食品可追溯性和食品供应链管理的最新方法进行了深入调查，并提出了一个基于区块链的安全和去中心化的食品行业架构与综合解决方案，以缓解安全和隐私方面的问题。③基于区块链技术的食品供应链溯源框架。针对目前食品安全溯源方法存在的问题，Wang 等[371]将区块链技术引入食品安全溯源领域，选择牛奶作为其食品安全溯源的对象，并设计了牛奶溯源方案的总体框架。Jaison 和 Ramaiah[372]研究了基于区块链的食品供应链管理中的可追溯系统。考虑到区块链技术可以克服安全和追溯问题，Singh 等[373]详细分析了区块链技术、基于区块链的食品安全可追溯系统、共识算法、安全攻击和解决方案。为探索当前多主体参与以及多供应链合作的全过程网络化食品追溯的实施路径，何静和胡鑫月[374]从多功能开放型食品供需网的角度提出了区块链赋能食品供需网的创新追溯模式。④区块链技术与其他信息技术在食品供应链中的整合应用。曾小青等[375]通过探讨食品追溯关键标准与技术，构建了物联网加区块链的食品安全追溯系统架构，该技术方案可有效提高食品供应链的效率与透明度。Kaur 等[376]将区块链技术与物联网（IoT）设备相结合，以调查运输者在供应新鲜食品时面临的食品条件和各种问题。针对食物供应链的物流环节，Pele 等[377]结合物联网和区块链技术开发了食品溯源框架，推动了食品安全问题的改善。Wang 等[378]开发了一个基于区块链和射频识别（RFID）技术的食品供应链追溯系统框架，该系统由用于数据管理的去中心化区块链数据存储平台和用于数据收集和存储的包装级 RFID 系统组成。Shahbazi 和 Byun[379]提出了一种基于区块链机器学习的食品可追溯系统，以结合区块链新扩展的机器学习技术和基于保质期管理系统的模糊逻辑可追溯系统来操作易腐食品。

在实际中，已有一些区块链技术的应用案例，其中最著名的应用案例是沃尔玛和IBM合作开发的芒果溯源系统，极大地缩短芒果的溯源时间，同时，沃尔玛也将该技术用于猪肉溯源[380]。IBM还开发了牛肉链，用于追踪牛肉的产地，该技术也获得了美国农业部的认证[381]。家乐福基于区块链技术开发了与沃尔玛类似的禽类农产品的溯源系统，提高了鸡肉和鸡蛋的可追溯性。亚马逊、甲骨文等互联网科技公司也均开发过区块链溯源服务[382]。Bumble Bee Foods使用了区块链溯源系统，使消费者能够获得从海洋到餐桌的鱼类信息。运输服务公司马士基（Maersk）也采用区块链技术协助其利益相关者进行产品追溯。在国内，基于区块链技术和智能合约的框架已在汕尾绿丰源现代农业发展有限公司得到应用，虽然还存在很多缺陷，但已实现了农产品信息通过二维码实现溯源等功能[383]。中南建设集团和黑龙江北大荒农业集团合作建立了区块链大农场[384]。区别于以上农产品供应链企业自主开发或者参与共同开发的模式，目前存在一些更加成熟的商业模式，即通过互联网科技公司开发区块链溯源服务平台，农产品供应链向平台购买区块链溯源服务。京东作为国内专业的综合性网购商城，探索并应用了基于区块链的防伪溯源平台，并为平台商家推出了基于区块链的溯源服务，其开发的智臻链可为农产品供应链提供区块链溯源服务。从京东披露的基于区块链的溯源效果数据中可发现，品牌推出基于区块链的溯源服务后，产品的复购率和流通率均显著提高。在对阿里巴巴独立开发的蚂蚁链的调查中也得出了相同的结论。

为了进一步提高农产品供应链的响应能力，已经发展出了将区块链与各种工业5.0技术（如大数据技术、物联网（IoT）、射频识别（RFID）、近场通信（NFC）等）相结合的新概念[385]。当前，消费者要求安全、可持续、可追溯、公平以及可信的农产品生产和流通过程，而企业正在采用区块链和大数据的融合应用来满足这些需求。在农产品供应链领域，相关研究并不丰富，博弈论方面相关研究更少。在2018年，Rabah[386]介绍了大数据和区块链在农业领域的应用。针对农产品在生产和流通过程中的数据采集和分析问题，开发了基于大数据和区块链的新模型[387]。Kamble等[388]认为如果决策者想建立一个数据驱动的绿色供应链，大数据和区块链均将对其有所助益。然而，上述研究并未考虑如何鼓励链成员使用新技术。在大数据和区块链的融合应用中，Liu[3]探讨了考虑农产品新鲜度和绿色度变化的投资和协调策略。Wu 等[37]研究了在不同模式下构建区块链溯源系统时供应链成员的最优决策，并发现采用区块链技术是否为最优决策与消费者对无区块链产品的接受程度等因素有关。Collart 和 Canales[389]讨论了区块链是否能改善生鲜农产品供应链的运营以及未来发展的局限性和挑战。区块链、物联网技术和大数据驱动农产品供应链成为巨大的智能网络，从而打破信息限制，基于此，Fu 等[390]分析了区块链数字系统与农产品供应链之间的耦合关系。Liu 等[391]探讨了在区块链与大数据融合应用背景下农产品供应链的补贴与定价策略。Zhou[392]等考虑了采用区块链技术确定农产品的来源可以提高中国农产品供应链的质量和安全，在此背景下，融合了大数据和区块链技术等手段对农产品质量安全进行追溯，并采用回归分析构建了五个模型对三个假设进行了验证。Yadav 等[393]讨论了物联网（IoT）、区块链、大数据、信息和通信技术、云计算等技术在农产品供应链中的应用与趋势，研究表明融合这些主要技术将更有助于提供低成本的解决方案，并增强农产品供应链的可持续性。Guo 和 Yao[394]探究了基于区块链技术的大数据平台下农产品供应链的治理。Wang 等[395]建立了基于区块链技术的大数据融合框架，合理高效地收集和处理农产品质量安全数据，实现农产品质量安全大数据的融合，实验证明其相对于传统模型具有一定优势。大数据管理模式还存在一定的隐患，区块链技术的应用可以更好地实现农业数据的共享，基于此，Zhu 和 Li[396]建立了基于区块链的大数据共享模型。

综上所述，现有研究认为区块链和大数据的融合应用对提升信息价值作用巨大。尤其是基于大数据和区块链的溯源系统可以提高消费者对产品质量的感知价值。然而，现有农产品供应链补贴、定价与协调的研究未考虑新环境下农产品质量的变化。因此，在本书中，我们将讨论这个问题。在讨论之前，我们需梳理农产品供应链的相关研究。

1.2.5 农产品供应链管理

供应链管理的概念于 20 世纪 80 年代出现，90 年代引起广泛关注，同期其思想被引入农业领域。农产品供应链管理的概念来自供应链管理[397]。随着农业领域对食品安全的日益关注，农产品供应链的结构和管理已成为一个重要的政策问题[398]。中国引入一带一路先进的供应链管理系统，以降低生产易腐食品公司的生产成本，向消费者提供高质量的绿色产品[399]。在21世纪，若一个企业想要提升自身竞争优势，关注供应链的有效管理可能对其有所助益，有效的供应链管理可以解决与农产品相关的常见问题。农产品供应链管理已经成为农业食品的重要领域，因为利益相关者参与了决策过程的执行。未来，农业供应链的设计和运作将受到更严格的监管和更密切的监督。现如今，农产品加工过程缺乏透明度，农产品质量安全事件频发，质量较差的农产品进入市场将影响农产品的总质量以及消费者的利益，且由于农产品供应链的复杂性和动态性，农产品的有效追溯和管理面临着巨大的挑战。此外，由于大多生鲜农产品的总损失占收获产品总量的20%到60%，因而就需要一种有效率的农产品供应链管理模式[400]和现代信息技术工具[401]。现代农产品的信息化管理有利于对农产品进行从生产到销售的全过程追溯和控制，对于保障农产品质量安全至关重要[402]。然而，现有的大多数解决方案不能很好地满足农产品供应链中的可追溯性和管理需求[403]，因此需要一些设备来鉴别需求量很大的农产品的质量。而区块链技术正在发展成为一种去中心化的安全基础设施，可以取代第三方参与验证系统内部的交易[404]。近年来，关于供应链管理的讨论在农产品领域较为丰富。如针对目前农产品供应链追溯系统存在的数据存储容量低、管理中心化、可扩展性差、参与主体隐私信息得不到保证等问题，张燕丽和李波[405]使用Hyperledger Fabric v2.0平台设计了基于主从联盟链结构的农产品供应链追溯系统。Shahid等[406]提出了一个基于区块链的农产品供应链溯源解决方案。Chen等[407]结合物联网技术，提出了一种安全、可靠、便捷的运输可追溯农产品机制模型，该模型可明显提高生鲜农产品供应链的管理水平。针对目前农产品质量安全管理方面存在的问题，黄海龙等[408]从农产品供应链的角度出发，建立了农产品质量安全追溯系统。为了提升农产品质量安全管理水平，刘树等[409]提出一种基于混合模式的农产品质量安全可追溯系统的集成方法。

此外，根据我国农产品供应链存在的问题，Lei等[410]基于供应链环节的各个模块建立了新的农产品供应链管理模型，并构建了相应的智能分析模型。Luo等[411]从农业供应链管理的角度出发，利用模糊大数据和LSGDM（大规模群体决策）分析了传统供应链管理流程的不足，提出了供应链管理的新方法。Ahumada和Villalobos[412]综述了基于农作物的农产品生产和配送规划领域的主要研究成果，通过对当前研究状况的分析发现对农产品供应链建模的未来需求。Dou 等[413]将改进的神经网络应用到农产品供应链管理中，并在此基础上运用层次分析法探讨农产品供应链管理的影响因素。Liu 等[414]采用归纳式多案例研究方法，以中国四家农业企业为研究对象，考察基于智慧供应链的农业精准管理现状。Fu 等[415]从订单农业中农户和农业综合企业的角度出发，通过考察权力、供应链整合与农产品质量绩效之间的关系，探究其对订单农业的影响。He 等[416]提出了农产品供应链合作伙伴选择模型和指标体系，利用数据挖掘技术对潜在的供应链合作伙伴进行聚类和分类分析，并对农产品供应链进行了实证分析，其可为农产品供应链纵向治理提供一些启示。张蓓和杨学儒[417]从供应链视角探索农产品质量安全的管理措施，提出农产品供应链核心企业应选择内部控制、外部协同和环境调适等质量安全管理路径，发挥主导作用，实现农产品供应链质量安全管理的整体最优。

由于生鲜农产品易腐易损，降低库存成本以及确保高质量的供给是供应链企业的战略目标。基于此，Tao 等[418]利用大数据为农产品供应链提出一种新的可信调度优化方法。生鲜农产品的有效供给保障是一个系统性问题，Chen 等[419]基于负指数效用函数和博弈分析探讨了农产品供给决策，分析了价格波动对农产品供给的影响，同时在经济学的框架下从农产品供给主体的角度分析了质量安全问题。Shen 等[420]在分析“农超对接”模式下生鲜农产品供应链库存管理的基础上，构建了“农民专业合作社＋配送中心＋超市”的生鲜农产品一体化库存模型。Xu 等[421]提出基于仿真的生鲜农产品多级库存系统优化模型。

供应链风险管理是一个庞大且不断发展的研究领域，因为存在与季节性、供应高峰、长供应周期和易腐性相关的挑战，风险管理对农业供应链来说更为重要，且农产品供应链的风险管理比典型的制造业供应链更加复杂。基于此，游军和郑锦荣[422]从农产品供应链的特点出发，对农产品供应链存在的风险，特别是交易风险进行了分析，并在此基础上将期权理论引入农产品供应链风险管理。Behzadi 等[423]对农业供应链定量风险管理模型的相对有限的文献进行了全面回顾，认为稳健性和弹性是管理风险的两个关键技术。根据定量模型得出的结果，Yan 等[424]提出了在物联网环境下农产品供应链的风险管理措施。Fu 等[425]设计了一种有效的风险转移机制来管理恶劣天气风险，以确保农产品供应链的稳定运行。Dai 和 Liu[426]利用大数据分析大型零售企业农资超市对接农产品供应链可能出现的风险。

冷链是保障生鲜农产品质量安全以及提高新鲜度等的重要举措，农产品冷链管理是农产品供应链管理关注的重点之一。为解决传统农产品冷链物流管理模式中流通环节松散、信息传递不准确、加工不及时、鲜活农产品损耗严重等问题，Huang 等[427]研究“互联网＋”背景下农产品冷链物流实时应急管理模式，建立冷链物流实时准确管理体系。在梳理国内外冷链管理研究的基础上，李康等[428]对冷链管理中的几类主要问题进行总结和比较分析，最后从生鲜农产品冷链碳排放、消费者行为倾向、闭环供应链等方面探讨中国未来生鲜农产品冷链的发展趋势。Ye 和 Zhao[429]利用主成分分析法（PCA）提取影响冷链低碳配送运营效益和农业新零售消费者体验的共同核心因素，并运用灰色关联分析构建了农产品冷链低碳配送与新零售的耦合联动模型。Li 等[430]以城市生鲜农产品冷链物流为研究对象，建立了基于配送中心的城市生鲜农产品冷链物流库存配送协同优化模型。Perdana 等[431]提出了一种创新方式设计生鲜农产品物流治理，以解决发展中国家生鲜农产品物流网的具体问题，即生鲜农产品供应链未能很好地整合这一问题。

协作关系不稳定导致的农产品附加值降低、农产品供应中断等问题严重阻碍了农产品供应链的高质量发展，促进农产品供应链的稳定协作是一个亟待解决的问题。基于此，吴继辉和吕建军[432]对农产品供应链协同管理的研究进展进行综述，分析当前研究中可能存在的不足，并探讨该领域未来可能的研究发展方向。Huo 等[433]考虑到消费者对农产品的个性化需求，把经营特色农产品为主、农民合作社为主导的供应链作为研究对象，构建了农民合作社、制造商、零售商三方进化博弈模型，并从主要的策略选择和影响其策略选择的具体因素着手研究供应链协作机制。Wan 等[434]分析了在两种供应链结构下，当生产成本和损失率同时受到干扰时，生鲜农产品供应链的期权协调问题。

1.2.6 竞争型农产品供应链的运营管理

随着时间的推移，农产品的质量和数量均会下降，如何确定恰当的经营和营销策略以减少腐烂造成的损失对此类产品的供应链至关重要[435]。针对供应链之间的竞争，杨振华等[436]考虑消费者对质量差异化产品的异质性偏好以及环保意识，建立了消费者效用函数以及产品需求函数，构建了差异化竞争制造商及其零部件供应商之间的动态博弈模型。Dai 等[437]研究了竞争型供应链的协调和定价，其将供应链的竞争分为三种模式：上游竞争、下游竞争以及上下游都竞争的混合供应链模式，并设计了一个混合竞争模式来研究供应链中可追溯性和产品召回的影响。基于这种模式，该研究认为溯源投资对制造商总是有利的，对零售商的影响取决于溯源成本。Niu 等[438]设计了由一个位于高税收地区的跨国公司与一个购买和转售跨国公司产品的电子零售商组成的合作利益供应链模型。Choi 等[439]设计了双寡头竞争型博弈模型，并研究了基于区块链技术的产品信息披露对租赁服务平台供应链的影响，此研究表明，风险态度是准确描述区块链技术带来的影响的重要因素。王珊珊等[440]以两条竞争供应链为研究对象，考虑供应链是否采用碳减排技术，对比了三种投资方式的差异，针对碳税和碳减排最优解进行了分析，并探讨了竞争供应链投资碳减排技术的均衡策略。江秋阳等[441]考虑由零售商主导的两条竞争型供应链和供应商成本结构的差异，对比分析了供应链的 RFID 投资决策，并着重考虑产品的替代率、RFID 标签价格以及库存可获得率对供应链成员利润的影响。

此外，供应链的竞争还包括渠道之间的竞争。Chen 等[442]研究了双渠道供应链中质量与价格对决策的影响，发现引进新渠道可以提高质量，增加供应链利润。Ji 等[443]研究了一个双渠道供应链模型，分别研究了双渠道供应链单一减排和联合减排政策。Xu 等[444]研究了双渠道绿色供应链分别在转售模式和代理模式中投资区块链技术的决策，研究发现投资区块链可以增加供应链利润。Liu 等[445]结合消费者服务偏好，构建了生鲜农产品供应链线上线下分销过程中资源整合的三阶段动态博弈模型，研究了各变量在生鲜农产品供应中的作用，最后通过案例分析，验证了双渠道供应链资源整合分销的三阶段博弈方法的有效性。根据消费者对消费时间的不同偏好即便利偏好，Yan 等[446]对消费者进行细分并从消费者便利偏好的角度研究生鲜农产品企业的战略渠道决策。Liu 等[447]以两级双渠道生鲜农产品供应链为研究对象，基于斯塔克伯格博弈讨论了最优决策和信息共享的价值。针对由提供垂直差异化农产品的两个供应商组成的双渠道供应链，Perlman 等[448]研究了所有供应链成员（两个供应商和一个零售商）同时决定价格以使各自利润最大化的市场竞争。考虑渠道自身价格、渠道间交叉价格弹性、生鲜农产品随着时间变化的质量损失等因素的影响，唐润等[449]探究了生鲜农产品双渠道市场出清策略。

针对农产品供应链运营管理，Ganeshkumar 等[450]通过对农产品供应链管理领域文献的批判性回顾，将其分为四类：关于农产品供应链的文献综述、影响农产品供应链各环节的政策、农产品供应链各环节的结构和行为、供应链各环节的绩效。Joshi 等[451]收集了 1 100 个供应链实体的数据，研究发现采用能力低和缺乏统一的可持续农业企业政策是影响采用可持续农业企业的主要因素。Yu 等[452]研究了一条垂直农业供应链，其中农民合作社决定其农产品销售价格，社会企业决定其订货量并向终端市场转售产品，并调查了政府提供的市场信息和农业建议对系统结果的影响。Sun[453]建立了由一个供应商和一个零售商组成的生鲜农产品供应链的动态模型，且该供应链在计划期内经历了供应中断，基于此，研究了在集中和分散模式下供应链成员的最优决策。曾佑新等[454]构建了一个二级生鲜农产品供应链，运用博弈模型求解不同决策模式下供应链的最优策略和最大利润，结论表明供应链的主导者能获得更多的利润。Liu 等[455]针对由生产商和加工商组成的两级农产品供应链，考虑市场需求受零售价格和低碳技术水平的影响，研究了有无低碳技术的分散型和集中式农产品供应链的最优解。此外，根据研究重点不同，基于博弈论探讨农产品供应链的研究主要集中在三个方面。一是强调企业社会责任、公平关切、需求偏好等参与者特性对农产品供应链运营决策的影响。如 Qin 和 Xiang[456]通过理论分析和实证检验，分析由农产品、生产者、加工者和超市组成的农产品供应链中，企业社会责任和社会偏好对质量改进的影响。Wang 等[457]考虑消费者需求的异质性，引入农产品特征度，建立了分散决策和集中决策下的农产品动态定价模型，并设计了收益共享协调契约，研究以农民合作社为核心企业的农产品供应链的定价策略。Moon

等[458]研究了新鲜农产品供应链中的投资决策，基于供应链成员的投资决策，考虑了三种不同的情景，并通过考虑公平指数的影响对相应的结果进行了比较。二是考虑产量损耗、绿色度、新鲜度等农产品特性对农产品供应链运营决策的影响。如考虑产品损耗、新鲜度和私有零售商成本的影响，Yang 等[459]研究了在生鲜农产品市场中，当市场需求与零售价格为非线性函数时，三级供应链如何处理突发事件。通过微分博弈方法，Luo 等[460]构建了基于温控投入和鲜活农产品需求函数的新鲜度动态博弈模型，并指出温度控制是如何提高农产品新鲜度的，以及每个成员和整个供应链的利润。考虑生鲜农产品在流通过程中的严重损耗问题，陈军和但斌[461]建立努力水平影响损耗的生鲜农产品库存模型，探究生鲜农产品的订货策略。刘墨林等[462]考虑保鲜努力与服务水平对生鲜农产品需求的影响，分别讨论了集中决策与分散决策下新鲜度需求弹性、服务需求弹性等因素对供应链最优化的影响。基于生鲜农产品供应链的特点，Yan 等[463]分析了中小企业的融资策略并得出了中小企业在六种不同情况下的最优运营和融资策略。此外，生鲜农产品的固有属性可能导致企业将一些业务如物流、采购等外包给第三方物流企业，基于此，叶俊等[464]针对生鲜农产品跨境贸易模式选择以及保鲜问题，在考虑冷链物流服务的基础上，构建了生鲜农产品供应博弈模型。Wang 和 Zhao[465]也研究了冷链投资生鲜供应链的投资决策，结果表明合作冷链投资和合作定价是供应链的主导策略。周继祥等[466]建立了零售商和第三方物流企业的博弈模型，对比分析了部分需求信息下第三方物流企业采购和零售商采购对最优决策与收益的影响。三是重点探讨信息技术的应用对农产品供应链运营决策的影响。考虑紧急情况下由一个制造商和一个零售商组成的基于无线射频识别（RFID）的两级新鲜农产品供应链，Yan 等[467]研究了应用 RFID 后生鲜农产品供应链的协调问题以及突发事件对供应链可持续发展的影响。杨亚等[468]研究了基于新鲜度信息不对称下生鲜农产品供应链投资无线射频识别（RFID）技术的收益影响，结论表明新鲜度信息共享程度影响投资收益。

供应链协调是运营管理领域长久不衰的研究课题。针对农产品供应链协调问题，考虑到生鲜农产品供应链的流通效率在很大程度上受到终端消费者购买力的影响，Yan 等[469]提出了一种考虑消费者战略行为的生鲜农产品供应链协调方法。Ranjan 等[470]研究了双渠道供应链的定价策略和协调机制，考虑绿色质量水平和销售努力水平，构建了需求函数，结果表明合作模式下绿色质量水平较高。但斌和陈军[471]构造了一个指数形式的新鲜度衰减函数，尝试用新鲜度表征价值损耗，在此基础上定量研究两级生鲜农产品供应链协调问题。Wang 和 Chen[472]研究了生鲜供应链中组合合约的决策问题，设计了一个供应商和零售商签订合同的模型，研究发现期权价格对供应链成员的收入有不同的影响。Shen 等[473]研究了简单二级供应链中易腐农产品的库存补充模型，协同预测被引入库存补充决策中，避免农产品库存过多或不足，以实现利润最大化。黄惠琴和熊峰[474]探究了基于损失回购契约的农产品供应链协调。针对由一个生产商和一个零售商构成的鲜活农产品供应链，吴忠和等[475]在考虑损耗和新鲜度的影响下研究数量折扣契约如何协调供应链应对突发事件。Qiu 等[476]建立了三个供应链的两阶段定价、协调和减少数量损失模型，考虑运输过程中的数量损失和策略性消费者存在下的零售质量损失，探究生鲜农产品供应链的协调与损耗。王道平和程蕾[477]研究了在产出不确定的背景下农产品供应链的协调问题。针对零售商的两级生鲜农产品供应链，Yan 和 Han[478]探究了供应链中的期权和批发契约的两阶段协调订购问题。Yan 等[479]从供应链协调的角度探讨由一个制造商和一个零售商组成的生鲜农产品供应链的可持续发展。陈军和但斌[480]基于变质库存控制的相关理论方法，研究了损耗控制下的生鲜农产品供应链协调问题。以“农超对接”模式下的生鲜农产品供应链为研究对象，董振宁等[481]探究了考虑保鲜努力的生鲜农产品供应链协调。考虑到新鲜农产品容易发生质量和数量损失，Zhao 和 Cheng[482]讨论了三种情况下生鲜农产品供应链的两阶段决策模型，得出了不同决策情景下保鲜努力的临界值。Liao 和 Lu[483]讨论了供应商和零售商之间的批发价契约或期权契约以及供应商和生产商之间的批发价契约的协调机制。Li 等[484]基于委托代理理论和供应链协调契约理论建立了分析模型，探讨收益共享契约对生鲜农产品供应链运作的影响。

1.2.7 考虑区块链技术投入的生鲜/农产品供应链的运营决策

在传统环境下，基于博弈论的关于产品溯源对生鲜供应链运营决策影响的研究较为丰富。例如，Pouliot 等[485]认为可追溯性对市场需求有重要影响。考虑到可追溯性和产品召回之间的关系，一些研究讨论了生鲜供应链的收益和协调策略[486,487]。Saak 等[488]讨论了决策者为什么以及何时投资可追溯系统，以及其是否应该保存产品原产地信息，若此问题得不到解决，无法建立适当的管理机制，则采用可追溯产品标签系统可能无法达到预期的效果[489]。此外，Aiello 等[490]评估了实施基于 RFID 的可追溯系统后生鲜供应链的预期价值和利润。Dai 等[491]提出了一个收入分享合同来协调使用可追溯系统后的供应链，并在另一项研究中指出在提高供应链的溯源能力方面，严格的溯源监管比补贴更有效[492]。

Niknejad 等[493]基于文献计量学，分析了近几年区块链技术应用于农业供应链的相关研究趋势和主题。研究表明区块链在农产品领域的研究热点词主要包括可追溯系统，区块链技术和区块链的效益。区块链溯源系统提高了农产品的可追溯性，可追溯性可以增加产品的价值，提升消费者对农产品的信心，使消费者对这类产品有着更高的支付意愿[494-496]。在区块链的环境下，基于博弈论的研究成果较少，一些相关的研究如下。Pedersen 等[497]提出了十步决策法来决定一个组织何时采用区块链。考虑由一个生产商和一个零售商组成的供应链，Hayrutdinov 等[498]研究了考虑生命周期信息共享的决策者投资决策问题，然后提出了成本分摊、收益共享以及成本和收益共享契约协调供应链，认为成本和收入共享将有助于链成员获得更多收益。此外，Fan 等[499]基于由一个零售商、一个供应商和一个制造商组成的三阶段供应链，考虑到消费者的溯源意识和区块链技术的投资成本，讨论了区块链的投资决策问题，然后采用收益共享契约协调供应链。然而，上述研究并未将重点放在生鲜供应链上。与此同时，针对生鲜供应链，考虑到采用区块链前后消费者对产品质量安全感知的变化，Liu 等[3]讨论了决策者对基于区块链和大数据的信息服务的投资决策问题，并采用成本分担和收益共享契约实现供应链协调。在区块链环境下，Liu 和 Guo[500]研究了一个生鲜电商供应链在链成员采用区块链信息平台前后的收益变化。Liu 等[501]探索了在大数据与区块链融合应用背景下绿色农产品供应链的投资决策与协调问题。基于一个由优质生鲜产品供应商、电子零售商和物流供应商组成的三阶供应链，Wu 等[502]讨论了考虑消费者对可追溯信息的偏好和溯源成本的定价策略，并提出了一个两部分的关税契约协调供应链，认为采用基于区块链的可追溯系统不一定是决策者的最佳选择。Stranieri 等[503]研究了区块链技术在农业供应链中对绩效的影响后认为区块链技术能为供应链带来利润收益，增强质量属性，完善供应链管理。Zhao[504]认为区块链在农业供应链应用可以改善可追溯性和质量安全。梁喜和肖金凤[505]构建了双渠道供应链模型，考虑了区块链单位验证费用的影响，对比了投资区块链和不投资区块链的定价策略。De 的研究表明供应链投资区块链技术的主要成本在于可变成本，投资的固定成本对供应链的影响不大[506]。Chen 等[507]研究表明消费者对价格具有一定的敏感性，如果由于防伪溯源服务成本的增加引起农产品价格大幅增长，反而会降低农产品的销量，不利于供应链利润。为解决产品销售过程中由于信息不对称和产销信息沟通不及时造成的产品流通复杂的问题，Gan 和 Huang[508]基于区块链技术构建双渠道供应链模型，研究了双渠道农产品供应链协调问题。

从以上分析不难看出，基于区块链的溯源解决方案可解决生鲜和农产品供应链的信息透明问题和质量造假问题，并增强产品质量的可信度。尽管区块链技术的应用具有巨大的优势，但由于成本和收益难以权衡，其在农产品供应链领域应用并不广泛。疫情防控期间，我国不断出现在冷冻农产品外包装上检测到新冠病毒的事件，基于区块链的溯源引起了企业和政府的关注。我国政府为激励区块链技术的发展和应用，提出了多种激励措施，并实施了补贴策略。本书将在下一节讨论政府对区块链的补贴。

1.2.8 中国政府关于区块链技术的补贴

近年来，区块链技术受到了我国政府的高度重视，据统计，许多地方政府均出台了区块链产业的特殊优惠补贴政策[509-518]，如表 1－2 所示。

根据表 1－2，将补贴政策划分为变动补贴、固定补贴和税收优惠，不同的补贴是政府根据区块链开发者投资成本的百分比和用户获得收益的百分比去补贴技术开发者和用户。固定补贴是指政府根据区块链开发和应用产生的收益，向技术开发者和用户提供一定的资金补贴。据统计，一般情况下，若政府设置了变动补贴的上限 F，当达到变动补贴的上限 F 时，政府仅提供固定补贴 F。据调查，我国许多地方政府会同时采用变动补贴和固定补贴。

因此，在本书的研究中，将重点关注这两种补贴策略。

表 1-2 中国各地区的政府补贴政策

中国政府机构	区块链开发企业	区块链应用企业
工业和信息化部[519]	税收优惠	税收优惠
云南省人民政府[515]	变动补贴；固定补贴	变动补贴
重庆市渝中区人民政府[516]	变动补贴；固定补贴	
苏州市工业和信息化局[517]	固定补贴	固定补贴
武汉市经济和信息化局[518]	固定补贴	固定补贴
广州市人民政府[520]	税收优惠；固定补贴；变动补贴	固定补贴
泉州市人民政府[521]	变动补贴	固定补贴；变动补贴
深圳市人民政府[522]	固定补贴；变动补贴	固定补贴；变动补贴
昆明市人民政府[523]	固定补贴；变动补贴	固定补贴；变动补贴
福州市人民政府[524]	固定补贴；变动补贴	固定补贴；变动补贴
上海市杨浦区人民政府[524]	固定补贴	固定补贴
长沙市高新技术开发区管委会[524]	固定补贴；变动补贴	固定补贴；变动补贴
珠海横琴新区管委会[524]	固定补贴；变动补贴	固定补贴；变动补贴
杭州市西湖区人民政府[524]	固定补贴	

1.2.9 政府对生鲜/农产品溯源的补贴策略

针对补贴对供应链成员的影响，学者有不同的看法。首先，一些研究者认为过度补贴或单一补贴方式可能会对供应链绩效产生负面影响。例如，在南亚，政府大力补贴水和能源的政策增加了粮食产量，但却加速了自然资源的退化[519]。尽管一些补贴对环境有益，但其并不能保证粮食产量[520]。此外，增加补贴有助于提高有机肥的利用率，但过度补贴不利于农业的可持续发展[521]。其次，其他研究人员认为补贴可以提高供应链绩效，适当的补贴政策可以增加农民的收入，增加农业产量[522,523]。例如，政府补贴农产品价格和冷链设施将提高生鲜农产品供应链的稳定性[524]，政府补贴可以激励规避风险的加工商增加在食品安全方面的投资[525]，政府补贴将增加生物燃料供应链参与者的利润[526]，对生产和环境创新的混合补贴将有助于降低排放并提高企业收益[527]，等等。实际上，为了鼓励农作物生长，许多国家都实施了农业补贴政策，如在中国实施的农业政策包括产出政策、投入政策、公共基础设施等[528]。

在农业领域，许多研究集中在农业补贴对生产的影响。例如，Xu等[529]提出溢价补贴可以提高农产品的产量。Yu[530]讨论了粮食保险补贴对粮食选择的影响。Alizamir等[531]认为与农业风险补贴相比，价格损失补贴更有可能鼓励农民增加种植。Peng等[532]研究发现政府补贴对规避高风险的农民有积极影响。Aghamohammadi等[533]认为运输补贴将增加水稻产量。然而，上述研究均未涉及农产品溯源安全的补贴策略。

为有效改善农产品供应链的运营，越来越多的学者关注政府补贴对农产品供应链的影响。根据政府补贴的对象，可以划分为以下两个方面[534]：①政府补贴农产品供给方。彭红军和庞涛[535]探讨了政府补贴农民对承包农业供应链的运营决策的影响，发现农业补贴政策将增加耕作规模和农民的收益。杨志华等[536]基于实地调查数据探讨了农业补贴政策对耕地保护行为的影响因素。Yu等[537]研究了政府补贴生鲜食品加工对市场份额、安全投资和供应链成员收益的影响。②政府补贴农产品需求方。Broeks等[538]采用社会的成本效益分析估计肉类税（15%或30%）和水果蔬菜补贴（10%）对食品消费、健康和环境的影响。Rummo等[539]讨论了美国农业部补贴SNAP参与者购买生鲜农产品的有效性和可行性。

从供应链管理的角度来看，关于政府补贴政策的研究相对丰富。例如，基于三阶段合约农业供应链并考虑到供应链成员的风险偏好特性，Peng和Pang[540]分析了最优收益策略以及补贴对供应链成员收益的影响。考虑到补贴的预算约束、生物能源使用的环境效益、农民的风险规避和原料的产出不确定性，Ye等[541]研究了政府对供应链成员的最优补贴计划。Zhang等[542]和Chen等[543]研究了定量补贴和减排创新补贴对农业污染的影响，Zhang等[542]认为环境创新补贴和生产补贴均不能解决增产和环保的两难问题，仅有混合补贴方案才是最有效的。一项来自Wang等[544]的研究表明投入补贴（即粮食直补、机械补贴等）可以增加中国农民的收入。

然而，上述补贴策略未能有效针对生鲜农产品易腐烂的特点以及绿色农产品健康发展的要求。一方面，生鲜农产品易腐烂、保质期短、易受环境条件影响，另一方面，由于消费者生活水平的提高，绿色、优质以及安全的农产品越来越受欢迎，但食品安全问题频发，严重打击了消费者的信心。这使得农产品的保鲜努力、绿色度以及可追溯变得尤为重要[545]。因此，根据生鲜农产品的特点以及绿色农产品健康发展的要求，将政府补贴划分为以下三个方面：①政府补贴冷链保鲜成本。Liu 等[546]构建了考虑保鲜补贴的物流外包演化博弈模型，分析了生鲜企业和第三方物流愿意投入保鲜努力的实现路径。在不同的组织模式下，熊峰等[547]分析了冷链设施补贴模型对生鲜农产品供应链关系合同稳定性的影响。②绿色农业补贴政策，如专项补贴、资金补贴、创新补贴等[548]。绿色农业补贴将农业发展与农业环境保护相结合[549]，其对环境的作用机制一直是研究热点。例如，Zhang 等[550]探讨了农业补贴和产品认证对绿色农药利用率的影响。李守伟等[551]分析了在产量补贴和绿色补贴下环境重要性和农业补贴率等因素对补贴效果和社会福利的影响。考虑到偏好和收入异质性，Eerola 和 Huhtala[552]探讨了价格补贴和对传统产品征税的设计，以促进绿色产品消费。Jiang 等[553]研究了补贴政策、社会责任和质量偏好对有机肥替代化肥的影响，这将促进农业的可持续发展。涂正革等[554]探讨了绿色发展约束下的农业补贴效率及影响因素。吴绒等[555]构建了政府补贴策略下的政企博弈模型，分析了在不同模型下纯策略和混合策略的最优均衡决策结果，确定了政府补贴策略下政企采取的最优决策。③政府补贴溯源成本。实际上，采用区块链技术是激励供应链成员采用农产品溯源系统的一种有效方式[556,557]。为了实现更好的产品质量和安全监管以及快速追踪安全事故的原因，许多国家都推出了相关的补贴策略用于农产品溯源系统的开发和应用[558,559]。在中国，一家公司的农产品溯源系统得到了政府的补贴，这将弥补其额外的成本，但该公司无法持续获得政府补贴，因政府仅为公司建立溯源体系提供初步支持。然而，根据中国的一项调查，76%的消费者不了解溯源系统[560]。政府对溯源系统的补贴因对确保农产品质量安全具有巨大的激励作用而被学者广泛讨论。在非对称信息环境下，Xu 和 Xie[561]提出了在政府补贴追溯技术成本的情况下可追溯食品系统的决策优化模型，以获得供应链的最优决策。Hou 等[562]调查消费者对不同安全等级可追溯猪肉的偏好，发现消费者愿意为获取追溯信息支付额外费用，并建议政府应加大对追溯体系建设的补贴力度。Fu 等[563]研究了考虑物联网投资决策的最优政府补贴策略。Hu 等[564]探讨了在政府补贴绿色创新和溯源体系下食品供应链利益相关者的动态决策。为了推动溯源市场的发展，Xu 和 Xie[565]提出了基于政府公共战略决策的可追溯食品系统决策优化模型。但上述研究讨论的传统农产品溯源系统高度集中，通常不能覆盖整个供应链，这将导致数据不公开、不透明等一系列问题[566]。而区块链可以有效解决上述问题[567]，实现全链的信息共享。区块链广阔的应用前景已被世界各国所重视[568]，各国政府纷纷出台相关补贴策略鼓励区块链的应用和研发。如 2018 年，韩国政府宣布将应用区块链技术的企业作为税收减免对象，中小企业减免 30%～40%，大型企业减免 20%～30%。在我国使用区块链的企业可享受税收优惠、科技成果奖励等。在食品安全领域，由于农产品溯源难、食品安全问题频发，农产品质量安全已成为世界各国政府和消费者关注的焦点[569,570]。为加强食品质量安全管理，推动建设基于区块链的农产品质量安全追溯体系、实现整个供应链的可追溯性至关重要[571,572]。因此，探究针对农产品供应链的区块链补贴策略具有重要意义。

然而，从博弈论视角探究区块链补贴策略的研究有限。例如，针对由一个第三方物流提供商、供应商和零售商组成的三级食品供应链，其中第三方物流提供商使用区块链技术进行食品溯源，以解决消费者对食品安全的担忧，Liao 等[573]探究了后疫情时期政府应该选择反疫情还是补贴策略。Ye 等[574]探究了两条竞争型农产品供应链是否以及在什么条件下可以从采用区块链技术中受益，以及政府如何选择最优的补贴方案来促进区块链技术的采用。考虑一些地方政府通过补贴当地企业以激励他们实施区块链驱动的可追溯系统，Cao 等[575]构建了四种补贴策略探究由位于不同区域的制造商和零售商组成的生鲜产品供应链的最优运作策略。

考虑假冒情况，Pun 等[38]讨论了供应链成员通过政府补贴防止欺诈的策略（如使用区块链或差异定价）。Xu 和 Duan[576]讨论了政府绿化补贴对利益相关者采用区块链的影响。探讨政府的区块链补贴策略及补贴政策对农产品供应链的区块链技术投资与协调策略的影响具有重要的现实意义，但以往的研究并未涉及。

1.2.10 研究不足

通过对上述文献的梳理与分析，本书将以往研究的不足归纳为以下六个方面：

(1) 针对在政府税收补贴策略下绿色农产品供应链的区块链技术投资决策，现有研究未考虑区块链技术对消费者感知的绿色度信任水平与感知的新鲜度信任水平的影响。此外，也未研究考虑政府补贴策略下的区块链技术投资策略。

(2) 针对在“区块链＋大数据”背景下政府补贴对生鲜农产品供应链投资决策的影响，现有研究未考虑区块链与大数据融合应用对生鲜农产品复购率以及溯源水平差异的影响，即消费者对溯源信息与新鲜度信息的感知信任水平。其次，现有研究未探讨在新背景下补贴策略对供应链成员投资决策的影响。

(3) 针对考虑区块链溯源服务系统投入的生鲜供应链补贴策略，政府对生鲜产品溯源的补贴将鼓励利益相关者使用溯源系统或服务，但是现有的补贴政策研究未充分考虑基于区块链的溯源信息的信任水平和消费者对基于区块链的溯源信息的偏好。而且需要注意的是，以往研究未将政府关于区块链技术的补贴策略区分为固定补贴和变动补贴，且未区分针对供应链成员的不同补贴模式。此外，现有研究未探讨在不同补贴模式下生鲜农产品供应链的定价规则。

(4) 针对考虑大数据和区块链应用的农产品供应链补贴和定价策略，现有的关于农产品溯源补贴政策的研究并未充分考虑追溯系统或服务对农产品质量安全和运营成本的影响，也未在政府不同补贴模式下讨论定价策略。

(5) 针对优质生鲜供应链的基于区块链的防伪溯源服务投资决策，产品可追溯性的应用将有助于供应链成员减少新鲜度信息的不可靠度，但是以往研究忽略了其处于区块链环境中的变化。其次，尽管一些研究者讨论了基于区块链系统的投资决策，但忽略了防伪溯源系统的投资条件。此外，基于博弈论，以往研究在讨论关于防伪溯源系统的生鲜供应链的投资策略时未考虑生鲜信息的不可靠系数。最后，以往研究未采用价格折扣和收益共享契约来实现供应链的协调。

(6) 针对基于区块链溯源服务的竞争型农产品供应链投资决策，现有研究主要集中在区块链技术上，关于区块链技术在高质量农产品供应链中决策影响的研究较少。其次，现有可追溯性研究主要集中在可追溯性服务的含义和可追溯性系统的技术水平上，很少研究可追溯性服务的经济利润以及供应链如何做出关于可追溯性服务的竞争性决策。此外，上述研究不涉及双渠道农产品供应链的竞争决策。

1.3 相关理论

1.3.1 主从博弈理论

主从博弈是1952年德国经济学家 Heinrich Von Stackelberg 提出的一种非合作动态博弈，博弈的参与者之间存在主从关系，即为一方先行动，一方后行动的 Stackelberg 博弈问题。在主从博弈中，博弈双方的领导者拥有较大的“先发优势”，能够在博弈中占据先机，根据自身情况先行做出最优决策。而跟随者需在领导者之后做出决策，即跟随者需权衡领导者先行做出的决策的利弊之后，再结合现实情况做出符合自身利益的最优决策。具体的博弈过程可用数学表达式来表示，如下：

$$\begin{cases} \max\limits_{x} F(x, y) \\ s.t.\, g(x, y) \leqslant 0 \\ \max\limits_{y} f(x, y) \\ s.t.\, h(x, y) \leqslant 0 \end{cases} \tag{1-1}$$

其中，$F(x, y)$ 为博弈领导者的目标函数，$f(x, y)$ 为跟随者的目标函数。领导者所做的决策设为变量 x，$g(x, y)$ 为 x 的变化范围。同理，设跟随者所做的决策变量为 y，$h(x, y)$ 则是跟随者的决策变量范围。由博弈的领导者先做出决策 x，使其目标函数 $F(x, y)$ 达到最优。接着跟随者以领导者所做的决策为依据，做出决策 y，使其目标函数 $f(x, y)$ 最优[577]。

Stackelberg 博弈可采用逆向归纳法进行求解，即从动态博弈的最后一步往前推，基于最后一阶段的决策判断其前一阶段的决策，直至博弈的初始阶段，从而求得每一阶段的最优决策，即动态博弈的均衡解[578]。

本书所研究的黄河流域低碳供应链定价机制就是主从博弈过程，探讨低碳制造商为博弈的领导者，而零售商为追随者的情形。由制造商先以实现自身利益最大化为目标决定低碳产品的批发价，随后零售商依据制造商提供的批发价制定零售价，使其收益达到最优。

1.3.2 契约理论

供应链契约是实施供应链协调机制的具体手段与工具，通过实施激励措施等方式协调供应链成员，明确供应链成员的合作形式以及行为限制。供应链契约的目的一方面在于优化供应链成员的收益，即使不能达到最优的协调效果，也可能存在帕累托最优，使供应链成员的收益比协调之前有所提高。另一方面，供应链契约可实现风险共担，降低供应链成员由于各种可能存在的不确定风险所带来的损害。常见的供应链契约包括成本分担契约、收益共享契约、退货契约、数量折扣契约、数量弹性契约等[579]。本书利用成本分担契约分析低碳制造商与零售商在不同成本分担模式下的定价机制。

成本分担契约又称为成本分担机制，即契约双方互相分担一定的成本。对于成本分担契约的研究通常是在不同背景下进行的。如在大数据与区块链背景下，Ran 等[580]构建成本分担契约协调供应链，探讨数字技术对牛鞭效应的影响。在低碳减排背景下，熊榆等[581]探讨了碳税约束下减排成本分担模式对制造商减排以及供应链成员收益的影响；王婷婷等[582]探讨了政府补贴下的不同成本分担模式对政府补贴率和供应链均衡策略的影响。本书构建了低碳制造商和零售商在 Stackelberg 主从博弈下基于成本分担契约的收益模型。

1.3.3 供应链定价理论

（1）供应链定价理论。产品定价是影响产品市场竞争力、确定产品需求以及企业经营的关键环节，制定合理的产品定价策略能够提升企业利润与消费者效用[583]。在激烈的市场竞争环境下，研究供应链参与方的定价策略变得尤为重要。目前较为常见的关于供应链定价策略的研究方法主要为在博弈论视角下的定价研究，如主从博弈在供应链定价中的应用。此外，在不同竞争形势下对供应链定价策略的研究也颇多，如基于价格竞争的产品定价分析，Ma 等[584]探讨了不确定供应链中两个风险敏感制造商通过一个共同的主导和风险中性零售商将可替代产品分配到同一市场时的定价决策问题；邹浩等[585]基于零售商销售价格与回收价格竞争情形，对决策者风险规避行为下闭环供应链成员的定价决策问题进行研究；韩梦圆等[586]分析了在绿色供应链中零售价格、质量和服务三重竞争因素的竞争程度对供应链系统的各个决策均衡解的影响。

（2）供应链定价的方法。现实中研究供应链定价策略的方法很多，主要聚焦以下三个方面[587]。一是基于分散定价的角度。Bai 等[588]探讨了碳排放限额交易下两级可持续供应链系统，建立集中式模型和分散式模型进行比较，结果表明制造商和零售商之间的合作可以带来更高的利润和更低的碳排放。在分散定价中，零售商与制造商分别制定产品的零售价与批发价。同时，零售商会根据制造商的批发价以及市场需求的变化适当地调整产品零售价及订购数量，从而优化自身收益。而制造商也会以自身收益最大化为目标，基于零售商的订货数量与市场需求的变化调整批发价。二是基于制造商统一定价的角度。制造商统一定价是指制造商统一制定同一产品在某市场上的销售价格，即制造商将根据产品在市场上的竞争力、需求量以及竞争对手的情况等因素统一制定产品价格。制造商统一定价简单易行，但可能存在价格制定过低而不能获得最大利润，或价格过高而降低产品市场竞争力，使零售商购买其竞争产品的情况。因此，由制造商统一定价时，可建立收益共享与风险共担契约，从而调动零售商的积极性。三是基于系统定价的角度。范辰等[589]考虑新零售渠道整合下生鲜供应链的定价与协调策略。考虑供应链系统定价做出渠道决策时，其目的是达到供应链整体收益最优，而不是供应链个体收益最优。因此，在系统定价模式下，供应链系统所要决策的是产品零售价，而批发价的制定不会影响供应链系统总收益，其仅仅影响系统最优收益在制造商与零售商之间如何进行合理分配。

（3）基于博弈论的供应链定价理论。供应链定价问题主要是基于博弈论中供应链定价理论与方法进行求解，如通过线性规划、主从博弈以及静态博弈等方法研究定价问题，最终得出供应链参与方的最优定价策略。参照本书的研究思路，首先，基于不同的背景与现实情况，考虑产品关键定价因子的变化，剖析各参数与市场需求之间的关系，修正需求函数。其次，假设制造商为 Stackelberg 博弈的领导者，零售商为跟随者，基于逆向归纳法求解出供应链成员的最优定价与收益。此外，也可探讨在采用 Bertrand 博弈或

Nash 博弈时供应链主体的最优定价，分析采用不同博弈方式供应链成员最优定价的变化。最后，根据实际情况对参数合理赋值进行数值仿真，运用 Matlab 软件画图，直观地表示出各参数之间的关系，验证所得结论的准确性[590]。基本求解思路如图 1-1 所示。

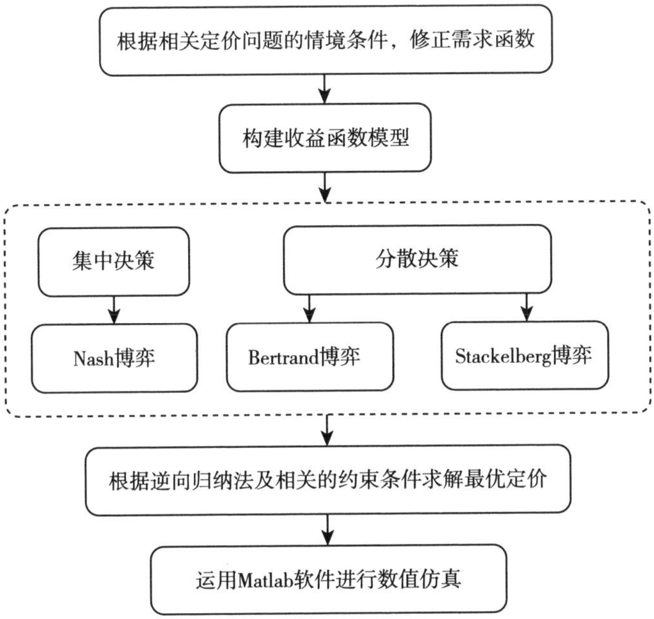

图 1-1　基于博弈论的供应链定价求解思路图

1.3.4　消费者效用理论

（1）消费者效用定义及分类。效用是消费者在消费服务或使用商品时感受到的满意程度，度量其通过消费使自身需求等得到的满足，表现为消费者对产品主观上的评价与偏好，以及产品的客观价值。由于效用是消费者的主观评价，因此同一商品由于各种影响因素的不确定性，其效用也不同。在本书中，假设消费者购买低碳产品的效用为 U，当 $U>0$ 时，消费者将愿意购买该低碳产品。此外，为了对消费者的效用进行度量，西方经济学家先后提出了基数效用论和序数效用论。基数效用论采用的是边际效用分析法，认为消费者的效用是可以进行计量和加和的，并且计数单位就是效用单位。基数效用论认为产品的边际效用服从递减规律，即边际效用递减规律，也就是说在一定时间内，在其他商品的消费量保持不变的情况下，随着某种商品的消费量增加，消费者从其连续增加的每一单位中获得的效用增量是递减的。而序数效用论的提出则弥补了基数效用论的不足，其认为效用是消费者的主观评价，所以是无法通过数量直接计量的，消费者满意程度的比较只能通过顺序或等级进行。序数效用论采用的是无差异曲线分析法，任何产品组合在无差异曲线上带给消费者的效用都是相等的。

（2）消费者剩余。消费者剩余是指消费者购买一定数量的商品愿意支付的最高价格与其实际市场价格之间的差，用来衡量消费者感受到的所获得的额外利益。也就是说消费者实际支付的价格若低于其愿意支付的价格，那么消费者的满意度就会增加。消费者剩余与商品的需求函数相关，需求曲线下方和价格线以上与价格轴围成的面积就是消费者总剩余。

1.4 研究问题、目标与意义

1.4.1 研究问题

针对政府技术补贴对农产品定价规律和企业的区块链投资策略产生的影响，本书以基于区块链的农产品供应链为研究对象，分析在新背景下农产品关键定价因子产生的新变化，修正了需求函数，构建了政府采取不同补贴策略下供应链成员的收益模型，研究农产品供应链在新背景下的定价机制以及区块链投资策略。本书的研究问题包括：

（1）在区块链技术背景下，选择由一个生产商、一个区块链溯源服务商和一个零售商组成的绿色农产品供应链为研究对象，考虑采用区块链技术后消费者感知的绿色信任系数和消费者感知的新鲜度信任系数的变化，修正需求函数。假设政府对采用区块链的企业提供税收补贴，构建三种补贴模式，探究政府补贴对农产品定价和企业的区块链投资策略的影响。

（2）在“区块链+大数据”背景下，考虑到第三方物流企业作为降低生鲜农产品损耗的关键一环，以及在后疫情时期生鲜农产品电商发挥的重要作用，选择由一个生产商、一家第三方物流企业和一个电子商务零售商组成的生鲜农产品供应链为研究对象，考虑采用基于“区块链+大数据”技术的需求和溯源信息服务后的复购率、消费者对新鲜信息和溯源信息的感知信任水平的变化，修正需求函数。假设政府采用基于“区块链＋大数据”技术的需求和溯源信息服务的补贴策略和保鲜设施补贴策略，构建在三种投资模式下政府分别采取三种补贴策略的供应链成员收益模型，探究政府补贴对农产品定价和企业“区块链＋大数据”投资策略的影响。

（3）在区块链技术背景下，选择由一个生产商、一个基于区块链的溯源服务提供商与一个零售商作为研究对象，将政府补贴划分为固定补贴和变动补贴。其次，考虑基于区块链的溯源信息的信任水平与消费者对基于区块链的溯源信息的偏好，修正需求函数，提出并分析三种补贴模式，探究基于区块链技术溯源服务投入的生鲜供应链补贴策略。

（4）在大数据与区块链融合应用背景下，选择由一个生产商和一个零售商组成的农产品供应链作为研究对象，将政府激励分为直接激励和间接激励。其次，考虑新环境下消费者对农产品的感知安全度的变化，对需求函数进行修正。此外，考虑基于大数据和区块链的信息服务投入，提出并分析三种补贴模式及其收益函数，探究新背景下的政府补贴策略。

（5）在区块链技术背景下，选择由一个生鲜生产商和一个零售商组成的供应链作为研究对象，考虑新鲜度信息的不可靠性，修正需求函数。其次，构建采用基于区块链的防伪溯源系统前后的收益函数。最后，采用价格折扣和收益共享契约协调供应链，探究优质生鲜供应链的基于区块链的防伪溯源服务的投资决策与协调机制。

（6）在区块链技术背景下，构建两个竞争型农产品供应链，每条农产品供应链均包括一个供应商和一个零售商。考虑消费者在使用 BBTS 后对产品质量和安全感知的新变化，对需求函数进行修正。建立三种投资情况下供应链成员的收益函数，探究竞争型农产品供应链的基于区块链的溯源服务的投资决策与协调。

1.4.2 研究目标

尝试形成适用于后疫情时期政府补贴下基于区块链的农产品供应链运营管理机制。

1.4.3 研究意义

（1）理论意义。首先，考虑采用区块链技术后的复购率、消费者感知的绿色信任水平和感知的新鲜度信任水平以及产品重要信息不可靠性的变化，修正了需求函数，弥补了新背景下农产品需求函数的研究不足，从而丰富了需求管理理论。其次，针对农产品供应链提出了政府补贴策略，建立了政府采取不同补贴策略下的博弈模型，进而得到在不同补贴模式下的补贴策略以及企业投资区块链的条件。这是供应链环境下补贴理论的新发展，也为在区块链背景下企业的投资提供了新方向。最后，提出的契约（价格折扣和收益共享契约）将丰富生鲜供应链的协调理论，是投资区块链技术后对供应链协调的有力支持。

（2）实践意义。首先，本书提出的市场需求函数为市场需求预测和需求管理提供了参考，同时本书讨论市场需求的研究方法也为未来农产品市场需求的研究提供了依据。其次，补贴策略将从供应链管理运营角度为政府部门制定和实施生鲜产业补贴策略提供理论支撑。此外，可为企业在补贴策略环境和区块链技术背景下制定有竞争力的定价机制及区块链的投资策略与协调提供理论指导。

2 政府税收补贴策略下绿色农产品供应链的区块链技术投资策略

2.1 问题描述

区块链凭借其在农产品溯源领域的优势，在绿色农产品供应链领域受到广泛关注，但疫情为国家倡导的以区块链保障农产品质量安全政策的推行带来了巨大挑战。为推动区块链技术的发展和应用，并激励区块链相关企业复工复产，许多国家纷纷出台了相关的补贴策略，这势必对企业的区块链投资决策和农产品供应链的定价机制带来影响。为研究这一问题，本章首先选择了由一个生产商、一个区块链溯源服务商和一个零售商组成的绿色农产品供应链为研究对象，并假设政府对使用和研发区块链技术的企业提供税收补贴。其次，考虑使用区块链技术后消费者的感知绿色信任系数和感知新鲜度信任系数，修正了需求函数，提出并分析了三种补贴模式，探讨了在政府补贴策略下基于区块链的绿色农产品供应链的定价机制和企业的区块链投资策略。

2.2 模型构建

2.2.1 变量含义

本章研究所涉及的参数如表 2-1 所示。

表 2-1　变量描述

变量	含　义
i	关于区块链的不同补贴模式 $i=\{US，S1，S2\}$。模式 US 表示供应链中的所有成员均不会投资区块链技术或基于区块链的溯源服务，而是采用传统的溯源服务系统，且政府将不会提供补贴。模式 S1 表示生产商将从区块链溯源服务商处购买基于区块链的溯源服务，为激励区块链溯源服务商研发区块链溯源系统，政府将为区块链溯源服务商提供税收补贴。模式 S2 表示生产商将从区块链溯源服务商处购买基于区块链的追溯服务，为了激励生产商和区块链溯源服务商研究或使用区块链溯源系统，政府将向区块链溯源服务商和生产商提供税收补贴
H^i	在模式 i 下，消费者感知绿色信任系数，$0\leqslant H<1$
K^i	在模式 i 下，消费者感知新鲜度信任系数，$0\leqslant K<1$
$\theta(t)$	新鲜度的衰减函数
t	产品流通时间，$0\leqslant t\leqslant T$
T	产品生命周期
$\psi(\tau^x t^i)$	有效因素输出函数，其中 $\tau>1$，表示流通延迟系数。当 $i=US$ 时，$x=1$，否则 $x=0$.
c_2	零售商的单位销售成本
c_1	生鲜产品的单位生产成本
f_r^i	在模式 i 下零售商的收益
f_p^i	在模式 i 下生产商的收益
f_d^i	在模式 i 下区块链溯源服务商的收益
D^i	在模式 i 下实际的市场需求。在本章中，其等于零售商的订单数量
p^i	在模式 i 下生鲜产品的零售价
p_d^i	在模式 i 下区块链溯源服务的零售价
w^i	在模式 i 下生鲜产品的批发价
z	产品绿色度成本系数
r	溯源服务商支付的税率
b_1	生产商支付的税率
b_2	零售商支付的税率

2.2.2　需求函数的构建

许多关于区块链溯源服务的研究成果和应用案例表明使用区块链溯源服务会对市场需求产生积极影响。然而，基于区块链的溯源信息是否可信将影响消费者的购买决策。对于绿色农产品供应链，关于产品新鲜度和绿色度的可追溯性信息是影响消费者购买决策的重要因素。因此，本章假设消费者的需求对价格敏感，并且会受到产品绿色度、产品新鲜度、消费者对基于区块链的绿色溯源信息和基于区块链的新鲜度溯源信息的感知可信度的影响。基于以往研究可以发现，消费者对产品信息的感知可信度将影响消费者的需求。同时，依据以往研究可知，产品绿色度和产品新鲜度将对市场需求产生正向影响，与市场需求呈线性关系。此外，大多数研究认为零售价与市场需求呈负相关，随着零售价的上涨，市场需求会线性下降。基于上述分析，可以得出在区块链背景下的新需求函数，如公式（2-1）所示。

$$D^i=1-ep^i+H^ig+K^i\theta(\tau^x t) \quad (2-1)$$

式中，e 表示价格弹性系数。H^i 为在模式 i 下感知绿色信任系数，g 表示生鲜产品的绿色度，K^i 为在模式 i 下感知新鲜度信任系数。基于以往研究，本章假设区块链技术投资成本为 c_3，并且在模式 US 下，区块链溯源服务商的溯源服务系统研发成本为 c。

本章选择了由一个生产商、一个区块链溯源服务商和一个零售商组成的绿色农产品供应链作为研究对象（图 2-1），区块链溯源服务商研发区块链技术并为生产商提供基于区块链的溯源服务。为了激励零售商使用基于区块链的追溯服务，生产商可能会承担所有成本。同时，为推动区块链的研发和应用，政府会向区块链溯源服务商和生产商提供补贴。通过对不同国家区块链相关补贴政策的研究发现，税收补贴策略采用的最为频繁。政府的补贴方式分为两种，一种是政府向区块链溯源服务商提供税收补贴，本章假设其为 S1 模式；另一种是政府向区块链溯源服务商和绿色生鲜的生产商提供税收补贴，本章假设其为 S2 模式。

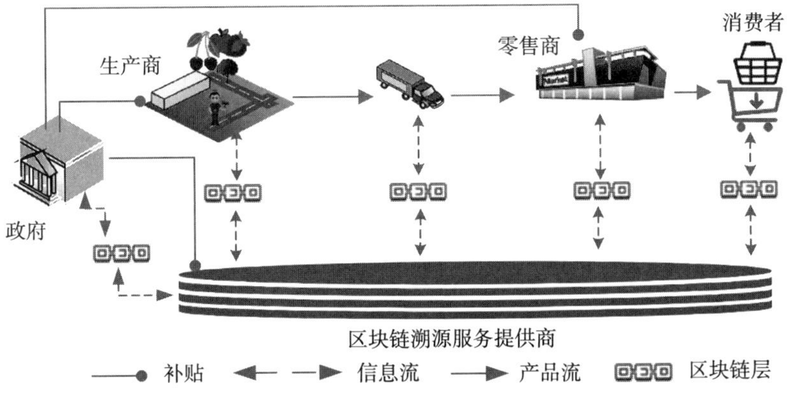

图 2-1　供应链模型

2.2.3 假设

（1）生产商和零售商是两类独立的群体，两者均是风险中性和完全理性的，其决策原则为自身收益最大化；双方拥有相同的信息；零售商和消费者在同一个城市或地区，同时生产商拥有足够的生产能力。

（2）由于生鲜产品易腐坏，其在流通过程中不可避免地会损耗，运输时间越长，损失量越大。若达到生命周期时间 T，生鲜产品将彻底损失，即 $\psi(1)=1$，$\psi(T)=0$。为确保零售商收到有效产品数量，生产商的出货量为 $D^i/\psi(\tau^x t^i)$。

2.3 补贴政策分析

2.3.1 US 模式

在 US 模式下，供应链中的所有成员均不会投资区块链技术或基于区块链的追溯服务，而是采用传统的追溯服务系统，且政府将不会提供补贴。该模式下区块链溯源服务商、生产商和零售商的收益函数分别为公式（2-2）、（2-3）与（2-4）。

$$f_d^{US}=[(1-r)p_d^{US}-c]\frac{D^{US}}{\psi(\tau t)} \tag{2-2}$$

$$f_p^{US}=[(1-b_1)w^{US}-p_d^{US}-c_1]\frac{D^{US}}{\psi(\tau t)}-zg^2/2 \tag{2-3}$$

$$f_r^{US}=[(1-b_2)p^{US}-w^{US}-c_2]D^{US} \tag{2-4}$$

将 D^{US} 代入公式（2-4），求 f_r^{US} 关于 p^{US} 的一阶偏导数并令其等于零，可得 $p^{US}(w^{US})$。将 $p^{US}(w^{US})$ 代入公式（2-3），求 f_p^{US} 关于 w^{US} 的一阶偏导数并令其等于零，可得 $w^{US}(p^{US})$。最后，将 $w^{US}(p^{US})$ 代入公式（2-2），求 f_d^{US} 关于 p_d^{US} 的一阶偏导数并令其等于零，可得 p_d^{US*}。将 p_d^{US*} 代入 $w^{US}(p^{US})$ 和 $p^{US}(w^{US})$，可得性质 1。

性质 1

$$p_d^{US*}=\frac{2ce-A}{2e(1-r)} \tag{2-5}$$

$$w^{US*}=\frac{A-2c_1e(1-r)}{4e(1-r)(1-b_1)} \tag{2-6}$$

$$p^{US*}=\frac{A+6(1-r)(1+H^{US}g+K^{US}\theta(\tau t))(b_1+b_2-1-b_1b_2)}{8e(1-r)(1-b_1)(1-b_2)} \tag{2-7}$$

$$f_d^{US*}=\frac{A^2}{16e\psi(\tau t)(1-b_1)(1-b_2)(1-r)} \tag{2-8}$$

$$f_p^{US*}=\frac{A^2}{32e\psi(\tau t)(1-b_1)(1-b_2)(1-r)^2}-\frac{zg^2}{2} \tag{2-9}$$

$$f_r^{US*}=\frac{A^2}{64e(1-b_1)^2(1-b_2)(1-r)^2} \tag{2-10}$$

其中，$A=(1-r)[e(c_1+c_2-b_1c_2)+(1+H^{US}g+K^{US}\theta(\tau t))(b_1+b_2-1-b_1b_2)]+ec_3$。根据性质 1，可得 $D^{US*}=A>0$。

2.3.2 S1 模式

在 S1 模式下，为克服传统追溯系统的不足，生产商可采用区块链溯源系统，提高农产品绿色度的可信度。假设生产商没有足够的能力构建基于区块链的溯源平台，那么生产商将从区块链溯源服务商那里购买基于区块链的溯源服务。为激励服务商研发区块链溯源系统，政府将向其提供税收补贴。假设向服务商提供的税收补贴率为 s'，则其支付的税率为 $(1-s')r$，令 $(1-s')=s$，则 $(1-s')r=sr$，其中，s 表示税收折扣系数。该模式下区块链溯源服务商、生产商和零售商的收益函数如公式（2-11）、（2-12）和（2-13）所示。

$$f_d^{S1}=[(1-sr)p_d^{S1}-c_3]\frac{D^{S1}}{\psi(t)} \tag{2-11}$$

$$f_p^{S1}=[(1-b_1)w^{S1}-p_d^{S1}-c_1]\frac{D^{S1}}{\psi(t)}-zg^2/2 \tag{2-12}$$

$$f_r^{S1}=[(1-b_2)p^{S1}-w^{S1}-c_2]D^{S1} \tag{2-13}$$

将 D^{S1} 代入公式（2-13），求 f_r^{S1} 关于 p^{S1} 的一阶偏导数，令其等于零，可得 $p^{S1}(w^{S1})$。将 $p^{S1}(w^{S1})$ 代入公式（2-12），求 f_p^{S1} 关于 w^{S1} 的一阶偏导数，可得 $w^{S1}(p^{S1})$。最后，将 $w^{S1}(p^{S1})$ 代入公式（2-11），求 f_d^{S1} 关于 p_d^{S1} 的一阶偏导数，可得 p_d^{S1*}。将 p_d^{S1*} 代入 $w^{S1}(p^{S1})$ 和 $p^{S1}(w^{S1})$，可得性质 2。

性质 2

$$p_d^{S1^*}=\frac{2ec_3-B}{2e(1-sr)} \tag{2-14}$$

$$w^{S1^*}=\frac{2ec_3-B+2ec_1(1-sr)}{4e(1-sr)(1-b_1)}+\frac{\psi(t)(1-b_2)[2ec_3+(1+H^{S1}g+K^{S1}\theta(t))]}{2e} \tag{2-15}$$

$$p^{S1^*}=\frac{6(1-sr)[1+H^{S1}g+K^{S1}\theta(t)](1-b_1)(1-b_2)+B}{8e(1-sr)(1-b_1)(1-b_2)} \tag{2-16}$$

$$f_d^{S1^*}=\frac{B^2}{16e\psi(t)(1-b_1)(1-b_2)(1-sr)} \tag{2-17}$$

$$f_p^{S1^*}=\frac{B^2}{32e\psi(t)(1-sr)^2(1-b_1)(1-b_2)}-\frac{zg^2}{2} \tag{2-18}$$

$$f_r^{S1^*}=\frac{B^2}{64e\,(1-sr)^2\,(1-b_1)^2(1-b_2)} \tag{2-19}$$

其中，$B=(1-sr)[(b_1+b_2-b_1b_2-1)(1+H^{S1}g+K^{S1}\theta(t)+e(c_1+c_2-b_1c_2)]+ec_3$。根据性质 1，可得 $D^{S1^*}=B/8(1-sr)(1-b_1)(b_2-1)>0$，因此 $B<0$。通过对比 US 模式和 S1 模式下供应链成员的收益，可得结论 1。

结论 1： 当 $c_3<\min(\zeta_1,\ \zeta_2,\ \zeta_3)$ 时，在 S1 模式下供应链成员的收益将高于在 US 模式下供应链成员的收益。

证明： 若供应链成员想要在获得补贴后利润更高，即 $f_p^{S1^*}>f_p^{US^*}$、$f_r^{S1^*}>f_r^{US^*}$ 和 $f_d^{S1^*}>f_d^{US^*}$，那么 $f_d^{S1^*}-f_d^{US^*}>0$、$f_p^{S1^*}-f_p^{US^*}>0$ 和 $f_r^{S1^*}-f_r^{US^*}>0$。$f_r^{S1^*}-f_r^{US^*}=\frac{B^2}{64e\,(1-sr)^2\,(1-b_1)^2(1-b_2)}-\frac{A^2}{64e\,(1-b_1)^2(1-b_2)(1-r)^2}$，当 $c_3<\frac{(1-sr)(1-r)[(1+b_1b_2-b_1-b_2)(2+H^{S1}g+K^{S1}\theta(t)+Hg+K\theta(\tau t))-2e(c_1+c_2-b_1c_2)]-(1-sr)ec}{e(1-r)}$ 时，$f_r^{S1^*}-f_r^{US^*}>0$，称此临界值为 ζ_1。$f_d^{S1^*}-f_d^{US^*}=\frac{B^2}{16e\psi(t)(1-b_1)(1-b_2)(1-sr)}-\frac{A^2}{16e\psi(\tau t)(1-b_1)(1-b_2)(1-r)}$，

当 $c_3<\frac{(1-sr)[(1+b_1b_2-b_1-b_2)(1+H^{S1}g+K^{S1}\theta(t))-e(c_1+c_2-b_1c_2)]-A\sqrt{\psi(t)(1-sr)}}{e\sqrt{\psi(\tau t)(1-r)}}$ 时，$f_d^{S1^*}-f_d^{US^*}>0$，

称此临界值为 ζ_2。$f_p^{S1^*}-f_p^{US^*}=\dfrac{B^2}{32e\psi(t)(1-sr)^2(1-b_1)(1-b_2)}-\dfrac{zg^2}{2}-\dfrac{A^2}{32e\psi(\tau t)(1-b_1)(1-b_2)(1-r)^2}+\dfrac{zg^2}{2}$，当 $c_3<\dfrac{(1-sr)[(1+b_1b_2-b_1-b_2)(1+H^{S1}g+K^{S1}\theta(t))-e(c_1+c_2-b_1c_2)]-A(1-sr)\sqrt{\psi(t)}}{e\sqrt{\psi(\tau t)}(1-r)}$ 时，$f_p^{S1^*}-f_p^{US^*}>0$，称此临界值为 ζ_3。因此，当 $c_3<\min(\zeta_1,\zeta_2,\zeta_3)$ 时，在 S1 模式下供应链成员的收益将高于在模式 US 下供应链成员的收益。

由结论 1 可知，区块链溯源系统的投资成本与向区块链溯源服务商提供的税收折扣系数 s 相关，即政府的税收补贴有助于区块链溯源服务商减少溯源系统的研发投入。同时，当结论 1 中的关系能够满足时，在生产商采用区块链溯源服务后，生产商和零售商将获得更多的收益。这称为生产者的投入“溢出效应”。

基于性质 2，可得推论 1。

(1) $\dfrac{\partial p_d^{S1^*}}{\partial s}=\dfrac{rc_3}{2(1-sr)^2}>0$，$\dfrac{\partial p_d^{S1^*}}{\partial H^{S1}}=\dfrac{(1-b_1-b_2+b_1b_2)g}{2e}>0$，$\dfrac{\partial p_d^{S1^*}}{\partial K^{S1}}=\dfrac{(1-b_1-b_2+b_1b_2)\theta(t)}{2e}>0$，$\dfrac{\partial p_d^{S1^*}}{\partial c_3}=\dfrac{1}{2(1-sr)}>0$；

(2) $\dfrac{\partial w^{S1^*}}{\partial s}=\dfrac{rc_3}{4(1-sr)^2(1-b_1)}>0$，$\dfrac{\partial w^{S1^*}}{\partial H^{S1}}=\dfrac{3g(1-b_2)}{4e}>0$，$\dfrac{\partial w^{S1^*}}{\partial K^{S1}}=\dfrac{3\theta(t)(1-b_2)}{4e}>0$，$\dfrac{\partial w^{S1^*}}{\partial c_3}=\dfrac{1}{4(1-sr)(1-b_1)}>0$；

(3) $\dfrac{\partial p^{S1^*}}{\partial s}=\dfrac{rc_3}{8(1-sr)^2(1-b_1)(1-b_2)}>0$，$\dfrac{\partial p^{S1^*}}{\partial H^{S1}}=\dfrac{7g}{8e}>0$，$\dfrac{\partial p^{S1^*}}{\partial K^{S1}}=\dfrac{7\theta(t)}{8e}>0$，$\dfrac{\partial p^{S1^*}}{\partial c_3}=\dfrac{1}{8(1-sr)(1-b_1)(1-b_2)}>0$；

(4) $\dfrac{\partial f_d^{S1^*}}{\partial s}=\dfrac{2rB(ec_3-B)}{16e\psi(t)(1-sr)(b_2-1)(b_1-1)}<0$，$\dfrac{\partial f_d^{S1^*}}{\partial H^{S1}}=\dfrac{-gB}{8e\psi(t)}>0$，$\dfrac{\partial f_d^{S1^*}}{\partial K^{S1}}=\dfrac{-\theta(t)B}{8e\psi(t)}>0$，$\dfrac{\partial f_d^{S1^*}}{\partial c_3}=\dfrac{-B}{8\psi(t)(sr-1)(b_1-1)(b_2-1)}<0$；

(5) $\dfrac{\partial f_p^{S1^*}}{\partial s}=\dfrac{c_3rB}{16\psi(t)(1-sr)^3(b_2-1)(b_1-1)}<0$，$\dfrac{\partial f_d^{S1^*}}{\partial H^{S1}}=\dfrac{gB}{16e\psi(t)(sr-1)}>$

0，$\frac{\partial f_d^{S1^*}}{\partial K^{S1}}=\frac{\theta(t)B}{16e\psi(t)(sr-1)}>0$，$\frac{\partial f_d^{S1^*}}{\partial c_3}=\frac{B}{16\psi(t)(sr-1)^2(b_1-1)(b_2-1)}<0$；

（6）$\frac{\partial f_r^{S1^*}}{\partial s}=\frac{c_3rB}{32(1-sr)^3(1-b_2)(b_1-1)^2}<0$，$\frac{\partial f_r^{S1^*}}{\partial H^{S1}}=\frac{-gB}{32e(1-sr)(1-b_1)}>$

0，$\frac{\partial f_r^{S1^*}}{\partial K^{S1}}=\frac{-\theta(t)B}{32e(sr-1)(b_1-1)}>0$，$\frac{\partial f_r^{S1^*}}{\partial c_3}=\frac{B}{32(sr-1)^2(b_1-1)^2(1-b_2)}<0$。

根据推论1可知，第一，随着提供给区块链溯源服务商的税收折扣系数的增加，基于区块链的溯源服务的零售价、绿色生鲜产品的零售价和绿色生鲜产品的批发价将增加。然而，随着提供给区块链溯源服务商的税收折扣系数的增加，供应链成员的收益将减少。基于 $s=1-s'$，可知当政府补贴区块链溯源服务商的税收时，与无补贴模式（即US模式）相比，供应链成员将获得更多收益。

第二，在S1模式下，随着消费者感知绿色信任系数的增加，供应链成员的最优价格将增加。若供应链成员想获得高价，则应竭力利用区块链技术提高消费者感知绿色信任系数。在S1模式下，随着感知绿色信任系数的增加，供应链成员的收益将增加。同时，在该模式下，供应链成员的收益将高于无税收补贴模式（即US模式）。这可能是因为采用基于区块链的溯源服务将提高消费者感知绿色信任系数，进而增加市场需求，市场需求的增加可能带来更多收益。同时，在S1模式下，政府仅补贴区块链溯源服务商，但生产商和零售商的收益也有所上升，即政府补贴的“溢出效应”。

第三，在S1模式下，随着感知新鲜度信任系数的增加，供应链成员的最优价格将增加。若供应链成员想要获得高价，应竭力利用区块链技术提高消费者感知新鲜度信任系数。在S1模式下，随着感知新鲜度信任系数的增加，供应链成员的收益将增加，供应链成员的收益将高于无税收补贴模式（即US模式）。这可能是因为采用基于区块链的溯源服务将提高消费者感知新鲜度信任系数，进而增加市场需求，带来更多收益。同时，在S1模式下，政府虽仅补贴区块链溯源服务商，但生产商和零售商的收益也将增加，即政府补贴的“溢出效应”。

第四，在S1模式下，随着区块链技术投资成本的增加，供应链成员的最优价格将会增加。此外，随着区块链技术投资成本的增加，在US模式下，供应链成员的价格保持不变。在补贴模式 S1 下，随着区块链技术投资成本的增加，供应链成员的收益将减少，这可能是因为随着区块链技术投资成本的增加，生产商不得不设定更高的批发价以维持收益，导致零售商不得不提高零售价以冲抵高批发价。零售价的提升将导致市场需求减少，从而使供应链成员收益降低。

2.3.3　S2 模式

在 S2 模式下，为克服传统溯源系统的不足，提高农产品绿色度的可信度，生产商可采用区块链溯源系统。假设生产商没有足够的实力构建基于区块链的溯源平台，则需要从区块链溯源服务商那里购买基于区块链的溯源服务。为激励生产商应用区块链溯源系统和服务商研发基于区块链的溯源服务，政府将向服务商和生产商提供税收补贴。

假设区块链溯源服务商支付的税率为 $(1-s')r$，即 sr；生产商的税率为 $(1-s_1')\ b_1$，即 s_1b_1。其中，s' 和 s_1' 分别是政府对区块链溯源服务商和生产商的税收补贴率，且生产商的税收折扣系数为 s_1。该模式下区块链溯源服务商、生产商和零售商的收益函数分别为公式（2-20）、（2-21）和（2-22）。

$$f_d^{S2}=[(1-sr)p_d^{S2}-c_3]\frac{D^{S2}}{\psi(t)} \tag{2-20}$$

$$f_p^{S2}=[(1-s_1b_1)w^{S2}-p_d^{S2}-c_1]\frac{D^{S2}}{\psi(t)}-zg^2/2 \tag{2-21}$$

$$f_r^{S2}=[(1-b_2)p^{S2}-w^{S2}-c_2]D^{S2} \tag{2-22}$$

将 D^{S2} 代入公式（2-22），求 f_r^{S2} 关于 p^{S2} 的一阶偏导数并令其等于零，可得 $p^{S2}(w^{S2})$。将 $p^{S2}(w^{S2})$ 代入公式（2-21），求 f_p^{S2} 关于 w^{S2} 的一阶偏导数，可得 $w^{S2}(p^{S2})$。最后，将 $w^{S2}(p^{S2})$ 代入公式（2-20），求 f_d^{S2} 关于 p_d^{S2} 的一阶偏导数，可得 $p_d^{S2^*}$。将 $p_d^{S2^*}$ 代入 $w^{S2}(p^{S2})$ 和 $p^{S2}(w^{S2})$，可得性质 3。

性质 3

$$p_d^{S2^*}=\frac{2ec_3-B_1}{2e(1-sr)} \tag{2-23}$$

$$w^{S2^*}=\frac{2ec_3-B_1+2ec_1(1-sr)}{4e(1-sr)(1-b_1s_1)}+\frac{\psi(t)(1-b_2)[2ec_3+(1+H^{S2}g+K^{S2}\theta(t))]}{2e} \tag{2-24}$$

$$p^{S2^*}=\frac{6(1-sr)[1+H^{S2}g+K^{S2}\theta(t)](1-b_1s_1)(1-b_2)+B_1}{8e(1-sr)(1-b_1s_1)(1-b_2)} \tag{2-25}$$

$$f_d^{S2^*}=\frac{B_1^2}{16e\psi(t)(1-b_1s_1)(1-sr)(1-b_2)} \tag{2-26}$$

$$f_p^{S2^*}=\frac{B_1^2}{32e\psi(t)(1-b_1s_1)(1-sr)^2(1-b_2)}-\frac{zg^2}{2} \tag{2-27}$$

$$f_r^{S2^*}=\frac{B_1^2}{64e\,(1-b_1s_1)^2\,(1-sr)^2(1-b_2)} \tag{2-28}$$

其中，$B_1=(1-sr)[(b_2-1)(1-b_1s_1)(1+H^{S2}g+K^{S2}\theta(t))+e(c_1+c_2-b_1c_2s_1)]+ec_3$。由性质 3 可得 $D^{S2^*}=B_1/8(1-sr)(1-s_1b_1)(b_2-1)>0$，因此，$B_1<0$。通过对比 US 模式和 S2 模式供应链成员的收益，可得结论 2。

结论 2： 当 $c_3<\min(\omega_1,\ \omega_2,\ \omega_3)$，在 S2 模式下供应链成员的收益将大于在 US 模式下供应链成员的收益。

证明： 若供应链成员在获得补贴后想要增加其收益，则满足 $f_p^{S2^*}>f_p^{US^*}$、$f_r^{S2^*}>f_r^{US^*}$、$f_d^{S2^*}>f_d^{US^*}$，即 $f_d^{S2^*}-f_d^{US^*}>0$、$f_p^{S2^*}-f_p^{US^*}>0$、$f_r^{S2^*}-f_r^{US^*}>0$。$f_r^{S2^*}-f_r^{US^*}=\frac{B_1^2}{64e\,(1-b_1s_1)^2(1-sr)^2(1-b_2)}-\frac{A^2}{64e\,(1-b_1)^2(1-b_2)(1-r)^2}$，当 $c_3<\frac{(1-sr)[(1-b_2)(1-b_1s_1)(1+H^{S2}g+K^{S2}\theta(t))+e(c_1+c_2-b_1c_2s_1)]-A(1-b_1s_1)(1-sr)}{e(1-b_1)(1-r)}$ 时，$f_r^{S2^*}-f_r^{US^*}>0$，称此临界值为 ω_1。$f_d^{S2^*}-f_d^{US^*}=\frac{B_1^2}{16e\psi(t)(1-b_1s_1)(1-sr)(1-b_2)}-\frac{A^2}{16e\psi(\tau t)(1-b_1)(1-b_2)(1-r)}$，当 $c_3<\frac{(1-sr)[(1-b_2)(1-b_1s_1)(1+H^{S2}g+K^{S2}\theta(t))+e(c_1+c_2-b_1c_2s_1)]-A\sqrt{\psi(t)(1-b_1s_1)(1-sr)}}{e\sqrt{\psi(\tau t)(1-b_1)(1-r)}}$ 时，$f_d^{S2^*}-f_d^{US^*}>0$，称此临界值为 ω_2。$f_p^{S2^*}-f_p^{US^*}=\frac{B_1^2}{32e\psi(t)(1-b_1s_1)(1-sr)^2(1-b_2)}-\frac{zg^2}{2}-\frac{A^2}{32e\psi(\tau t)(1-b_1)(1-b_2)(1-r)^2}+\frac{zg^2}{2}$，当 $c_3<\frac{(1-sr)[(1-b_2)(1-b_1s_1)(1+H^{S2}g+K^{S2}\theta(t))+e(c_1+c_2-b_1c_2s_1)]-A(1-sr)\sqrt{\psi(t)(1-b_1s_1)}}{e(1-r)\sqrt{\psi(\tau t)(1-b_1)}}$ 时，$f_p^{S2^*}-$

$f_p^{US^*}>0$，称此临界值为 ω_3。因此，可得在 S2 模式下，供应链成员的收益将高于在 US 模式下的收益。

通过对比 S1 模式和 S2 模式下供应链成员的收益可得结论 3。

结论 3：当 $c_3<\min(\rho_1, \rho_2, \rho_3)$ 时，在 S2 模式下供应链成员的收益将大于在 S1 模式下的供应链成员的收益，反之，在 S1 模式下供应链成员的收益将大于在 S2 模式下供应链成员的收益。

证明：若供应链成员想要在获得补贴后收益有所增加，则 $f_p^{S2^*}>f_p^{S1^*}$、$f_r^{S2^*}>f_r^{S1^*}$、$f_d^{S2^*}>f_d^{S1^*}$。即 $f_d^{S2^*}-f_d^{S1^*}>0$、$f_p^{S2^*}-f_p^{S1^*}>0$、$f_r^{S2^*}-f_r^{S1^*}>0$。$f_d^{S2^*}-f_d^{S1^*}=\dfrac{B_1^2}{16e\psi(t)(1-b_1s_1)(1-sr)(1-b_2)}-\dfrac{B^2}{16e\psi(t)(1-b_1)(1-b_2)(1-sr)}$，当 $c_3>$

$$\frac{\sqrt{1-b_1}(1-sr)[(b_2-1)(1-b_1s_1)(1+H^{S2}g+K^{S2}\theta(t))+e(c_1+c_2-b_1c_2s_1)]-(1-sr)\sqrt{1-b_1s_1}[(b_1+b_2-b_1b_2-1)(1+H^{S1}g+K^{S1}\theta(t)+e(c_1+c_2-b_1c_2)]}{e(\sqrt{1-b_1s_1}-\sqrt{1-b_1})}$$

时，$f_d^{S2^*}>f_d^{S1^*}$，称此临界值为 ρ_1。$f_r^{S2^*}-f_r^{S1^*}=\dfrac{B_1^2}{64e(1-b_1s_1)^2(1-sr)^2(1-b_2)}-\dfrac{B^2}{64e(1-sr)^2(1-b_1)^2(1-b_2)}$，当 $c_3>\dfrac{(1-b_1)(1-sr)[(b_2-1)(1-b_1s_1)(1+H^{S2}g+K^{S2}\theta(t))+e(c_1+c_2-b_1c_2s_1)]-(1-sr)(1-b_1s_1)[(b_1+b_2-b_1b_2-1)(1+H^{S1}g+K^{S1}\theta(t)+e(c_1+c_2-b_1c_2)]}{e(1-b_1s_1+1-b_1)}$

时，$f_r^{S2^*}>f_r^{S1^*}$，称此临界值为 ρ_2。$f_p^{S2^*}-f_p^{S1^*}=\dfrac{B_1^2}{32e\psi(t)(1-b_1s_1)(1-sr)^2(1-b_2)}-\dfrac{zg^2}{2}-\dfrac{B_1^2}{32e\psi(t)(1-sr)^2(1-b_1)(1-b_2)}+\dfrac{zg^2}{2}$，当 $c_3>\dfrac{\sqrt{1-b_1}(1-sr)[(b_2-1)(1-b_1s_1)(1+H^{S2}g+K^{S2}\theta(t))+e(c_1+c_2-b_1c_2s_1)]-(1-sr)\sqrt{1-b_1s_1}[(b_1+b_2-b_1b_2-1)(1+H^{S1}g+K^{S1}\theta(t)+e(c_1+c_2-b_1c_2)]}{e(\sqrt{1-b_1s_1}-\sqrt{1-b_1})}$

时，$f_p^{S2^*}>f_p^{S1^*}$，称此临界值为 ρ_3。因此，可得当 $c_3<\min(\rho_1, \rho_2, \rho_3)$ 时，在 S2 模式下供应链成员的收益将大于 S1 模式下供应链成员的收益，否则，在 S1 模式下供应链成员的收益将大于在 S2 模式下供应链成员的收益。

基于性质 3，可得推论 2。

(1) $\frac{\partial p_d^{S2^*}}{\partial s}=\frac{rc_3}{2(1-sr)^2}>0$, $\frac{\partial p_d^{S2^*}}{\partial s_1}=\frac{b_1[(b_2-1)(1+H^{S2}g+H^{S2}\theta(t))+ec_2]}{2e}<0$, $\frac{\partial p_d^{S2^*}}{\partial H^{S2}}=\frac{(1-b_1s_1)(1-b_2)g}{2e}>0$, $\frac{\partial p_d^{S2^*}}{\partial K^{S2}}=\frac{(1-b_1s_1)(1-b_2)\theta(t)}{2e}>0$, $\frac{\partial p_d^{S2^*}}{\partial c_3}=\frac{1}{2(1-sr)}>0$;

(2) $\frac{\partial w^{S2^*}}{\partial s}=\frac{rc_3}{4(1-sr)^2(1-b_1s_1)}>0$, $\frac{\partial w^{S2^*}}{\partial s_1}=\frac{b_1[c_1(1-sr)+c_3]}{4(1-sr)^2(1-b_1s_1)}>0$, $\frac{\partial w^{S2^*}}{\partial H^{S2}}=\frac{3g(1-b_2)}{4e}>0$, $\frac{\partial w^{S2^*}}{\partial K^{S2}}=\frac{3\theta(t)(1-b_2)}{4e}>0$, $\frac{\partial w^{S2^*}}{\partial c_3}=\frac{1}{4(1-sr)(1-b_1s_1)}>0$;

(3) $\frac{\partial p^{S2^*}}{\partial s}=\frac{rc_3}{8(1-sr)^2(1-b_1s_1)(1-b_2)}>0$, $\frac{\partial p^{S2^*}}{\partial s_1}=\frac{b_1[c_1(1-sr)+c_3]}{8(1-sr)(1-b_1s_1)^2(1-b_2)}>0$, $\frac{\partial p^{S2^*}}{\partial H^{S2}}=\frac{7g}{8e}>0$, $\frac{\partial p^{S2^*}}{\partial K^{S2}}=\frac{7\theta(t)}{8e}>0$, $\frac{\partial p^{S2^*}}{\partial c_3}=\frac{1}{8(1-sr)(1-b_1s_1)(1-b_2)}>0$;

(4) $\frac{\partial f_d^{S2^*}}{\partial s}=\frac{rB_1B_1'(2e+1)+2erB_1^2}{16e\psi(t)(1-sr)^2(1-b_2)(1-b_1s_1)}<0$, $\frac{\partial f_d^{S2^*}}{\partial s_1}=\frac{2eb_1B_1^2-b_1B_1(1-sr)(1-b_1s_1)}{16e\psi(t)(1-sr)^2(1-b_2)(1-b_1s_1)}-\frac{b_1B_1[(b_2-1)(1+H^{S2}g+K^{S2}\theta(t))]}{8\psi(t)(1-b_2)(1-b_1s_1)}<0$, $\frac{\partial f_d^{S2^*}}{\partial H^{S2}}=\frac{-gB_1}{8e\psi(t)}>0$, $\frac{\partial f_d^{S2^*}}{\partial K^{S2}}=\frac{-\theta(t)B_1}{8e\psi(t)}>0$, $\frac{\partial f_d^{S2^*}}{\partial c_3}=\frac{-B_1}{8\psi(t)(sr-1)(b_1-1)(b_2-1)}<0$;

(5) $\frac{\partial f_p^{S2^*}}{\partial s}=\frac{rB_1(2e+1)(B_1-ec_3)+2erB_1^2(1-sr)}{16e\psi(t)(1-sr)2(1-b_2)(1-b_1s_1)}<0$, $\frac{\partial f_p^{S2^*}}{\partial s_1}=\frac{2eb_1B_1^2-b_1B_1(1-b_1s_1)(1-sr)\{1+2e[(b_2-1)(1+H^{S2}g+K^{S2}\theta(t))+ec_2]\}}{16e\psi(t)(1-sr)^2(1-b_2)(1-b_1s_1)}<0$, $\frac{\partial f_d^{S2^*}}{\partial H^{S2}}=\frac{-gB_1}{8e\psi(t)}>0$, $\frac{\partial f_d^{S2^*}}{\partial K^{S2}}=\frac{-\theta(t)B_1}{8e\psi(t)}>0$, $\frac{\partial f_d^{S2^*}}{\partial c_3}=\frac{-B}{8e\psi(t)(sr-1)(s_1b_1-1)(b_2-1)}<0$;

(6) $\frac{\partial f_r^{S2^*}}{\partial s}=\frac{c_3 r B_1}{32(1-sr)^3(1-b_2)(b_1 s_1-1)^2}<0$，$\frac{\partial f_r^{S2^*}}{\partial s_1}=\frac{b_1(c_1+c_3-c_1 sr)B_1}{32(1-sr)^2(1-b_2)(b_1 s_1-1)^3}<0$，$\frac{\partial f_r^{S2^*}}{\partial H^{S2}}=\frac{-gB_1}{32e(1-sr)(1-b_1 s_1-1)}>0$，$\frac{\partial f_r^{S2^*}}{\partial K^{S2}}=\frac{-\theta(t)B_1}{32e(sr-1)(b_1 s_1-1)}>0$，$\frac{\partial f_r^{S1^*}}{\partial c_3}=\frac{B_1}{32(sr-1)^2(s_1 b_1-1)^2(1-b_2)}<0$。

其中，$B_1'=(1-sr)[(b_2-1)(1-b_1 s_1)(1+H^{S2}g+K^{S2}\theta(t))+e(c_1+c_2-b_1 c_2 s_1)]<0$，$|B_1'|>|B_1|$。

基于推论 2 可知，第一，在 S2 模式下，随着提供给区块链溯源服务商的税收折扣系数的增加，基于区块链的溯源服务的零售价、绿色生鲜产品的零售价和绿色生鲜产品的批发价将增加。然而，随着区块链溯源服务商税收折扣系数的增加，供应链成员的收益将减少。基于 $s=1-s'$ 可知，当政府对区块链溯源服务商进行税收补贴时，与无补贴模式（即 US 模式）相比，供应链成员将获得更多收益。

第二，在 S2 模式下，随着生产商税收折扣系数的增加，区块链溯源服务商的零售价将下降，而绿色生鲜产品的批发价和零售价将增加。这说明政府对生产商的税收补贴将有助于区块链溯源服务商提高其零售价，并使生产者和零售商制定较低的价格。在 S2 模式下，随着生产商税收折扣系数的增加，供应链成员的收益将下降。这说明在 S2 模式下，政府对生产商的税收补贴将有利于供应链成员获得更多收益。

第三，在三种模式下，随着感知绿色信任系数的增加，供应链成员的最优价格将增加。同时，在 S1 和 S2 两种补贴模式下，若供应链成员想要获得较高的价格，就需竭力利用区块链技术提高消费者感知绿色信任系数。在三种模式下，随着感知绿色信任系数的增加，供应链成员的收益将增加。此外，在税收补贴模式下即 S1 和 S2 模式下，供应链成员的收益将高于无税收补贴模式。同时，在 S1 模式下，政府虽然仅补贴区块链溯源服务商，但生产商和零售商的收益也将增加。政府同时补贴区块链溯源服务商和生产商时，供应链成员的收益不一定高于 S1 模式下的收益。

第四，在三种模式下，随着感知新鲜度信任系数的增加，供应链成员的收益将增加。此外，在税收补贴模式下，供应链成员的收益将高于无税收补贴模式。在 S1 模式下，政府仅补贴区块链溯源服务商，但生产商和零售商的收益也有所增加。当政府同时补贴区块链溯源服务商和生产商时，与 S1 模式相比，供应链成员的收益并不一定提高。换言之，获得税收补贴的供应链成员的收益并不一定增加，其与税收折扣系数有关。在三种模式下，随着感知新鲜度信任系数的增加，供应链成员的最优价格将增加。同时，在税收补贴模式下，供应链成员若想获得较高的价格，其应竭力利用区块链技术提高消费者的感知新鲜度信任系数。

综上，随着区块链技术投资成本的增加，税收补贴模式下供应链成员的最优价格均增加。若供应链成员想获得较高的价格，就应竭力利用区块链技术提高消费者对新鲜度和绿色度的感知信任系数。随着区块链技术投资成本的增加，税收补贴模式下供应链成员的收益均降低。当区块链溯源服务商的区块链技术投资成本处于一定范围时，其投资区块链技术将获得更多收益，同时生产商采用区块链溯源系统也将获得更多收益。

2.4 数值仿真

为证明所提出的结论和推论的科学性，本章将采用实际案例验证。根据李文立和赵帅[2]的研究，选择一家来自中国山东的樱桃生产企业。通过整理资料可以得出，樱桃的单位生产成本 c_1 为 0.2 万元/吨。假设市场需求 $a=1$ 吨，运输时间 $t=4$ 天，樱桃的生命周期为 T 天。假设 $\varphi(t)=1-\lambda(t)=2-e_1^{\frac{\ln 2}{T}t}$，其中 $\lambda(t)=e_1^{\frac{\ln 2}{T}t}-1$。根据京东区块链开放平台数字报告，假设 $e=0.5$，$c_2=0.3$，$g=0.2$，$z=0.8$，$b_1=0.2$，$b_2=0.2$。根据性质 1、2 和 3 的证明过程可得图 2－2。

由图 2－2（a）可知，在税收补贴模式下，随着提供给区块链溯源服务商税收折扣系数的增加，供应链成员的价格均增加。这就说明政府对区块链溯源服务商的税收补贴越高，服务商、生产商和零售商可制定的服务零售价、产品批发价和零售价越低。由图 2－2（b）可知，在两种税收补贴模式下，随着区块链溯源服务商税收折扣系数的增加，供应链成员的收益均降低。这就说明政府对区块链溯源服务商的税收补贴不仅有助于区块链溯源服务商获得更多收益，也将使生产商和零售商获得更多收益，即补贴策略的

“溢出效应”。此外，在 S2 模式下，供应链成员的收益将高于其他两种模式。

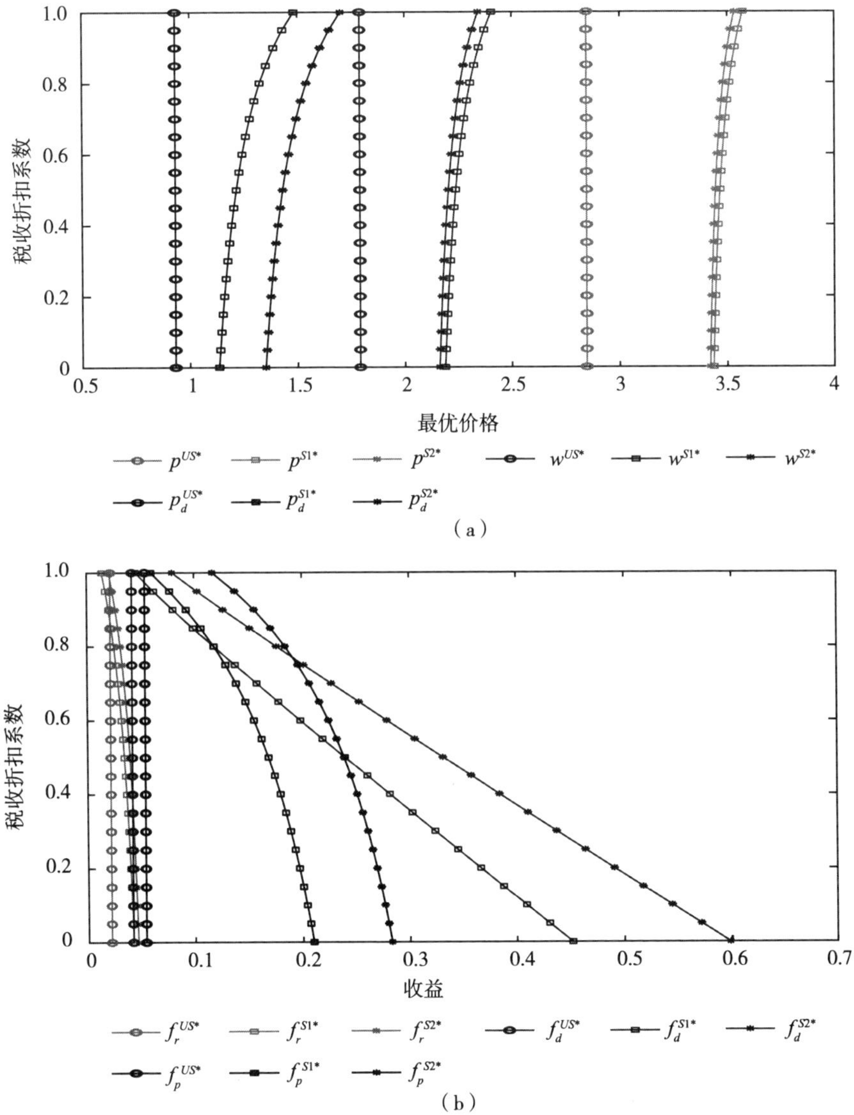

图 2-2　最优价格和收益随着税收折扣系数的增加而变化的趋势

由图 2-3 (a) 可知，在 S2 模式下，随着生产者税收折扣系数的增加，区块链溯源服务商的零售价将降低，绿色生鲜产品的批发价和零售价将增加。这说明政府对生产商的税收补贴将有助于区块链溯源服务商提高其零售价，并有助于生产商和零售商制定较低的价格。由图 2－3（b）可知，在 S2 模式下，随着生产者税收折扣系数的增加，供应链成员的收益将减少。这说明在 S2 模式下，政府对生产商的税收补贴将有助于供应链成员获得更多收益。

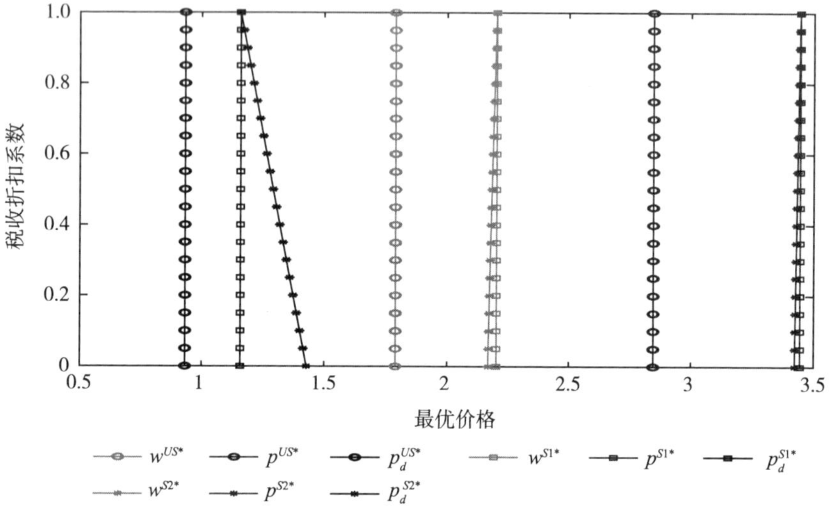

（a）

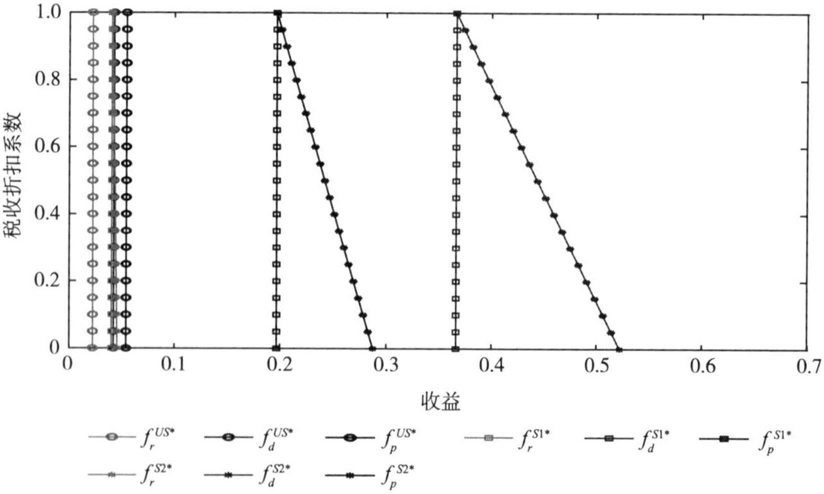

（b）

图 2－3　最优价格和收益随着生产者税收折扣系数的增长而变化的趋势

由图 2－4（a）可知，在三种模式下，随着感知绿色信任系数的增加，供应链成员的最优价格均增加。在税收补贴模式下，如果供应链成员想要获得高价，应竭力利用区块链技术提高消费者的感知绿色信任系数。由图 2－4（b）

可知，在三种模式下，随着感知绿色信任系数的增加，供应链成员的收益均增加。此外，在税收补贴模式下，供应链成员的收益将高于无税收补贴模式。同时，在 S1 模式下，政府虽仅对区块链溯源服务商进行税收补贴，但是生产商和零售商的收益也均增加。由图 2-4（b）可知，相较于 S1 模式，政府补贴区块链溯源服务商和生产商，供应链成员的收益并不一定提高。

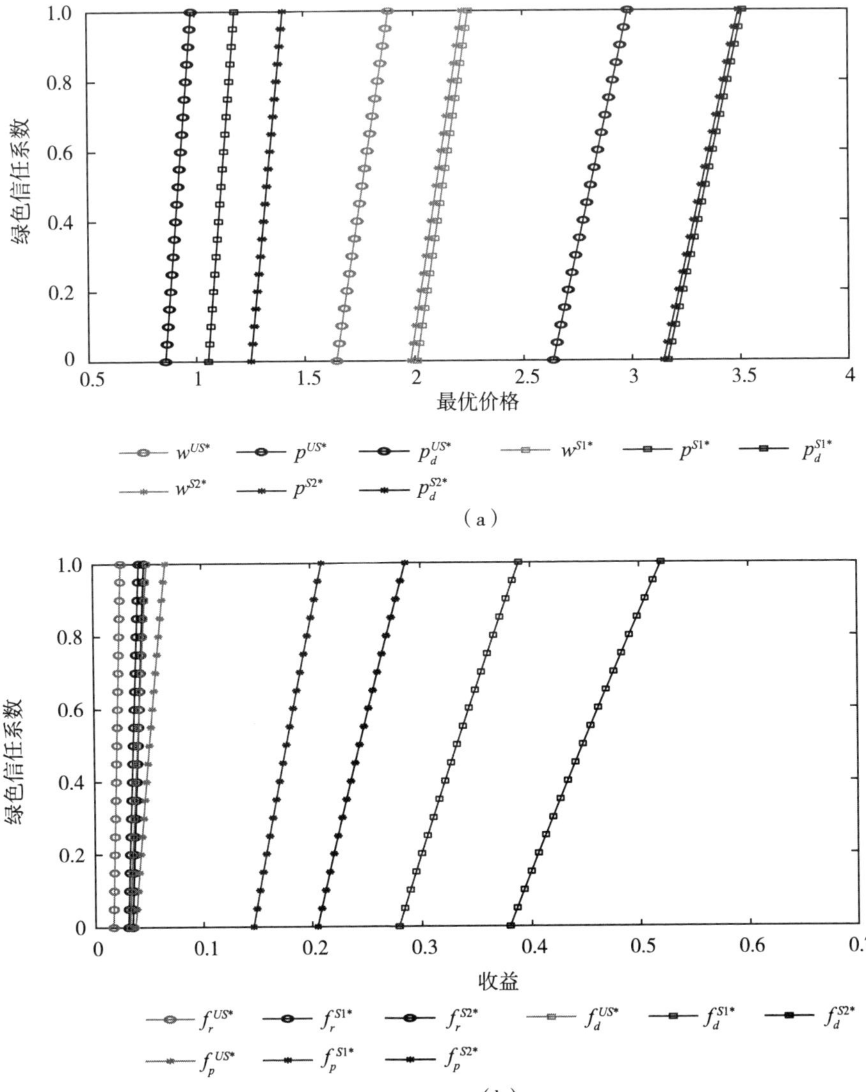

（a）

（b）

图 2-4　最优价格和收益随着感知绿色信任系数的增长而变化的趋势

由图 2-5（a）可知，在三种模式下，随着感知新鲜度信任系数的增加，供应链成员的收益均增加。在税收补贴模式下，供应链成员的收益高于无税收补贴模式。同时，在 S1 模式下，政府虽仅对区块链溯源服务商进行补贴，但生产商和零售商的收益也均增加。由图 2-5（a）可知，与 S1 模式相比，政府补贴区块链溯源服务商和生产商，供应链成员的收益并不一定

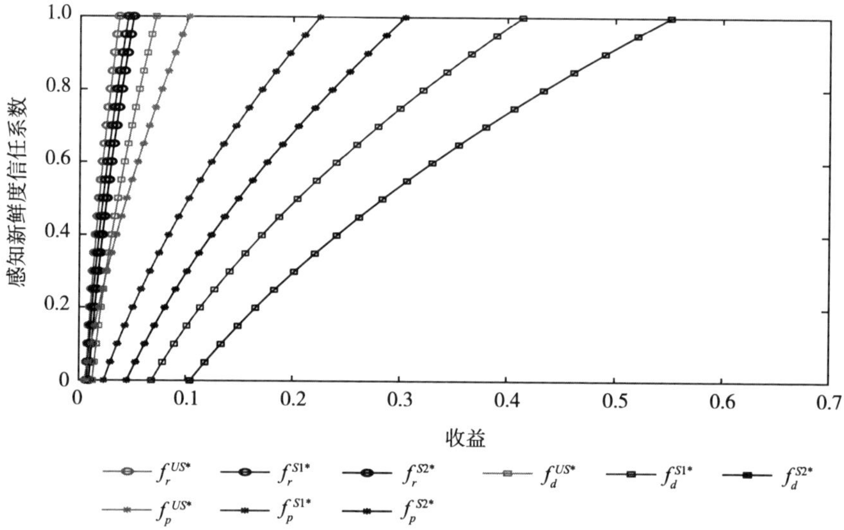

（a）

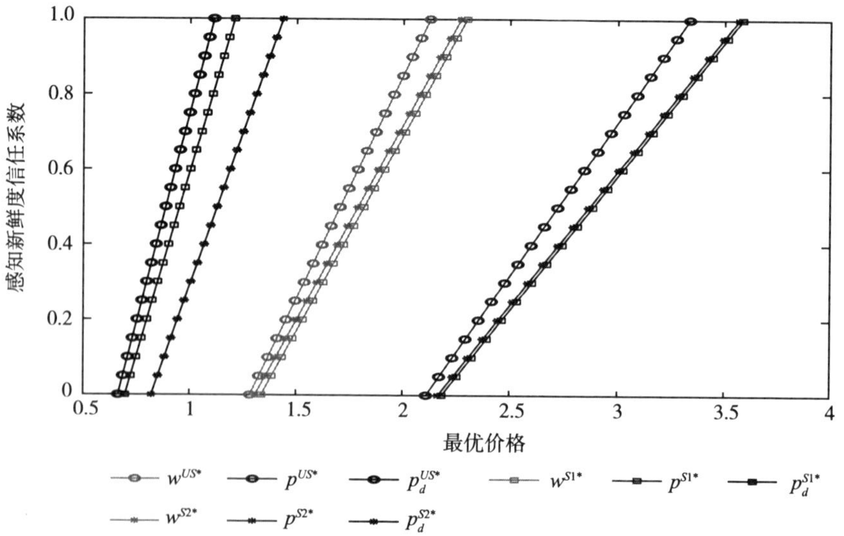

（b）

图 2-5　收益和最优价格随着感知新鲜度信任系数的增长而变化的趋势

提高。由图 2－5（b）可知，在三种模式下，随着感知新鲜度信任系数的增加，供应链成员的最优价格均增加。此外，在税收补贴模式下，若供应链成员想要提升其最优价格，其应竭力利用区块链技术提高消费者感知新鲜度信任系数。

由图 2－6（a）可知，在两种补贴模式下，随着区块链技术投资成本的增加，供应链成员的最优价格均增加。若供应链成员想要降低其最优价格，

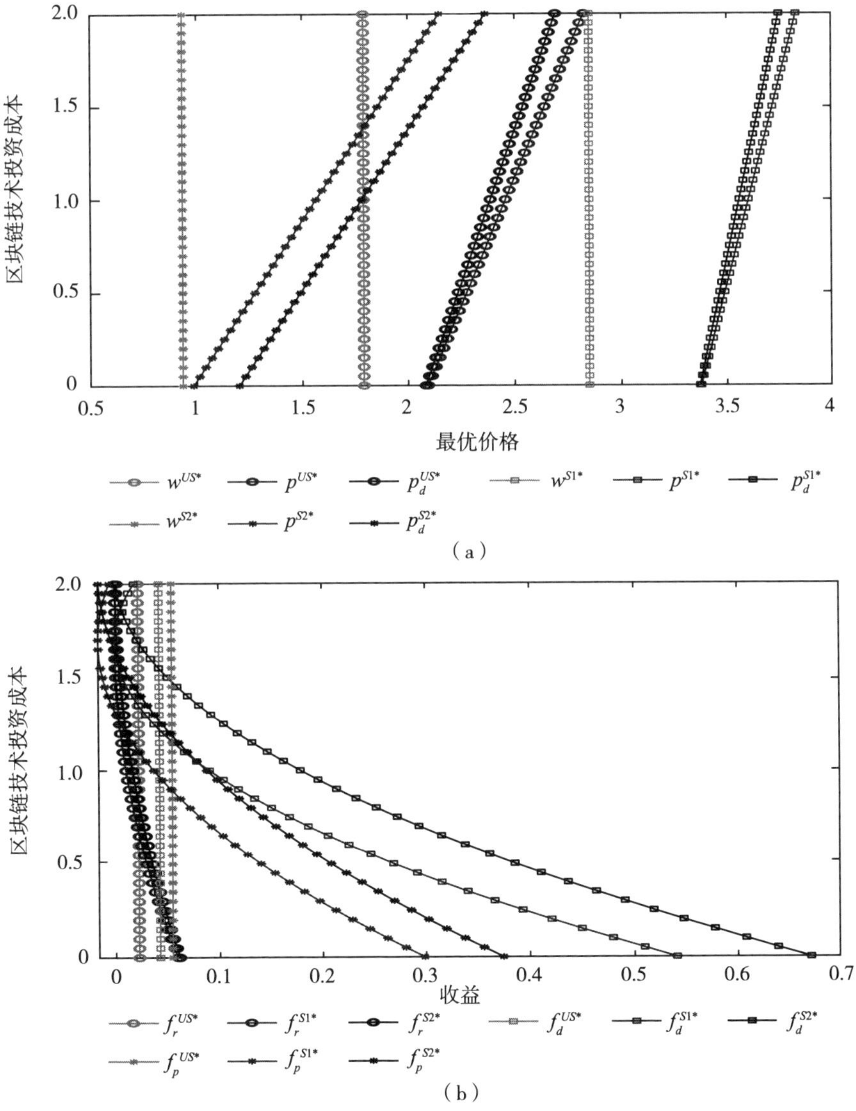

图 2－6 供应链成员的最优价格和收益随着区块链技术投资成本的增加而变化的趋势

其应降低区块链技术投资成本。在 US 模式下，随着区块链技术投资成本的增加，供应链成员的价格不变。由图 2-6（b）可知，在税收补贴模式下，随着区块链技术投资成本的增加，供应链成员的收益均减少。此外，可发现只有当区块链溯源服务商的区块链技术投资成本处在一定范围时，服务商投资区块链技术和生产商使用区块链溯源系统才能获得更多收益。

图 2-7 显示了在 US 和 S1 模式下供应链成员的收益差与区块链溯源服务商的区块链技术投资成本之间的关系。由图 2-7 可知，随着区块链技术投资成本的增加，在 US 和 S1 模式下供应链成员的收益差将会降低。在图2-7 中，当区块链溯源服务商的区块链技术投资成本 c_3 低于 ζ_1，投资区块链技术和采用区块链溯源系统将使供应链成员获得更多收益。结论 1 得证。

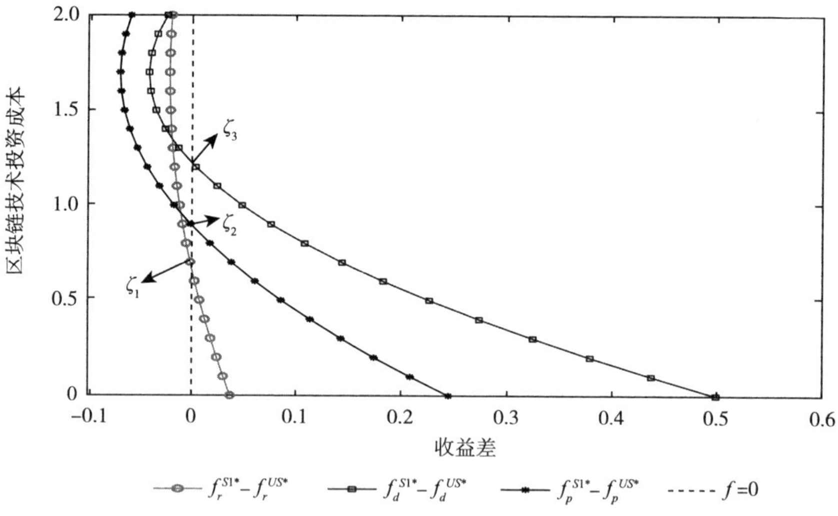

图 2-7　在 S1 模式下区块链技术投资成本的阈值

图 2-8 为 US 模式与 S1 模式下供应链成员收益差与区块链技术投资成本和区块链溯源服务商的税收折扣系数之间的关系。由图 2-8 可知，随着区块链溯源服务商的税收折扣系数 S 的降低，区块链溯源服务商的区块链技术投资成本将增加。这说明税收补贴率 S′与投资成本正相关，即政府税收补贴将推动区块链溯源服务商研发区块链技术。结论 1 得证。

图 2-9 反映了在 US 模式和 S2 模式下供应链成员的收益差与区块链溯

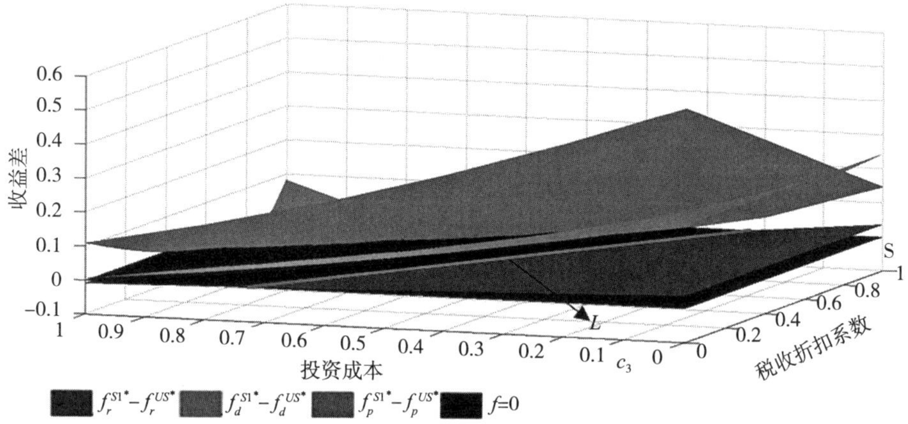

图 2－8　模式 US 与 S1 下供应链成员收益差与区块链技术投资成本和区块链溯源服务商的税收折扣系数之间的关系

源服务商的区块链技术投资成本之间的关系。由图 2－9 可知，随着区块链技术投资成本的增加，在 US 和 S2 模式下供应链成员的收益差将降低。在图 2－9 中，当区块链溯源服务商的区块链技术投资成本 c_3 低于 ω_1 时，投资区块链技术与采用区块链溯源系统将使供应链成员获得更多收益。因此，结论 2 得证。此外，随着生产商税收折扣系数 s_1 的降低，区块链溯源服务商的区块链技术投资成本将增加。这说明政府对生产商的税收补贴率 s'_1 与

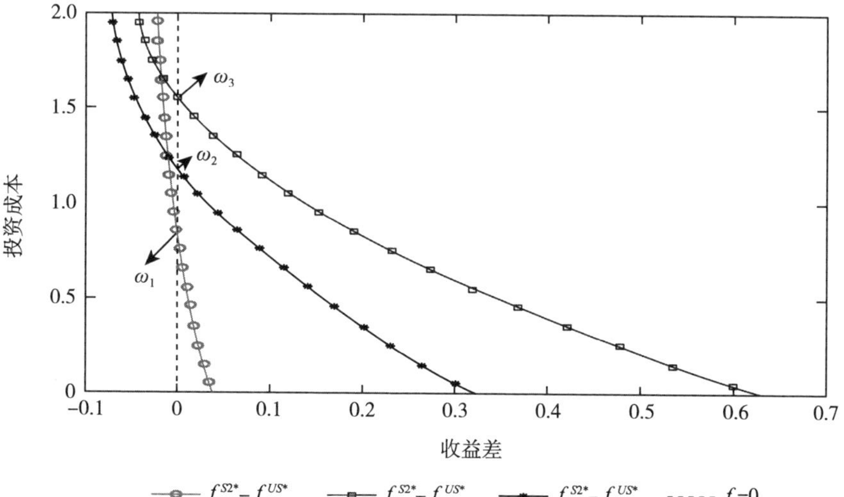

图 2－9　S2 模式下区块链技术投资成本的阈值

区块链溯源服务商的区块链技术投资成本正相关，即政府的税收补贴将激励生产商使用区块链溯源系统。因此，结论 2 得证。

图 2-10 反映了在 S1 和 S2 模式下供应链成员的收益差与区块链溯源服务商的区块链技术投资成本之间的关系。由图 2-10 可知，在 S1 和 S2 模式下，随着区块链技术投资成本的增加，供应链成员的收益差将下降。当区块链溯源服务商的区块链技术投资成本 c_3 低于 ρ_3 时，在不同的补贴模式下，投资区块链技术与采用区块链溯源系统将使供应链成员获得更多收益。因此，结论 3 得证。

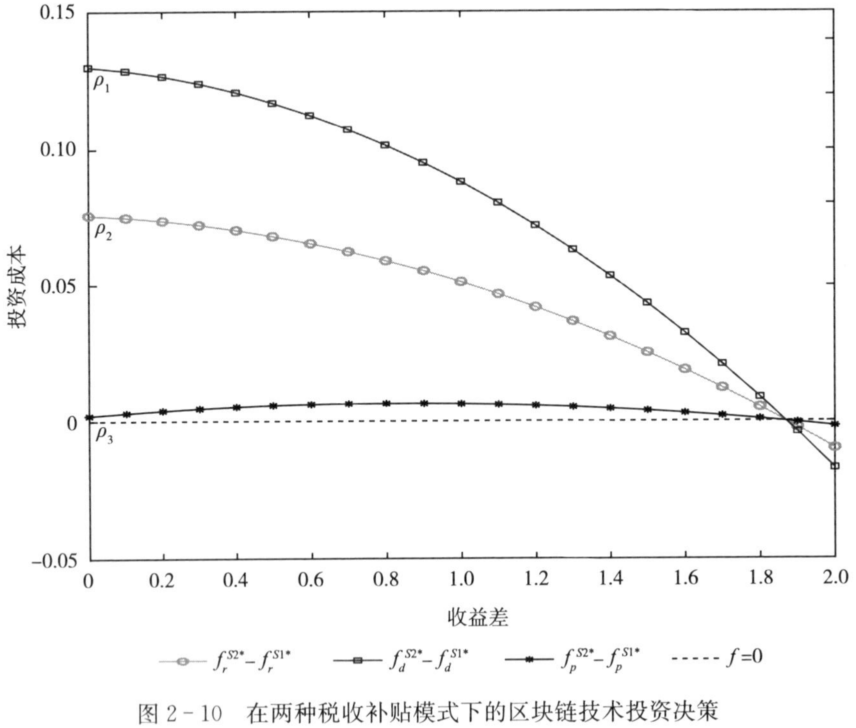

图 2-10　在两种税收补贴模式下的区块链技术投资决策

此外，随着生产商和区块链溯源服务商的税收折扣系数 S 的降低，区块链溯源服务商的区块链技术投资成本将增加。这说明政府对生产商和区块链溯源服务商的税收补贴率 s' 与区块链溯源服务商的区块链技术投资成本正相关，即政府的税收补贴将激励生产商和区块链溯源服务商采用区块链技术。

2.5 本章小结

本章针对政府补贴对基于区块链的绿色农产品定价和企业的区块链投资策略产生的影响，考虑在区块链背景下消费者的感知绿色信任系数与感知新鲜度信任系数的变化，修正了需求函数，构建了三种补贴模型，探讨了政府补贴策略下基于区块链的绿色农产品的定价机制和企业的区块链投资策略。研究表明：供应链成员在税收补贴模式下的收益是否得到改善与区块链溯源服务商的区块链技术投资成本相关。此外，供应链成员应竭力利用区块链技术提高消费者的感知绿色信任系数和感知新鲜度信任系数，从而获得较高的收益。最后，采用数值分析验证所得结论，为绿色农产品供应链成员制定有竞争力的价格策略以及企业的区块链投资策略提供理论依据，并为后续相关研究奠定基础。

3 “区块链＋大数据”背景下政府补贴对生鲜农产品供应链投资决策的影响

3.1 问题描述

近年来，我国生鲜农产品零售市场保持稳步增长，尤其是新冠疫情的出现加快了生鲜农产品电子商务的发展。尽管生鲜农产品电子商务发展迅速，但其仍面临信任度低、需求不确定以及溯源体系建设等制约因素。而“区块链＋大数据”技术（即将大数据技术融入区块链）可有效解决这些问题。基于“区块链＋大数据”技术的生鲜农产品可追溯系统可以打破数据孤岛，最大程度保障生鲜农产品的质量安全和溯源发展，第三方 IT 公司将提供基于该系统的需求与溯源信息服务。因此，本章假设供应链成员可通过投资基于“区块链＋大数据”的需求和溯源信息服务来获取并记录相关信息。然而，由于投资成本较高以及资本回收期较长，大多数企业都处于观望状态。这导致“区块链＋大数据”在生鲜农产品中并未得到广泛应用。此外，生鲜农产品易腐烂，为降低损耗，越来越多的公司选择将冷链物流外包给第三方物流公司，而由生产商、第三方物流公司和电商企业组成的三级供应链已成为生鲜农产品的主要供应方式之一，在这种供应方式中，加强冷链保鲜可有效提高生鲜农产品的新鲜度，直接影响消费者的购买意愿[19]。然而，冷链保鲜需配备专门的冷藏设备，这些固定资产的投资将增加生鲜农产品供应商的运营成本，从而使生鲜农产品供应链面临高成本低利润的难题。

因此，为激励大数据与区块链技术的研发与应用并缓解冷链保鲜的成本压力，我国出台了相关的区块链补贴政策以及针对保鲜设施投资的补贴政策。相关补贴政策的实施在推动区块链产业发展与冷链建设的同时，也将对企业的投资决策产生影响。因此，对于生鲜农产品供应链而言，探究补贴基于“区块链＋大数据”的需求与溯源信息服务成本与保鲜努力成本对供应链成员投资决策的影响具有重要意义。

然而，以往对“区块链＋大数据”的研究主要集中在概念和技术层面。在博弈论层面，考虑基于“区块链＋大数据”的需求与溯源信息服务的投入对消费者购买决策和忠诚度的影响，尚未有研究探讨政府补贴对生鲜农产品供应链的基于“区块链＋大数据”的需求与溯源信息服务投资决策的影响。因此，本章为弥补上述研究不足，选择了由一个生产商、一个第三方物流公司和一个电子商务零售商组成的生鲜农产品供应链作为研究对象。然后，构建了供应链成员投资基于“区块链＋大数据”的需求与溯源信息服务的三种常见模型，并讨论了在这三种投资模型下，政府采取三种补贴策略（即不补贴、仅补贴基于“区块链＋大数据”的需求与溯源信息服务成本、仅补贴保鲜成本）的效果。本章用复购率、消费者对溯源信息和新鲜度信息的感知信任水平体现投资基于“区块链＋大数据”的需求与溯源信息服务对需求函数的影响，进而修正了需求函数，并在三种投资模式下，构建了在所提出的三种情况下的博弈模型。

3.2 模型建立

3.2.1 需求函数

在三级生鲜农产品供应链中，生鲜农产品由生产商生产，第三方物流公司将生鲜农产品从原产地运输至目的地，然后由电子商务零售商进行在线销售。由于生鲜产品易损耗，第三方物流公司通常投资冷链保鲜努力以减少流通损失（本章假设第三方物流公司投资的保鲜努力为 e）。此外，基于对京东四大品类的分析，发现区块链防伪溯源服务的使用对生鲜产品的复购率有正向影响。研究表明，生鲜农产品的可追溯性水平对消费者的购买决策有积极影响，但区块链作为一种新技术，消费者对基于区块链的溯源信息的感知信任也将影响消费者的购买意愿。因此，本章考虑复购率、溯源水平以及消费者对溯源信息和新鲜度信息的感知信任水平在新环境下的变化，修正了需求函数，这将更好地反映新环境下的市场需求和消费者行为。基于 Song 等[93,94]和 Wu 等[59]的研究，本章假设市场需求函数为公式（3－1）。

$$D^i=(a-bp+\delta^i M^i+\zeta^i\theta(e))(1+r^i) \tag{3-1}$$

基于以往研究，假设新鲜度为 $\theta(e)=\theta_0 e$，其中，θ_0 是新鲜度敏感系数。保鲜努力的成本为 $c(e)=\lambda e^2/2$。此外，生鲜农产品在流通中易损耗，根据叶俊等[464]的研究，假设在投入冷链保鲜努力前，生鲜农产品的初始损耗率为 t。因此，在投入保鲜努力后的实际损耗率为 $t(1-e)$，实际损耗量为 $t(1-e)D$。

3.2.2 参数假设

以下将解释表 3－1 中的一些重要假设。

表 3－1　参数描述

参数	参数解释
π_e^{in}	在模式 in 下电子商务零售商的收益，其中，$i=\{B, N, H\}$，$n=\{G, I, F\}$
π_l^{in}	在模式 in 下第三方物流公司的收益
π_p^{in}	在模式 in 下生产商的收益
a	市场潜在
b	线上销售价的弹性系数
p_e^{in}	在模式 in 下，生鲜农产品的单位线上销售价
p_l^{in}	在模式 in 下，生鲜农产品的单位物流运输价
w^{in}	在模式 in 下，生鲜农产品的单位批发价
$\lambda e^2/2$	第三方物流公司的保鲜投入成本
λ	保鲜努力的成本系数
e	第三方物流公司的保鲜努力，$e\in[0, 1]$
ζ^i	在模式 i 下消费者对新鲜度信息的感知信任水平
δ^i	在模式 i 下消费者对溯源信息的感知信任水平
M^i	在模式 i 下生鲜产品质量安全的溯源水平
c_p	生产商的单位生产成本
c_n	电子商务零售商的单位运营成本
c_{eb}	电子商务零售商基于“区块链＋大数据”的需求和溯源信息服务投资成本
c_{pb}	生产商基于“区块链＋大数据”的需求和溯源信息服务投资成本

（续）

参数	参数解释
c_{lb}	第三方物流企业基于“区块链+大数据”的需求和溯源信息服务投资成本
c_d	生鲜农产品的单位运输成本
φ	成本优化系数。基于 *Liu* 等[3]的研究，供应链成员在投资基于“区块链+大数据”的需求和溯源信息服务后可充分挖掘并使用信息，从而优化成本（即生产成本、销售成本等）
θ_0	新鲜度的敏感系数
t	在投入冷链保鲜努力前，生鲜农产品的初始损耗率
r	复购率
η	政府对供应链成员基于“区块链+大数据”的需求和溯源信息服务成本补贴系数
κ	政府对第三方物流公司的保鲜补贴系数

模式 i 表示基于“区块链+大数据”的需求和溯源信息服务的三种投资情况。在这三种模式下，第三方物流公司均投资保鲜努力。其中，模式 B 表示仅生产商投资基于“区块链+大数据”的需求和溯源信息服务；模式 N 表示生产商和电子商务零售商均投资基于“区块链+大数据”的需求和溯源信息服务；模式 H 表示生产商、第三方物流企业以及电子商务零售商均投资基于“区块链+大数据”的需求和溯源信息服务。模式 n 代表在模式 i 下的三种不同补贴策略。其中，模式 G 表示政府将采取无补贴策略；模式 I 表示政府将以一定的补贴系数对供应链成员提供基于“区块链+大数据”的需求和溯源信息服务补贴；模式 F 表示政府将以一定的补贴系数向第三方物流企业提供保鲜补贴。本章将研究在三种投资模式下，政府采取不同补贴策略后供应链成员的投资决策。同时，通过对比不同投资模式下供应链成员的最优收益，可得电子商务零售商和第三方物流公司的投资条件。模型之间的关系如图 3－1 所示。

3.2.3 假设

（1）生鲜农产品被垄断，生产商有足够的生产能力。同时，生产商将物流外包给第三方物流公司。供应链成员是风险中性和完全理性的。

（2）为准确预测市场需求，确保溯源信息的准确性和可信度，电子商务

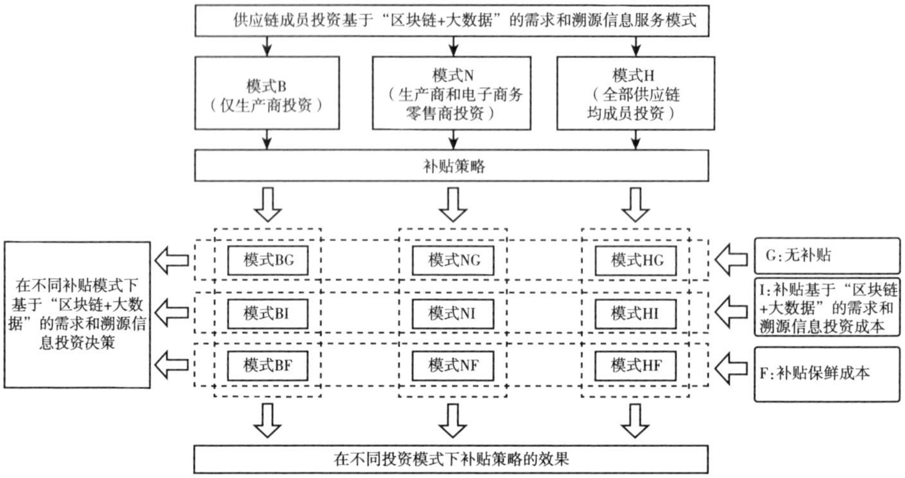

图 3-1 模型之间的关系

零售商、生产商和第三方物流公司将投资基于“区块链+大数据”的需求和溯源信息服务。此外，为减少生鲜农产品在流通中的损失，第三方物流公司将投资保鲜努力，且在三种投资模式下，第三方物流公司的保鲜努力的投入水平相同，即在三种投资模式下，生鲜农产品的新鲜度没有差异。

（3）投资基于“区块链+大数据”的需求和溯源信息服务后，消费者对生鲜信息和溯源信息的感知信任水平有望提高。基于以往研究，溯源水平 M 与供应链成员的溯源投资水平有非线性的促进关系，即溯源水平 M 将随着溯源投资的增加而增加。此外，溯源信息披露越多，消费者的支付意愿越大，忠诚度越高。即 $\delta^B<\delta^N<\delta^H$，$\zeta^B<\zeta^N<\zeta^H$，$M^B<M^N<M^H$，$r^B<r^N<r^H$。

（4）电子商务零售商将承担生鲜产品在运输过程中的成本和损失。因此，当市场需求为 D 时，电子商务零售商从生产商处订货的数量为 $[1+t(1-e)]D$。

（5）政府补贴的目的是提高社会总福利。社会总福利由生鲜农产品供应链的总利润、消费者剩余和政府支出组成。其中，在不同模式下的消费者剩余为 $CS^{in}=\int_{p_{\min}}^{p_{\max}}D(p)dp=\dfrac{D^{i^2}}{2b(1+r)}$，$i=\{B, N, H\}$。

（6）基于我国支持区块链产业的相关政策，如政府支持企业开展区块链技术的示范应用，并按技术应用合同或购买协议上金额的 30%进行补贴

(即成本补贴系数)。因此,假设政府将以同一成本补贴系数给予投资基于“区块链+大数据”的需求和溯源信息服务的公司财政支持,并且补贴系数将不会发生改变。

3.3 三种投资模式下补贴策略对最优决策的影响

3.3.1 模式 B

在模式 B 下,为缓解产销脱节,解决上游生产经营的分散性和季节性,生产商将投资基于“区块链+大数据”的需求和溯源信息服务。生产商将充分利用基于“区块链+大数据”的需求和溯源信息服务来获取市场需求信息和种植信息等。然而,由于仅生产商投资基于“区块链+大数据”的需求和溯源信息服务,在模式 B 下供应链的溯源水平较低。本节将探讨仅生产商投资基于“区块链+大数据”的需求和溯源信息服务时政府的补贴策略。

(1) 模式 BG

在模式 BG 下,由于财政约束,政府将采取无补贴策略。博弈顺序为:首先,生产商决定批发价 w^{BG};随后,第三方物流公司基于批发价决定冷链物流运输价 p_l^{BG};最后,电子商务零售商决定销售价 p_e^{BG}。生产商、第三方物流企业以及电子商务零售商的收益函数分别为公式 (3-2)、(3-3) 和 (3-4)。

$$\pi_p^{BG}=(w^{BG}-\varphi c_p-c_{pb})[1+t(1-e)]D^{BG} \tag{3-2}$$

$$\pi_l^{BG}=(p_l^{BG}-c_d)[1+t(1-e)]D^{BG}-\frac{\lambda e^2}{2} \tag{3-3}$$

$$\pi_e^{BG}=p_e^{BG}D^{BG}-(w^{BG}+p_l^{BG}+c_n)[1+t(1-e)]D^{BG} \tag{3-4}$$

基于逆向归纳法,可得最优批发价 w^{BG^*}、最优运输价 $p_l^{BG^*}$ 以及最优销售价 $p_e^{BG^*}$,然后将 w^{BG^*}、$p_l^{BG^*}$ 和 $p_e^{BG^*}$ 代入公式 (3-2)、(3-3) 和 (3-4) 可得供应链成员的最优收益,如推论 1 所示。

推论 1: $\{w^{BG^*}, p_l^{BG^*}, p_e^{BG^*}, \pi_e^{BG^*}, \pi_l^{BG^*}, \pi_p^{BG^*}\}=\{(a+M^B\delta^B+e\theta_0\zeta^B)/3b(t-et+1)+(-c_d-c_n+2c_{pb}+2c_p\varphi)/3, (a+M^B\delta^B+e\theta_0\zeta^B)/3b(t-et+1)+(2c_d-c_n-c_{pb}-c_p\varphi)/3, (5a+5M^B\delta^B+5e\theta_0\zeta^B)/6b+(c_d+c_n+c_{pb}+c_p\varphi)[t(1-e)+1]/6, (r^B+1)F^2/36b, (r^B+1)F^2/18b-e^2\lambda/2, (r^B+1)F^2/18b\}$

其中，$F=a+M^B\delta^B+e\theta_0\zeta^B-(c_d+c_n+c_{pb}+c_p\varphi)(1+t-et)b$。

将 $p_e^{BG^*}$ 代入公式（3-1），由于 $D^B=(a-bp+\delta^B M^B+\zeta^B\theta(e))(1+r^B)>0$，可得 $a+M^B\delta^B+e\theta_0\zeta^B-(c_d+c_n+c_{pb}+c_p\varphi)(1+t-et)b>0$，即 $F>0$。

基于推论1可得供应链的总收益、消费者剩余以及社会总福利如下：

$$\pi_c^{BG^*}=\pi_e^{BG^*}+\pi_l^{BG^*}+\pi_p^{BG^*}=\frac{5(r^B+1)F^2}{36b}-\frac{e^2\lambda}{2}$$

$$CS^{BG^*}=\frac{(a-bp_e^{BG^*}+\delta^B M^B+\zeta^B\theta(e))^2(1+r^B)}{2b}=\frac{b(r^B+1)F^2}{72}$$

$$SW^{BG^*}=\pi_c^{BG^*}+CS^{BG^*}=\frac{5(r^B+1)F^2}{36b}+\frac{b(r^B+1)F^2}{72}-\frac{e^2\lambda}{2}$$

（2）模式 BI

在模式 BI 下，为鼓励生产商投资基于“区块链+大数据”的需求和溯源信息服务，政府将以基于“区块链+大数据”的需求和溯源信息服务成本补贴系数 η 补贴生产商。博弈顺序与模式 BG 的博弈顺序相同。生产商、第三方物流企业以及电子商务零售商的收益函数分别为公式（3-5）、（3-6）和（3-7）。

$$\pi_p^{BI}=[w^{BI}-\varphi c_p-(1-\eta)c_{pb}][1+t(1-e)]D^{BI} \qquad (3-5)$$

$$\pi_l^{BI}=(p_l^{BI}-c_d)[1+t(1-e)]D^{BI}-\frac{\lambda e^2}{2} \qquad (3-6)$$

$$\pi_e^{BI}=p_e^{BI}D^{BI}-(w^{BI}+p_l^{BI}+c_n)[1+t(1-e)]D^{BI} \qquad (3-7)$$

基于逆向归纳法可得推论2。

推论2：$\{w^{BI^*},\ p_l^{BI^*},\ p_e^{BI^*},\ \pi_e^{BI^*},\ \pi_l^{BI^*},\ \pi_p^{BI^*}\}=\{(a+M^B\delta^B+e\theta_0\zeta^B)/3b(t-et+1)+(-c_d-c_n+2c_{pb}-2c_{pb}\eta+2c_p\varphi)/3,\ (a+M^B\delta^B+e\theta_0\zeta^B)/3b(t-et+1)+(2c_d-c_n-c_{pb}+c_{pb}\eta-c_p\varphi)/3,\ (5a+5M^B\delta^B+5e\theta_0\zeta^B)/6b+[c_d+c_n+c_{pb}(1-\eta)+c_p\varphi](t-et+1)/6,\ (r^B+1)L^2/36b,\ (r^B+1)L^2/18b-e^2\lambda/2,\ (r^B+1)L^2/18b\}$

其中，$L=a+M^B\delta^B+e\theta_0\zeta^B+(-c_d-c_n-c_{pb}+c_{pb}\eta-c_p\varphi)[t(1-e)+1]b$。

将 $p_e^{BI^*}$ 代入公式（3-1），由于 $D^B=(a-bp+\delta^B M^B+\zeta^B\theta(e))(1+r^B)>0$，可得 $a+M^B\delta^B+e\theta_0\zeta^B+(-c_d-c_n-c_{pb}\eta+c_{pb}\eta-c_p\varphi)[t(1-e)+1]b>0$，即 $L>0$。显然 $L>F>0$。

基于推论2可得在模式 BI 下，供应链的总收益、消费者剩余以及社会总福利如下：

$$CS^{BI^*}=\frac{(a-bp_e^{BI^*}+\delta^B M^B+\zeta^B\theta(e))^2(1+r^B)}{2b}=\frac{b(r^B+1)L^2}{72}$$

$$\pi_c^{BI^*}=\pi_e^{BI^*}+\pi_l^{BI^*}+\pi_p^{BI^*}=\frac{5(r^B+1)L^2}{36b}-\frac{\lambda e^2}{2}$$

$$SW^{BI^*}=\pi_c^{BI^*}+CS^{BI^*}-\frac{1}{6}\eta c_{pb}[1+t(1-e)](r^B+1)L$$

$$=\frac{5(r^B+1)L^2}{36b}+\frac{b(r^B+1)L^2}{72}-\frac{1}{6}\eta c_{pb}[1+t(1-e)](r^B+1)L-\frac{e^2\lambda}{2}$$

（3）模式 BF

在模式 BF 下，为提高生鲜农产品的新鲜度并降低在流通中的损耗，政府将以保鲜补贴系数 k 为第三方物流企业提供保鲜补贴，进而鼓励第三方物流企业投资保鲜努力。生产商、第三方物流企业以及电子商务零售商的收益函数分别为公式（3－8）、（3－9）和（3－10）。

$$\pi_p^{BF}=(w^{BF}-\varphi c_p-c_{pb})[1+t(1-e)]D^{BF} \tag{3-8}$$

$$\pi_l^{BF}=(p_l^{BF}-c_d)[1+t(1-e)]D^{BF}-(1-\kappa)\frac{\lambda e^2}{2} \tag{3-9}$$

$$\pi_e^{BF}=p_e^{BF}D^{BF}-(w^{BF}+p_l^{BF}+c_n)[1+t(1-e)]D^{BF} \tag{3-10}$$

基于逆向归纳法可得推论 3。

推论 3：$\{w^{BF^*}, p_l^{BF^*}, p_e^{BF^*}, \pi_e^{BF^*}, \pi_l^{BG^*}, \pi_p^{BG^*}\}=\{(a+M^B\delta^B+e\theta_0\zeta^B)/3b(t-et+1)+(-c_d-c_n+2c_{pb}+2c_p\varphi)/3, (a+M^B\delta^B+e\theta_0\zeta^B)/3b(t-et+1)+(2c_d-c_n-c_{pb}-c_p\varphi)/3, (5a+5M^B\delta^B+5e\theta_0\zeta^B)/6b+(c_d+c_n+c_{pb}+c_p\varphi)[t(1-e)+1]/6, (r^B+1)F^2/36b, (r^B+1)F^2/18b-e^2\lambda(1-\kappa)/2, (r^B+1)F^2/18b\}$

其中，$F=a+M^B\delta^B+e\theta_0\zeta^B-(c_d+c_n+c_{pb}+c_p\varphi)(1+t-et)b>0$，$L>F$

基于推论 3 可得在模式 BF 下供应链的总收益、消费者剩余以及社会总福利。

$$\pi_c^{BF^*}=\pi_e^{BF^*}+\pi_l^{BF^*}+\pi_p^{BF^*}=\frac{5(r^B+1)F^2}{36b}-(1-\kappa)\frac{\lambda e^2}{2}$$

$$CS^{BG^*}=\frac{(a-bp_e^{BF^*}+\delta^B M^B+\zeta^B\theta(e))^2(1+r^B)}{2b}=\frac{b(r^B+1)F^2}{72}$$

$$SW^{BF^*}=\pi_c^{BF^*}+CS^{BF^*}-\kappa\frac{\lambda e^2}{2}=\frac{5(r^B+1)F^2}{36b}+\frac{b(r^B+1)F^2}{72}-\frac{e^2\lambda}{2}$$

（4）补贴策略的对比与分析

a. 补贴策略的对比。政府补贴的目的是提高社会总福利。通过对比模式 BG、BI 和 BF 下的社会总福利和消费者剩余，可得性质 1。

性质 1

①$CS^{BI*}>CS^{BF*}=CS^{BG*}$。

②$SW^{BG*}=SW^{BF*}$。当 $b>\sqrt{2}$ 时，$SW^{BI*}>SW^{BG*}=SW^{BF*}$，当 $0<b<\sqrt{2}$ 且 $0<\eta<\dfrac{(2b^2+8)F}{c_{pb}(1+t-et)(2-b^2)b}$ 时，$SW^{BI*}>SW^{BG*}=SW^{BF*}$。

性质 1 表明：①与无补贴策略相比，政府采取保鲜补贴策略后，消费者剩余和社会总福利保持不变，这说明保鲜补贴策略是无效的。②与无补贴和保鲜补贴策略相比，政府采取基于“区块链+大数据”的需求和溯源信息服务补贴策略后，消费者剩余将增加。此外，当 $b>\sqrt{2}\left(\text{或当 } 0<b<\sqrt{2} \text{ 且 } 0<\eta<\dfrac{(2b^2+8)F}{c_{pb}(1+t-et)(2-b^2)b}\right)$ 时，社会总福利将提高。这说明基于“区块链+大数据”的需求和溯源信息服务补贴策略能否提高社会总福利取决于价格弹性系数。在 $0<b<\sqrt{2}$ 的情况下，为扩大基于“区块链+大数据”的需求和溯源信息服务成本补贴系数 η 的有效范围，生产商应控制基于“区块链+大数据”的需求和溯源信息服务的投资成本，竭力挖掘有价值的信息，降低成本优化系数。区块链溯源用于详细记录生鲜产品的生产信息，保证源头信息的真实性和有效性，提高溯源水平和消费者对新鲜信息和溯源信息的感知信任水平。因此，政府应基于价格弹性系数制定合理的补贴系数 η，从而有效提高社会总福利。

b. 在不同补贴策略下决策变量的变化。基于推论 1、2 和 3，计算最优决策关于补贴系数 η 和 κ 的一阶偏导，可得如下性质：

性质 2

①$w^{BG*}=w^{BF*}>w^{BI*}$，$p_l^{BI*}>p_l^{BF*}=p_l^{BG*}$，$p_e^{BF*}=p_e^{BG*}>p_e^{BI*}$。

②$\pi_e^{BI*}>\pi_e^{BF*}=\pi_e^{BG*}$，$\pi_p^{BI*}>\pi_p^{BF*}=\pi_p^{BG*}$，$\pi_l^{BI*}>\pi_l^{BG*}$，$\pi_l^{BF*}>\pi_l^{BG*}$。当 $\eta>\dfrac{\sqrt{9e^2\lambda b\kappa/(1+r^B)+F^2}-F}{c_{pb}(1+t-et)b}$ 时，$\pi_l^{BF*}<\pi_l^{BI*}$。

与无补贴策略相比：①政府采取保鲜补贴策略后，供应链成员的最优价格以及电子商务零售商和生产商的最优利润保持不变，仅第三方物流企业的最优收益有所提高。②政府采取基于“区块链＋大数据”的需求和溯源信息服务补贴策略后，供应链成员的最优收益和最优运输价将增加，而最优批发价和最优销售价将降低。这可能是因为政府补贴了生产商的基于“区块链＋大数据”的需求和溯源信息服务成本，缓解了其投资压力。此时，为激励电子商务零售商订购更多产品，生产商将选择降低批发价，从而降低电子商务零售商的采购成本。因此，由市场需求函数公式可知，电子商务零售商为进一步提高市场需求将降低销售价。市场需求的增加将使供应链成员获得更多收益，但使第三方物流公司的运输量增加。这说明政府采取基于“区块链＋大数据”的需求和溯源信息服务补贴策略将对销售价有抑制作用，从而解决溯源生鲜农产品“买贵”的难题。同时，其能有效优化供应链运营并提高供应链成员的收益。此外，政府补贴基于“区块链＋大数据”的需求和溯源信息服务与保鲜成本均可增加第三方物流企业的最优收益，但当补贴系数 η 和 κ 满足一定条件时，政府补贴基于“区块链＋大数据”的需求和溯源信息服务成本后，第三方物流企业的最优收益将大于政府补贴保鲜成本。因此，政府应优先选择补贴基于“区块链＋大数据”的需求和溯源信息服务成本。

性质 3

① $\frac{\partial w^{BI^*}}{\partial \eta}=-\frac{2}{3}c_{pb}<0$；$\frac{\partial p_l^{BI^*}}{\partial \eta}=\frac{1}{3}c_{pb}>0$；$\frac{\partial p_e^{BI^*}}{\partial \eta}=-\frac{1}{6}c_{pb}[t(1-e)+1]<0$；

$$\frac{\partial \pi_e^{BI^*}}{\partial \eta}=\frac{c_{pb}(t-et+1)(1+r^B)L}{18}>0;$$

$$\frac{\partial \pi_l^{BI^*}}{\partial \eta}=\frac{\partial \pi_p^{BI^*}}{\partial \eta}=\frac{c_{pb}(t-et+1)(1+r^B)L}{9}>0;$$

$$\frac{\partial SW^{BI^*}}{\partial \eta}=\frac{bc_{pb}^2(r+1)(t-et+1)^2(b^2-2)}{36}\eta+\frac{c_{pb}(4+b^2)(r+1)(t-et+1)F}{36};$$

$$\frac{\partial CS^{BI^*}}{\partial \eta}=\frac{b^3(1+r^B)}{36}c_{pb}^2(1-et+1)^2\eta+\frac{b^2(1+r^B)}{36}c_{pb}(t-et+1)F>0。$$

② $\frac{\partial w^{BF^*}}{\partial \kappa}=0$；$\frac{\partial p_l^{BF^*}}{\partial \kappa}=0$；$\frac{\partial p_e^{BF^*}}{\partial \kappa}=0$；$\frac{\partial \pi_e^{BF^*}}{\partial \kappa}=0$；

$$\frac{\partial \pi_l^{BF^*}}{\partial \kappa}=\frac{e^2\lambda}{2};\quad \frac{\partial \pi_p^{BF^*}}{\partial \kappa}=0;\quad \frac{\partial SW^{BF^*}}{\partial \kappa}=0。$$

由性质 3 中的①可知，当政府采取基于“区块链＋大数据”的需求和溯源信息服务补贴策略时，最优运输价、供应链成员的最优收益和消费者剩余与政府的基于“区块链＋大数据”的需求和溯源信息服务成本补贴系数 η 正相关，而最优批发价和最优销售价与其负相关。随着补贴系数 η 的变化，第三方物流企业的最优收益的变化幅度与生产商相同，并大于电子商务零售商。这说明 η 的增加对第三方物流企业和生产者的激励作用大于电子商务零售商。此外，当 $b>\sqrt{2}\left(\text{或 } 0<b<\sqrt{2} \text{ 且 } 0<\eta<\frac{(4+b^2)F}{bc_{pb}(t-et+1)(2-b^2)}\right)$ 时，$\frac{\partial SW^{BI}}{\partial \eta}>0$。即当价格弹性系数和政府对供应链成员的基于“区块链＋大数据”的需求和溯源信息服务成本补贴系数 η 满足一定条件时，社会总福利与补贴系数呈正相关，即社会总福利随补贴系数 η 的变化而变化趋势受价格弹性系数的影响。因此，根据价格弹性系数，政府应考虑适当增加补贴系数 η 以增强激励效果。

由性质 3 中的②可知，当政府采取保鲜补贴策略时，生产商和电子商务零售商的最优收益和最优价格与政府对第三方物流企业的保鲜补贴系数 κ 无关，而第三方物流企业的最优收益与之正相关。

3.3.2 模式 N

在模式 N 下，生产商将投资基于“区块链＋大数据”的需求和溯源信息服务。同时，为解决信息流通和溯源难、产品防伪不完善等问题，电子商务零售商将投资基于“区块链＋大数据”的需求和溯源信息服务，实现生产、零售等主要环节的产品信息溯源。由于溯源投资水平的提高，模式 N 下供应链的追溯水平将高于模式 B。博弈顺序与投资模式 B 相同。本节将探讨在生产商和电子商务零售商投资基于“区块链＋大数据”的需求和溯源信息服务后不同的补贴策略。

（1）模式 NG

在模式 NG 下，政府将采取无补贴策略。生产商、第三方物流企业和电子商务零售商的收益函数分别为公式（3－11）、（3－12）和（3－13）。

$$\pi_p^{NG}=(w^{NG}-\varphi c_p-c_{pb})[1+t(1-e)]D^{NG} \tag{3-11}$$

$$\pi_l^{NG}=(p_l^{NG}-c_d)[1+t(1-e)]D^{NG}-\frac{\lambda e^2}{2} \tag{3-12}$$

$$\pi_e^{NG}=p_e^{NG}D^{NG}-(w^{NG}+p_l^{NG}+\varphi c_n+c_{eb})[1+t(1-e)]D^{NG} \tag{3-13}$$

基于逆向归纳法可获得推论 4。

推论 4： $\{w^{NG^*},\ p_l^{NG^*},\ p_e^{NG^*},\ \pi_e^{NG^*},\ \pi_l^{NG^*},\ \pi_p^{NG^*}\}=\{(a+M^N\delta^N+e\theta_0\zeta^N)/3b(t-et+1)+[2c_{pb}-c_d-c_{eb}+(2c_p-c_n)\varphi]/3,\ (a+M^N\delta^N+e\theta_0\zeta^N)/3b(t-et+1)+[2c_d-c_{eb}-c_{pb}-(c_n+c_p)\varphi]/3,\ (5a+5M^N\delta^N+5e\theta_0\zeta^N)/6b+[c_d+c_{eb}+c_{pb}+(c_n+c_p)\varphi](t-et+1)/6,\ (r^N+1)U^2/36b,\ (r^N+1)U^2/18b-e^2\lambda/2,\ (r^N+1)U^2/18b\}$

其中，$U=a+M^N\delta^N+e\theta_0\zeta^N-[c_d+c_{eb}+c_{pb}+(c_n+c_p)\varphi][t(1-e)+1]b$。

将 $p_e^{NG^*}$ 代入公式（3－1），由于 $D^N=(a-bp+\delta^N M^N+\zeta^N\theta(e))(1+r^N)>0$，可得 $a+M^N\delta^N+e\theta_0\zeta^N-[c_d+c_{eb}+c_{pb}+(c_n+c_p)\varphi][t(1-e)+1]b>0$，即 $U>0$。

基于推论 4，可得在模式 NG 下供应链的总收益、消费者剩余和社会总福利如下：

$$\pi_c^{NG^*}=\pi_e^{NG^*}+\pi_l^{NG^*}+\pi_p^{NG^*}=\frac{5(r^N+1)U^2}{36b}-\frac{e^2\lambda}{2}$$

$$CS^{NG^*}=\frac{(a-bp_e^{NG^*}+\delta^N M^N+\zeta^N\theta(e))^2(1+r^N)}{2b}=\frac{b(r^N+1)U^2}{72}$$

$$SW^{NG^*}=\pi_c^{NG^*}+CS^{NG^*}=\frac{5(r^N+1)U^2}{36b}+\frac{b(r^N+1)U^2}{72}-\frac{e^2\lambda}{2}$$

（2）模式 NI

在模式 NI 下，为鼓励生产者和电子商务零售商投资基于“区块链+大数据”的需求和溯源信息服务，政府将以基于“区块链+大数据”的需求和溯源信息服务成本补贴系数 η 补贴生产商和电子商务零售商。生产商、第三方物流企业和电子商务零售商的收益函数分别为公式（3－14）、（3－15）和（3－16）。

$$\pi_p^{NI}=[w^{NI}-\varphi c_p-(1-\eta)c_{pb}][1+t(1-e)]D^{NI} \tag{3-14}$$

$$\pi_l^{NI}=(p_l^{NI}-c_d)[1+t(1-e)]D^{NI}-\frac{\lambda e^2}{2} \tag{3-15}$$

$$\pi_e^{NI}=p_eD^{NI}-[w^{NI}+p_l^{NI}+\varphi c_n+(1-\eta)c_{eb}][1+t(1-e)]D^{NI} \tag{3-16}$$

基于逆向归纳法可得推论 5。

推论 5：$\{w^{NI*}, p_l^{NI*}, p_e^{NI*}, \pi_e^{NI*}, \pi_l^{NI*}, \pi_p^{NI*}\}=\{(a+M^N\delta^N+e\theta_0\zeta^N)/3b(t-et+1)+[2c_{pb}-c_d-c_{eb}+(2c_p-c_n)\varphi+(c_{eb}-2c_{pb})\eta]/3$，$(a+M^N\delta^N+e\theta_0\zeta^N)/3b(t-et+1)+[2c_d-c_{eb}-c_{pb}-(c_n+c_p)\varphi+(c_{eb}+c_{pb})\eta]/3$，$(5a+5M^N\delta^N+5e\theta_0\zeta^N)/6b+[c_d+c_{eb}+c_{pb}-(c_{eb}+c_{pb})\eta+(c_n+c_p)\varphi](t-et+1)/6$，$(r^N+1)V^2/36b$，$(r^N+1)V^2/18b-e^2\lambda/2$，$(r^N+1)V^2/18b\}$

其中，$V=a+M^N\delta^N+e\theta_0\zeta^N+[-c_d-c_{eb}-c_{pb}+(c_{eb}+c_{pb})\eta-(c_n+c_p)\varphi][t(1-e)+1]b>0$。显然，$V>U$。基于推论 5 可得在模式 NI 下供应链的总收益、消费者剩余和社会总福利如下：

$$\pi_c^{NI*}=\pi_e^{NI*}+\pi_l^{NI*}+\pi_p^{NI*}=\frac{5(r^N+1)V^2}{36b}-\frac{e^2\lambda}{2}$$

$$CS^{NI*}=\frac{(a-bp_e^{NI*}+\delta^N M^N+\zeta^N\theta(e))^2(1+r^N)}{2b}=\frac{b(r^N+1)V^2}{72}$$

由于 $SW^{NI*}=\pi_c^{NI*}+CS^{NI*}-\eta(c_{pb}+c_{eb})(1+t-et)D^{NI*}$，可得 $SW^{NI*}=\frac{5(r^N+1)V^2}{36b}+\frac{b(r^N+1)V^2}{72}-\frac{1}{6}\eta(c_{pb}+c_{eb})(1+t-et)(r^N+1)V-\frac{e^2\lambda}{2}$

（3）模式 NF

在模式 NF 下，政府将以保鲜补贴系数 κ 补贴第三方物流企业的保鲜成本。生产商、第三方物流企业和电子商务零售商的收益函数分别为公式（3-17）、（3-18）和（3-19）。

$$\pi_p^{NF}=(w^{NF}-\varphi c_p-c_{pb})[1+t(1-e)]D^{NF} \tag{3-17}$$

$$\pi_l^{NF}=(p_l^{NF}-c_d)[1+t(1-e)]D^{NF}-(1-\kappa)\frac{\lambda e^2}{2} \tag{3-18}$$

$$\pi_e^{NF}=p_e^{NF}D^{NF}-(w^{NF}+p_l^{NF}+\varphi c_n+c_{eb})[1+t(1-e)]D^{NF} \tag{3-19}$$

基于逆向归纳法可得推论 6。

推论 6：$\{w^{NF*}, p_l^{NF*}, p_e^{NF*}, \pi_e^{NF*}, \pi_l^{NF*}, \pi_p^{NF*}\}=\{(a+M^N\delta^N+e\theta_0\zeta^N)/3b(t-et+1)+[2c_{pb}-c_d-c_{eb}+(2c_p-c_n)\varphi]/3$，$(a+M^N\delta^N+e\theta_0\zeta^N)/3b(t-et+1)+[2c_d-c_{eb}-c_{pb}-(c_n+c_p)\varphi]/3$，$(5a+5M^N\delta^N+5e\theta_0\zeta^N)/6b+[c_d+c_{eb}+c_{pb}+(c_n+c_p)\varphi](t-et+1)/6$，$(r^N+1)U^2/36b$，$(r^N+1)U^2/18b-(1-k)e^2\lambda/2$，$(r^N+1)U^2/18b\}$

其中，$U=a+M^N\delta^N+e\theta_0\zeta^N-[c_d+c_{eb}+c_{pb}+(c_n+c_p)\varphi][t(1-e)+1]b>0$。

基于推论6可得在模式NF下供应链的总收益、消费者剩余和社会总福利如下：

$$\pi_c^{NF*}=\pi_e^{NF*}+\pi_l^{NF*}+\pi_p^{NF*}=\frac{5(r^N+1)U^2}{36b}-(1-\kappa)\frac{e^2\lambda}{2}$$

$$CS^{NF*}=\frac{(a-bp_e^{NF*}+\delta^N M^N+\zeta^N\theta(e))^2(1+r^N)}{2b}=\frac{b(r^N+1)U^2}{72}$$

$$SW^{NF*}=\pi_c^{NF*}+CS^{NF*}-\kappa\frac{\lambda e^2}{2}=\frac{5(r^N+1)U^2}{36b}+\frac{b(r^N+1)U^2}{72}-\frac{e^2\lambda}{2}$$

（4）补贴策略的对比与分析

a. 补贴策略的对比。通过比较模式NG、NI和NF下的消费者剩余和社会总福利可得性质4。

性质4

①$CS^{NI*}>CS^{NG*}=CS^{NF*}$。

② $SW^{NG*}=SW^{NF*}$，当 $b>\sqrt{2}$（或 $0<b<\sqrt{2}$ 且 $0<\eta<\frac{2(b^2+4)U}{(c_{pb}+c_{eb})(1+t-et)(2-b^2)b}$）时，$SW^{NI*}>SW^{NG*}=SW^{NF*}$。

由性质4可知，①相较于模式NG，模式NF下的消费者剩余和社会总福利保持不变。这说明保鲜补贴策略是无效的。②相较于模式NG，模式NI下的消费者剩余将增加。此外，当价格弹性系数和政府对供应链成员的基于“区块链+大数据”的需求和溯源信息服务成本补贴系数η满足一定条件时，社会总福利将增加，这与投资模式B相似，但补贴系数η满足的条件不同。说明政府是否采取基于“区块链+大数据”的需求和溯源信息服务补贴策略与价格弹性系数、政府对供应链成员的基于“区块链+大数据”的需求和溯源信息服务成本补贴系数η等因素相关。

b. 不同补贴策略下决策变量的变化。通过对比推论4、5和6，并计算最优决策关于补贴系数η和κ的一阶偏导数，可得如下性质：

性质5

①$p_l^{NI*}>p_l^{NG*}=p_l^{NF*}$，$p_e^{NI*}<p_e^{NG*}=p_e^{NF*}$，$w^{NG*}=w^{NF*}$，当$c_{eb}<2c_{pb}$时，$w^{NI*}<w^{NG*}=w^{NF*}$。

②$\pi_e^{NI*}>\pi_e^{NG*}=\pi_e^{NF*}$，$\pi_p^{NI*}>\pi_p^{NG*}=\pi_p^{NF*}$，$\pi_l^{NG*}<\pi_l^{NF*}$，$\pi_l^{NI*}$。当$\eta>$

$\frac{\sqrt{9e^2\lambda b\kappa/(1+r^N)+U^2}-U}{(c_{eb}+c_{pb})(t-et+1)b}$时，$\pi_l^{NF*}<\pi_l^{NI*}$。

通过与模式 NG 对比可得：①当政府采取保鲜补贴策略时，仅第三方物流公司的最优收益得到提高，电子商务零售商和生产商的最优价格和最优收益保持不变，与模式 BF 类似。这可能是由于冷链物流成本较高，资本回收期较长，政府补贴第三方物流公司的保鲜成本只能缓解其冷链投资压力，激励其提高物流服务质量，但不会使第三方物流公司降低运输价，进而不会影响供应链成员的决策。②当政府采取基于“区块链+大数据”的需求和溯源信息服务补贴策略时，最优运输价将提高，而最优销售价将降低，这与模式 BI 相似。但与模式 BI 不同的是，当 $c_{eb}<2c_{pb}$ 时，最优批发价将降低。这说明在模式 NI 下，若电子商务零售商想要降低采购成本，就需将基于“区块链+大数据”的需求和溯源信息服务成本控制在一定范围内。此外，当政府补贴基于“区块链+大数据”的需求和溯源信息服务成本，且补贴系数 η 和 κ 满足一定条件时（此条件与投资模式 B 不同），第三方物流公司的最优收益将大于政府补贴保鲜成本后其最优收益，这与投资模式 B 类似。

性质 6

①$\frac{\partial w^{NI*}}{\partial\eta}=\frac{1}{3}(c_{eb}-2c_{pb})$；$\frac{\partial p_l^{NI*}}{\partial\eta}=\frac{1}{3}(c_{eb}+c_{pb})>0$；

$$\frac{\partial p_e^{NI*}}{\partial\eta}=-\frac{1}{6}(c_{eb}+c_{pb})[t(1-e)+1]<0;$$

$$\frac{\partial\pi_e^{NI*}}{\partial\eta}=\frac{(r^N+1)(c_{eb}+c_{pb})[t(1-e)+1]V}{18}>0;$$

$$\frac{\partial\pi_l^{NI*}}{\partial\eta}=\frac{\partial\pi_p^{NI*}}{\partial\eta}=\frac{(c_{eb}+c_{pb})[t(1-e)+1](r^N+1)V}{9}>0;$$

$$\frac{\partial SW^{NI*}}{\partial\eta}=\frac{(b^2-2)(c_{eb}+c_{pb})^2(r+1)(t-et+1)^2b}{36}\eta+\frac{(4+b^2)(c_{eb}+c_{pb})(r+1)(t-et+1)U}{36};$$

$$\frac{\partial CS^{NI*}}{\partial\eta}=\frac{b^3(1+r^N)}{36}(c_{pb}+c_{eb})^2(t-et+1)^2\eta+\frac{b^2(1+r^N)}{36}(c_{pb}+c_{eb})(t-et+1)U>0。$$

②$\frac{\partial w^{NF*}}{\partial\kappa}=0$；$\frac{\partial p_l^{NF*}}{\partial\kappa}=0$；$\frac{\partial p_e^{NF*}}{\partial\kappa}=0$；$\frac{\partial\pi_e^{NF*}}{\partial\kappa}=0$；$\frac{\partial\pi_l^{NF*}}{\partial\kappa}=\frac{1}{2}e^2\lambda$；

$\frac{\partial \pi_p^{NF^*}}{\partial \kappa}=0$。

由性质 6 中的①可知，在模式 NI 下，随着政府对供应链成员的基于“区块链+大数据”的需求和溯源信息服务成本补贴系数 η 的变化，最优运输价、最优销售价、供应链成员的最优收益和消费者剩余的变化趋势与模式 BI 相同，但变化幅度却不同。在模式 NI 下最优运输价和最优销售价的变化幅度将大于模式 BI 下的变化幅度，这表明与仅生产商投资基于“区块链+大数据”的需求和溯源信息服务的模式相比，随着补贴系数 η 的增加，生产商和电子商务零售商均投资基于“区块链+大数据”的需求和溯源信息服务对销售价的抑制作用更强。此外，最优批发价的变化趋势和幅度也不同于模式 BI。在模式 NI 下，当 $c_{pb}>\frac{1}{2}c_{eb}$ 时，随着 η 的增加，最优批发价将降低，否则反之。此外，当 $b>\sqrt{2}\left(\text{或 } 0<b<\sqrt{2} \text{ 且 } 0<\eta<\frac{(4+b^2)U}{(2-b^2)(c_{eb}+c_{pb})(t-et+1)b}\right)$ 时，$\frac{\partial SW^{NI^*}}{\partial \eta}>0$，这与模式 BI 相似，但政府对供应链成员的基于“区块链+大数据”的需求和溯源信息服务成本补贴系数 η 满足的条件不同。

由性质 6 中的②可知，与模式 BF 相似，生产商和电子商务零售商的最优收益以及供应链成员的最优价格与政府对第三方物流公司的保鲜补贴系数 κ 无关，而第三方物流公司的最优收益与 κ 正相关。

3.3.3 模式 H

在模式 H 下，生产商和电子商务零售商均投资基于“区块链+大数据”的需求和溯源信息服务。此外，为推动全流程信息溯源体系的建设，实现全链信息溯源（包括运输配送、仓储等物流信息），第三方物流公司也将投资基于“区块链+大数据”的需求和溯源信息服务。因此，模式 H 下的溯源水平是三种投资模型中最高的。本节将讨论生产商、第三方物流公司和电子商务零售商均投资基于“区块链+大数据”的需求和溯源信息服务时政府的补贴策略。博弈顺序与投资模式 B 和 N 相同。

（1）模式 HG

在模式 HG 下，政府将采取无补贴策略。供应链成员的收益函数分别为公式（3－20）、（3－21）和（3－22）。

$$\pi_p^{HG}=(w^{HG}-\varphi c_p-c_{pb})[1+t(1-e)]D^{HG} \tag{3-20}$$

$$\pi_l^{HG}=(p_l^{HG}-\varphi c_d-c_{lb})[1+t(1-e)]D^{HG}-\frac{\lambda e^2}{2} \tag{3-21}$$

$$\pi_e^{HG}=p_e^{HG}D^{HG}-(w^{HG}+p_1^{HG}+\varphi c_n+c_{eb})[1+t(1-e)]D^{HG} \tag{3-22}$$

基于逆向归纳法可得推论 7。

推论 7：$\{w^{HG^*}, p_l^{HG^*}, p_e^{HG^*}, \pi_e^{HG^*}, \pi_l^{HG^*}, \pi_p^{HG^*}\}=\{(a+M^H\delta^H+e\theta_0\zeta^H)/3b(t-et+1)+[-c_{eb}-c_{lb}+2c_{pb}+(-c_d-c_n+2c_p)\varphi]/3$，$(a+M^H\delta^H+e\theta_0\zeta^H)/3b(t-et+1)+[-c_{eb}+2c_{lb}-c_{pb}+(2c_d-c_n-c_p)\varphi]/3$，$(5a+5M^H\delta^H+5e\theta_0\zeta^H)/6b+[c_{eb}+c_{lb}+c_{pb}+(c_d+c_n+c_p)\varphi](t-et+1)/6$，$(r^H+1)S^2/36b$，$(r^H+1)S^2/18b-e^2\lambda/2$，$(r^H+1)S^2/18b\}$

其中，$S=a+M^H\delta^H+e\theta_0\zeta^H-[c_{eb}+c_{lb}+c_{pb}+(c_d+c_n+c_p)\varphi][t(1-e)+1]b>0$。基于推论 7 可得在模式 HG 下的供应链总收益、消费者剩余和社会总福利分别如下：

$$\pi_c^{HG^*}=\pi_e^{HG^*}+\pi_l^{HG^*}+\pi_p^{HG^*}=\frac{5(r^H+1)S^2}{36b}-\frac{e^2\lambda}{2}$$

$$CS^{HG^*}=\frac{(a-bp_e^{HG^*}+\delta^HM^H+\zeta^H\theta(e))^2(1+r^H)}{2b}=\frac{b(r^H+1)S^2}{72}$$

$$SW^{HG^*}=\pi_c^{HG^*}+CS^{HG^*}=\frac{5(r^H+1)S^2}{36b}+\frac{b(r^H+1)S^2}{72}-\frac{e^2\lambda}{2}$$

（2）模式 HI

在模式 HI 下，为鼓励供应链成员投资基于“区块链＋大数据”的需求和溯源信息服务，政府将以基于“区块链＋大数据”的需求和溯源信息服务成本补贴系数 η 进行补贴。供应链成员的收益函数分别为公式（3－23）、（3－24）和（3－25）。

$$\pi_p^{HI}=[w^{HI}-\varphi c_p-(1-\eta)c_{pb}][1+t(1-e)]D^{HI} \tag{3-23}$$

$$\pi_l^{HI}=[p_l^{HI}-\varphi c_d-(1-\eta)c_{lb}][1+t(1-e)]D^{HI}-\frac{\lambda e^2}{2} \tag{3-24}$$

$$\pi_e^{HI}=p_e^{HI}D^{HI}-[w^{HI}+p_l^{HI}+\varphi c_n+(1-\eta)c_{eb}][1+t(1-e)]D^{HI} \tag{3-25}$$

基于逆向归纳法可得推论 8。

推论 8： $\{w^{HI^*}, p_l^{HI^*}, p_e^{HI^*}, \pi_l^{HI^*}, \pi_p^{HI^*}, \pi_e^{HI^*}\}=\{(a+M^H\delta^H+e\theta_0\zeta^H)/3b(t-et+1)+[-c_{eb}-c_{lb}+2c_{pb}+(c_{eb}+c_{lb}-2c_{pb})\eta+(-c_d-c_n+2c_p)\varphi]/3$，$(a+M^H\delta^H+e\theta_0\zeta^H)/3b(t-et+1)+[-c_{eb}+2c_{lb}-c_{pb}+(c_{eb}-2c_{lb}+c_{pb})\eta+(2c_d-c_n-c_p)\varphi]/3$，$(5a+5M^H\delta^H+5e\theta_0\zeta^H)/6b+[c_{eb}+c_{lb}+c_{pb}-(c_{eb}+c_{lb}+c_{pb})\eta+(c_d+c_n+c_p)\varphi](t-et+1)/6$，$(1+r^H)T^2/18b-e^2\lambda/2$，$(1+r^H)T^2/18b$，$(r^H+1)T^2 36b\}$

其中，$T=a+M^H\delta^H+e\theta_0\zeta^H+[-c_{eb}-c_{lb}-c_{pb}+(c_{eb}+c_{lb}+c_{pb})\eta-(c_d+c_n+c_p)\varphi][t(1-e)+1]b>0$。显然，$T>S$。基于推论 8 可得在模式 HI 下供应链总收益、消费者剩余和社会总福利分别如下：

$$\pi_c^{HI^*}=\pi_e^{HI^*}+\pi_l^{HI^*}+\pi_p^{HI^*}=\frac{5(r^H+1)T^2}{36b}-\frac{e^2\lambda}{2}$$

$$CS^{HI^*}=\frac{(a-bp_e^{HI^*}+\delta^H M^H+\zeta^H\theta(e))^2(1+r^H)}{2b}=\frac{b(r^H+1)T^2}{72}$$

由于 $SW^{HI^*}=\pi_c^{HI^*}+CS^{HI^*}-\eta(c_{pb}+c_{eb}+c_{lb})(1+t-et)D^{HI^*}$，可得 $SW^{HI^*}=\frac{5(r^H+1)T^2}{36b}+\frac{b(r^H+1)T^2}{72}-\frac{1}{6}\eta(c_{pb}+c_{eb}+c_{lb})(1+t-et)(r^H+1)T-\frac{e^2\lambda}{2}$。

（3）模式 HF

在模式 HF 下，政府将以保鲜补贴系数 κ 向第三方物流公司提供一定的保鲜补贴。供应链成员的收益函数分别为公式（3-26)、(3-27）和（3-28)。

$$\pi_p^{HF}=(w^{HF}-\varphi c_p-c_{pb})[1+t(1-e)]D^{HF} \qquad (3-26)$$

$$\pi_l^{HF}=(p_l^{HF}-\varphi c_d-c_{lb})[1+t(1-e)]D^{HF}-(1-\kappa)\frac{\lambda e^2}{2} \qquad (3-27)$$

$$\pi_e^{HF}=p_e^{HF}D^{HF}-(w^{HF}+p_l^{HF}+\varphi c_n+c_{eb})[1+t(1-e)]D^{HF} \qquad (3-28)$$

基于逆向归纳法可得推论 9。

推论 9： $\{w^{HF^*}, p_l^{HF^*}, p_e^{HF^*}, \pi_e^{HF^*}, \pi_l^{HF^*}, \pi_p^{HF^*}\}=\{(a+M^H\delta^H+e\theta_0\zeta^H)/3b(t-et+1)+[-c_{eb}-c_{lb}+2c_{pb}+(-c_d-c_n+2c_p)\varphi]/3$，$(a+M^H\delta^H+e\theta_0\zeta^H)/3b(t-et+1)+[-c_{eb}+2c_{lb}-c_{pb}+(2c_d-c_n-c_p)\varphi]/3$，$(5a+5M^H\delta^H+5e\theta_0\zeta^H)/6b+[c_{eb}+c_{lb}+c_{pb}+(c_d+c_n+c_p)\varphi](t-et+1)/6$，$(r^H+1)S^2/$

$36b$，$(r^H+1)S^2/18b-e^2\lambda(1-\kappa)/2$，$(r^H+1)S^2/18b\}$

其中，$S=a+M^H\delta^H+e\theta_0\zeta^H-[c_{eb}+c_{lb}+c_{pb}+(c_d+c_n+c_p)\varphi][t(1-e)+1]b>0$。基于推论 9 可得供应链的总收益、消费者剩余和社会总福利分别如下：

$$\pi_c^{HF^*}=\pi_e^{HF^*}+\pi_l^{HF^*}+\pi_p^{HF^*}=\frac{5(r^H+1)S^2}{36b}-\frac{e^2\lambda(1-\kappa)}{2}$$

$$CS^{HF^*}=\frac{(a-bp_e^{HF^*}+\delta^HM^H+\zeta^H\theta(e))^2(1+r^H)}{2b}=\frac{b(r^H+1)S^2}{72}$$

$$SW^{HF^*}=\pi_c^{HF^*}+CS^{HF^*}-\kappa\frac{\lambda e^2}{2}=\frac{5(r^H+1)S^2}{36b}+\frac{b(r^H+1)S^2}{72}-\frac{e^2\lambda}{2}$$

（4）补贴策略的对比与分析

a. 补贴策略的对比。通过对比模式 HG、HI 和 HF 下的社会总福利和消费者剩余可得性质 7。

性质 7

①$CS^{HI^*}>CS^{HG^*}=CS^{HF^*}$。

②$SW^{HG^*}=SW^{HF^*}$，当 $b>\sqrt{2}$（或 $0<b<\sqrt{2}$ 且 $0<\eta<\frac{(2b^2+4)S}{(c_{pb}+c_{eb}+c_{lb})(1+t-et)(2-b^2)b}$）时，$SW^{HI^*}>SW^{HG^*}=SW^{HF^*}$。

由性质 7 可知，与模式 HG 相比，模式 HF 下的消费者剩余和社会总福利保持不变，与模式 BF 和 NF 相似，说明保鲜补贴策略是无效的。然而，在模式 HI 下，消费者剩余将增加。此外，当价格弹性系数和补贴系数 η 满足一定条件时，社会总福利也将增加，与模式 BI 和 NI 类似，但政府对供应链成员的基于“区块链+大数据”的需求和溯源信息服务成本补贴系数满足的条件不同。

b. 不同补贴策略下决策变量的变化。通过对比模式 HG、HI 和 HF 下供应链成员的最优决策，并计算最优决策关于补贴系数 η 和 κ 的一阶偏导数，可得到以下性质。

性质 8

①$p_e^{HG^*}=p_e^{HF^*}>p_e^{HI^*}$，$w^{HG^*}=w^{HF^*}$，$p_l^{HG^*}=p_l^{HF^*}$。当 $c_{eb}+c_{lb}-2c_{pb}<0$ 时，$w^{HI^*}<w^{HF^*}=w^{HG^*}$。当 $c_{eb}-2c_{lb}+c_{pb}<0$ 时，$p^{HI^*}<p_l^{HG^*}=p_l^{HF^*}$。

②$\pi_e^{HI^*}>\pi_e^{HG^*}=\pi_e^{HF^*}$，$\pi_p^{HI^*}>\pi_p^{HF^*}=\pi_p^{HG^*}$，$\pi_l^{HF^*}>\pi_l^{HG^*}$；$\pi_l^{HI^*}>\pi_l^{HG^*}$。当 $\eta>\frac{\sqrt{9e^2\lambda b\kappa/(1+r^H)+S^2}-S}{(c_{eb}+c_{lb}+c_{pb})(t-et+1)b}$时，$\pi_l^{HI^*}>\pi_l^{HF^*}$。

与模式 HG 相比，可得：①在模式 HF 下，电子商务零售商和生产商的最优收益和最优价格将保持不变，仅第三方物流公司的最优收益增加，与模式 BF 和 NF 相同。②在模式 HI 下，最优销售价将降低，而供应链成员的最优收益将增加，与模式 BI 和 NI 相同。这就说明在三种投资模式下，政府补贴供应链成员的基于“区块链＋大数据”的需求和溯源信息服务成本可有效降低销售价，并优化供应链成员的收益。此外，与模式 BI 和 NI 不同，在模式 HI 下，当 $c_{eb}+c_{lb}-2c_{pb}<0$ 时，最优批发价将降低；当 $c_{eb}-2c_{lb}+c_{pb}<0$ 时，最优运输价将降低。这就说明供应链成员的基于“区块链＋大数据”的需求和溯源信息服务投资成本将影响最优批发价和最优运输价的变化。同样，当补贴系数 η 和 κ 满足一定条件时（此条件不同于投资模式 B 和 N），模式 HI 下第三方物流公司的最优收益将高于模式 HF。

性质 9

①$\frac{\partial w^{HI^*}}{\partial\eta}=\frac{1}{3}(c_{eb}+c_{lb}-2c_{pb})$；$\frac{\partial p_l^{HI^*}}{\partial\eta}=\frac{1}{3}(c_{eb}-2c_{lb}+c_{pb})$；

$$\frac{\partial p_e^{HI^*}}{\partial\eta}=-\frac{1}{6}(c_{eb}+c_{lb}+c_{pb})[t(1-e)+1]<0;$$

$$\frac{\partial\pi_l^{HI^*}}{\partial\eta}=\frac{\partial\pi_p^{HI^*}}{\partial\eta}=\frac{(c_{eb}+c_{lb}+c_{pb})[t(1-e)+1](1+r^H)T}{9}>0;$$

$$\frac{\partial\pi_e^{NI^*}}{\partial\eta}=\frac{(c_{eb}+c_{lb}+c_{pb})[t(1-e)+1](r^H+1)T}{18}>0;$$

$$\frac{\partial SW^{HI^*}}{\partial\eta}=\frac{(b^2-2)(c_{eb}+c_{lb}+c_{pb})^2(r+1)(t-et+1)^2b}{36}\eta+\frac{(4+b^2)(c_{eb}+c_{lb}+c_{pb})(r+1)(t-et+1)S}{36};$$

$$\frac{\partial CS^{HI^*}}{\partial\eta}=\frac{b^3(1+r^H)}{36}(c_{pb}+c_{eb}+c_{lb})^2(t-et+1)^2\eta+\frac{b^2(1+r^H)}{36}(c_{pb}+c_{eb}+c_{lb})(t-et+1)S>0。$$

②$\frac{\partial w^{HF^*}}{\partial\kappa}=0$；$\frac{\partial p_l^{HF^*}}{\partial\kappa}=0$；$\frac{\partial p_e^{HF^*}}{\partial\kappa}=0$；$\frac{\partial\pi_e^{HF^*}}{\partial\kappa}=0$；$\frac{\partial\pi_l^{HF^*}}{\partial\kappa}=\frac{1}{2}e^2\lambda$；

$\frac{\partial \pi_p^{HF^*}}{\partial \kappa}=0$。

由性质9中的①可知，在模式HI下，随着政府对供应链成员的基于“区块链+大数据”的需求和溯源信息服务成本补贴系数η的变化，最优销售价、消费者剩余和供应链成员的最优收益的变化趋势与模式BI和NI相同，但变化幅度却不同。当所有供应链成员均投资基于“区块链+大数据”的需求和溯源信息服务时，最优销售价的变化幅度最大。这说明在模式HI下，补贴系数η的增加对销售价的抑制作用最强。此外，不同于模式BI和NI，当$c_{pb}>\frac{c_{eb}+c_{lb}}{2}$时，最优批发价将降低。此外，当$c_{pb}>\frac{c_{eb}+c_{lb}}{2}$且$c_{eb}>c_{lb}$时，物流运输价将增加。反之，当$c_{pb}<\frac{c_{eb}+c_{lb}}{2}$时，最优批发价将增加；当$c_{pb}<\frac{c_{eb}+c_{lb}}{2}$且$c_{eb}>c_{lb}$时，物流运输价将降低。同样，当$c_{pb}>\frac{c_{eb}+c_{lb}}{2}$时，物流运输价将降低；当$c_{lb}>\frac{c_{eb}+c_{pb}}{2}$且$c_{eb}>c_{pb}$时，批发价将增加，否则反之。这说明在模式HI下，最优运输价和最优批发价随η的变化而变化的趋势和幅度受供应链成员的基于“区块链+大数据”的需求和溯源信息服务投入成本的影响。此外，当$b>\sqrt{2}\left(\text{或当 } 0<b<\sqrt{2} \text{ 且 } 0<\eta<\frac{(4+b^2)S}{(2-b^2)(c_{eb}+c_{lb}+c_{pb})(t-et+1)b}\right)$时，$\frac{\partial SW^{HI^*}}{\partial \eta}>0$，这与模式BI和NI类似，但政府对供应链成员的基于“区块链+大数据”的需求和溯源信息服务成本补贴系数η满足的条件不同。

由性质9中的②可知，与模式BF和NF相似，最优价格、生产商和电子商务零售商的最优收益与政府对第三方物流公司的保鲜补贴系数κ无关。但第三方物流公司的最优收益与κ正相关。

3.4 投资条件分析

供应链成员投资基于“区块链+大数据”的需求和溯源信息服务的主要目的是获得更多的收益，即$\pi^{HG^*}>\pi^{NG^*}>\pi^{BG^*}$，$\pi^{HI^*}>\pi^{NI^*}>\pi^{BI^*}$，$\pi^{HF^*}>\pi^{NF^*}>\pi^{BF^*}$。因此，通过比较推论1~9中供应链成员的最优收益，发现采用无补贴策略和采用保鲜补贴策略的最优决策相似，进而得出政府采取不同的补贴策略后电子商务零售商和第三方物流公司的投资条件。

性质10

当$c_{eb}<\psi_1+\left(\sqrt{\frac{1+r^B}{1+r^N}}-1\right)c_{pb}$时（其中$\psi_1>0$），则政府采取无补贴策略或仅补贴第三方物流公司的保鲜成本后，电子商务零售商可投资基于“区块链＋大数据”的需求和溯源信息服务。当$c_{eb}<\frac{1}{(1-\eta)}\psi_1+\left(\sqrt{\frac{1+r^B}{1+r^N}}-1\right)c_{pb}$时，则政府采取基于“区块链＋大数据”的需求和溯源信息服务补贴策略后，电子商务零售商可投资基于“区块链＋大数据”的需求和溯源信息服务。

证明：通过比较推论1、4、7和3、6、9中供应链成员的最优收益，可发现：①当$\frac{U}{F}>\sqrt{\frac{1+r^B}{1+r^N}}$时，$\pi^{NG^*}>\pi^{BG^*}$，$\pi^{NF^*}>\pi^{BF^*}$。即当政府采取无补贴或保鲜补贴策略时，在投资模式N下供应链成员的最优收益将大于投资模式B。由$\frac{U}{F}>\sqrt{\frac{1+r^B}{1+r^N}}$可得$c_{eb}<\psi_1+\left(\sqrt{\frac{1+r^B}{1+r^N}}-1\right)c_{pb}$，$\psi_1=(1-\sqrt{(1+r^B)/(1+r^N)})(a+M^B\delta^B+e\theta_0\zeta^B)/[t(1-e)+1]b-(1-\sqrt{(1+r^B)/(1+r^N)})c_d+\sqrt{(1+r^B)/(1+r^N)}c_n-[(1-\sqrt{(1+r^B)/(1+r^N)})c_p+c_n]\varphi$，$\psi_1>0$。此时，相较于仅生产商投资基于“区块链＋大数据”的需求和溯源信息服务的模式，电子商务零售商可考虑投资基于“区块链＋大数据”的需求和溯源信息服务。同样，②当$\frac{V}{L}>\sqrt{\frac{1+r^B}{1+r^N}}$时，$\pi^{NI^*}>\pi^{BI^*}$。即当政府采取基于“区块链＋大数据”的需求和溯源信息服务补贴策略时，投资模式N下供应链成员的最优收益将大于投资模式B下的最优收益。由$\frac{V}{L}>\sqrt{\frac{1+r^B}{1+r^N}}$可得$c_{eb}<\frac{1}{(1-\eta)}\psi_1+\left(\sqrt{\frac{1+r^B}{1+r^N}}-1\right)c_{pb}$，电子商务零售商可考虑投资基于“区块链＋大数据”的需求和溯源信息服务。

性质11

当$c_{lb}<\psi_2+\left(\sqrt{\frac{1+r^N}{1+r^H}}-1\right)(c_{eb}+c_{pb})$时（其中$\psi_2>0$），政府采取无补贴

或仅补贴保鲜成本后，第三方物流公司可考虑投资基于“区块链+大数据”的需求和溯源信息服务。当 $c_{lb}<\frac{1}{(1-\eta)}\psi_2+\left(\sqrt{\frac{1+r^N}{1+r^H}}-1\right)(c_{eb}+c_{pb})$ 时，政府采取基于“区块链+大数据”的需求和溯源信息服务补贴策略后，第三方物流公司可考虑投资基于“区块链+大数据”的需求和溯源信息服务。

证明：通过比较推论 2、5 和 8 中供应链成员的最优收益，可知当$\frac{S}{U}>\sqrt{\frac{1+r^N}{1+r^H}}$时，$\pi^{HG^*}>\pi^{NG^*}$，$\pi^{HF^*}>\pi^{NF^*}$。即当政府采取无补贴或保鲜补贴策略时，投资模式 H 下供应链成员的最优收益大于模式 N 下的最优收益。由$\frac{S}{U}>\sqrt{\frac{1+r^N}{1+r^H}}$可知 $c_{lb}<\psi_2+\left(\sqrt{\frac{1+r^N}{1+r^H}}-1\right)(c_{eb}+c_{pb})$，其中 $\psi_2=(1-\sqrt{(1+r^N)/(1+r^H)})(a+M^H\delta^H+e\theta_0\zeta^H)/[t(1-e)+1]b+\sqrt{(1+r^N)/(1+r^H)}c_d-[(1-\sqrt{(1+r^N)/(1+r^H)})(c_n+c_p)+c_d]\varphi$，且 $\psi_2>0$。此时，相较于投资模式 N，第三方物流公司可考虑投资基于“区块链+大数据”的需求和溯源信息服务。同样，当$\frac{T}{V}>\sqrt{\frac{1+r^N}{1+r^H}}$时，$\pi^{HI^*}>\pi^{NI^*}$。即当政府采取基于“区块链+大数据”的需求和溯源信息服务补贴策略时，投资模式 H 下供应链成员的最优收益将大于投资模式 N 下的最优收益。由$\frac{T}{V}>\sqrt{\frac{1+r^N}{1+r^H}}$可知$c_{lb}<\frac{1}{(1-\eta)}\psi_2+\left(\sqrt{\frac{1+r^N}{1+r^H}}-1\right)(c_{eb}+c_{pb})$，此时，当政府采取基于“区块链+大数据”的需求和溯源信息服务补贴策略时，第三方物流公司可考虑投资基于“区块链+大数据”的需求和溯源信息服务。

由性质 10 和性质 11 可知，当电子商务零售商和第三方物流公司的基于“区块链+大数据”的需求和溯源信息服务投资成本小于一定条件时（称此条件为“有效投资上限”），供应链成员的最优收益将增加。有效投资上限与溯源水平、消费者对新鲜度信息和溯源信息的感知信任水平正相关，但与成本优化系数负相关。政府补贴保鲜成本将不会影响供应链成员的投资上限，但政府补贴基于“区块链+大数据”的需求和溯源信息服务成本将扩大有效投资上限，并且政府对供应链成员的补贴系数 η 越大，有效投资上限越大。

因此，若供应链成员想要实现有效投资，其在投资基于“区块链+大数据”的需求和溯源信息服务后需充分挖掘有效信息，减少不必要的损失，并优化生产、销售以及运输过程，即降低成本优化系数。同时，供应链成员应充分利用溯源信息向消费者传递真实、详细的生产和流通信息，从而提高溯源水平，并实现全链的信息溯源。溯源水平越高，消费者的感知信任水平就越高，从而复购意愿越强。供应链成员的合理投资为其带来更大的收益，提高供应链的整体运作效率。

3.5 数值仿真

前文从理论的角度探讨了在模式 B、N 和 H 下的不同补贴策略，并分析了社会总福利、消费者剩余和最优决策随决策变量的变化。此外，通过比较供应链成员的最优收益可得投资基于“区块链＋大数据”的需求和溯源信息服务的条件。为了进一步说明上述结论的合理性，本节将用数值分析来证明。

基于 Song 等[591]和 Wu 等[37]的研究，参考其参数赋值，又因 $D^i=(a-bp+\delta^i M^i+\zeta^i\theta(e))(1+r^i)>0$，$\delta^B<\delta^N<\delta^H$，$\zeta^B<\zeta^N<\zeta^H$，$M^B<M^N<M^H$，$r^B<r^N<r^H$，设置 $a=50$，$b=3$，$\delta^B=0.9$，$\delta^N=1.3$，$\delta^H=2.3$，$\zeta^B=0.5$，$\zeta^N=0.7$，$\zeta^H=1$，$\theta_0=1$，$e=0.6$，$M^B=0.2$，$M^N=0.4$，$M^H=0.9$，$r^B=0.15$，$r^N=0.2$，$r^H=0.25$，$c_d=3.7$，$c_n=2.5$，$c_{pb}=3.8$，$c_{db}=1.3$，$c_{lb}=2$，$c_p=6$，$\varphi=0.7$，$t=0.2$，$\lambda=1$。通过使用 Matlab，可得图 3-2。

图 3-2 说明在投资模式 B、N 和 H 下，政府采取保鲜补贴策略后，社会总福利和消费者剩余与采取无补贴策略相同，这说明保鲜补贴策略是无效的。由图 3-2（a）可知，当 $b>\sqrt{2}$ 时，政府采取基于“区块链＋大数据”的需求和溯源信息服务补贴策略后的社会总福利将大于无补贴策略，并且社会总福利与政府的补贴系数 η 正相关。此外，在补贴系数 η 不变的情况下，基于“区块链＋大数据”的需求和溯源信息服务的投入成本越低，社会总福利就越大。这说明当价格弹性系数和政府补贴系数满足一定条件时，政府补贴基于“区块链＋大数据”的需求和溯源信息服务成本是有效的。由图 3-2（b）可知，消费者剩余与补贴系数 η 正相关，消费者对新鲜度信息的感知信任水平将影响政府补贴对消费者剩余的提升水平。此外，政府应根据供应

链成员的投资情况灵活调整补贴系数 η。

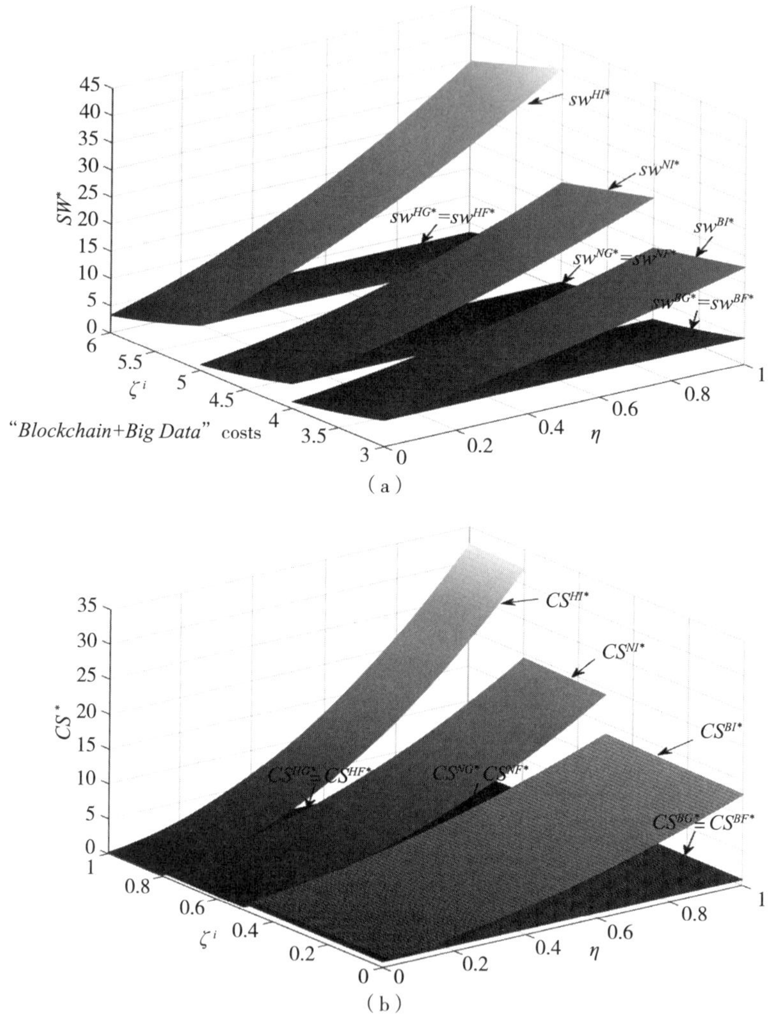

图 3-2　社会总福利和消费者剩余随基于“区块链＋大数据”的需求和溯源信息服务投入成本和补贴系数 η 的变化而变化的趋势

图 3-3 和图 3-4（a）说明在模式 BI 下，供应链成员的最优收益与政府对供应链成员的基于“区块链＋大数据”的需求和溯源信息服务成本补贴系数及复购率正相关，相较于模式 BF 和 BG，生产商和电子商务零售商的最优收益将增加，这与模式 NI 和 HI 相似。然而，在模式 BF 下，仅第三方物流公司的最优收益增加，其他供应链成员的最优收益保持不变，这与模式

NF 和 HF 类似。由图 3-3（a）可知，在三种投资模式下，当补贴系数 η 和 κ 满足一定条件时，政府采取基于“区块链+大数据”的需求和溯源信息服务补贴策略后，第三方物流公司的最优收益将大于采取保鲜补贴策略，否则反之。此外，政府应根据供应链成员的投资方式，制定合理的补贴系数，从而使供应链成员获得更多收益并达到激励的效果。

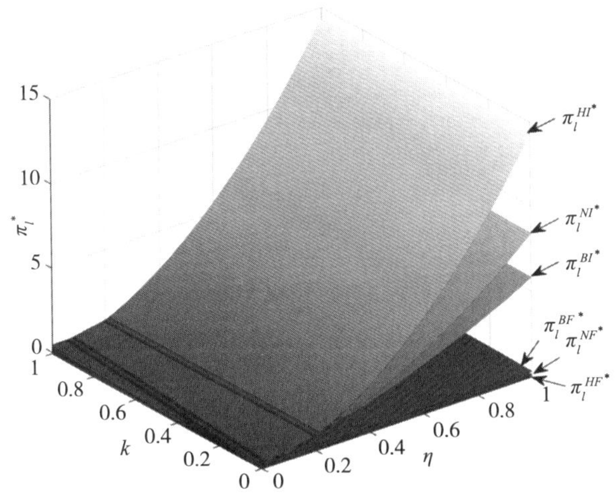

（a）

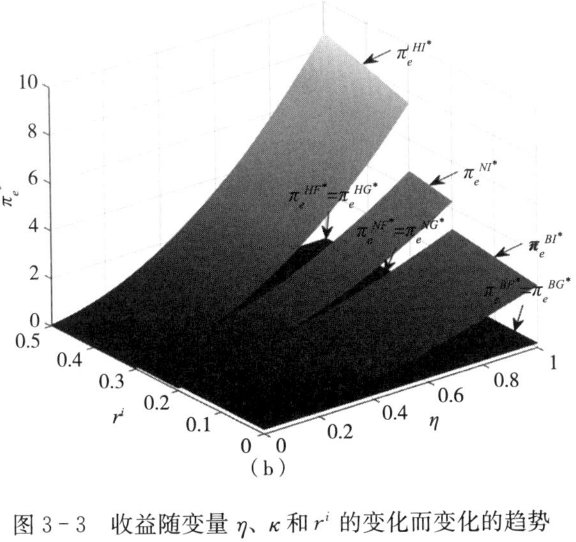

（b）

图 3-3 收益随变量 η、κ 和 r^i 的变化而变化的趋势

图 3-4（b）说明在投资模式 B、N 和 H 下，政府采取保鲜补贴策略后的最优销售价与无补贴策略相同，而政府采取基于“区块链+大数据”的需

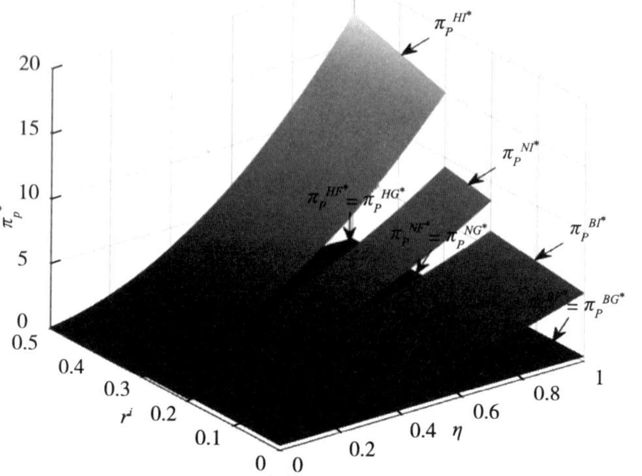

（a）

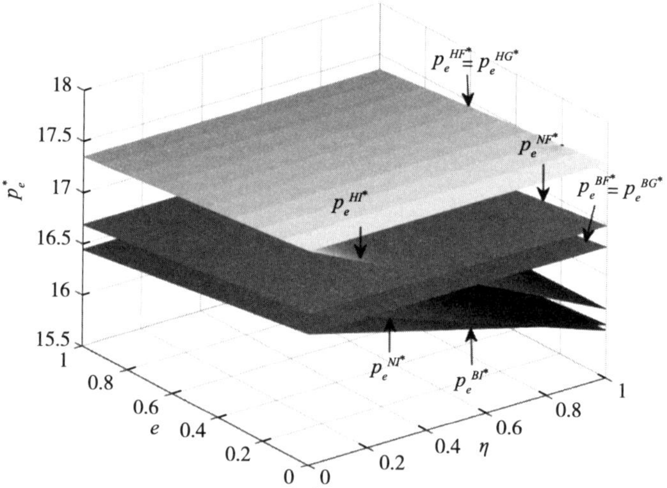

（b）

图 3-4　收益和销售价随 η、e 和 r^i 的变化而变化的趋势

求和溯源信息服务补贴策略后的最优售价将低于采取保鲜补贴策略和无补贴策略，最优售价与政府对供应链成员的基于“区块链+大数据”的需求和溯源信息服务成本补贴系数 η 和保鲜努力负相关。这说明保鲜补贴策略将不会影响销售价，但政府对供应链成员的基于“区块链+大数据”的需求和溯源信息服务成本补贴系数将抑制销售价。补贴系数 η 越大，其对销售价的抑制作用越强。同时，保鲜努力的增加将降低损耗率，这将有效降低最优销售

价。在模式BI、NI和HI下，随着政府对供应链成员的基于“区块链＋大数据”的需求和溯源信息服务成本补贴系数η的变化，最优销售价的变化趋势相同，但变化幅度却不同。在模式HI下，最优销售价的变化幅度最大。此外，当补贴系数η和保鲜努力e满足一定条件时，模式NI下的最优销售价将低于模式BI。

图3-5（b）表明，在投资模式B、N和H下，政府采取保鲜补贴策略后，最优批发价和最优运输价与无补贴策略相同。当供应链成员的基于“区

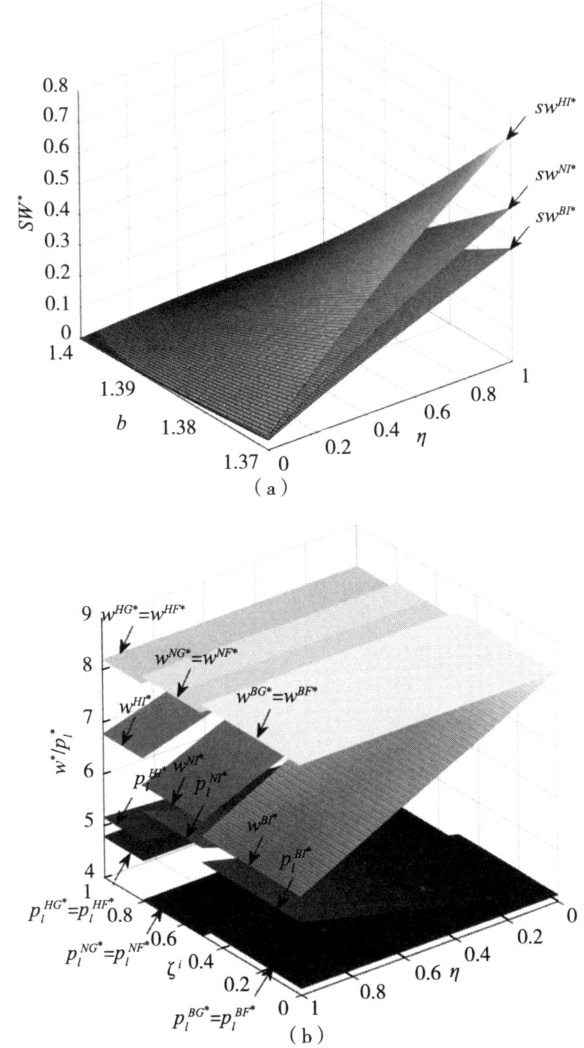

图3-5　社会总福利和价格随η、b和ζ^i的变化而变化的趋势

块链+大数据”的需求和溯源信息服务投资成本满足一定条件时，最优批发价与政府对供应链成员的补贴系数负相关，而最优运输价与之正相关。此外，政府采取基于“区块链+大数据”的需求和溯源信息服务补贴策略后，最优批发价将低于采取保鲜策略和无补贴策略，而最优运输价将高于采取保鲜补贴策略和无补贴策略。特别地，消费者对新鲜度信息的感知信任水平也将影响最优批发价和最优运输价的制定。

在投资模式 B、N 和 H 下，当 $b>\sqrt{2}$ 时，社会总福利将随着政府对供应链成员的基于“区块链+大数据”的需求和溯源信息服务成本补贴系数 η 的增加而增加，政府采取基于“区块链+大数据”的需求和溯源信息服务补贴策略后的社会总福利将大于采取保鲜补贴和无补贴策略。为了进一步说明政府补贴基于“区块链+大数据”的需求和溯源信息服务成本时社会总福利的变化与价格弹性系数相关，接下来将探讨 $0<b<\sqrt{2}$ 的情况。令 $a=21$，$\lambda=0.01$，并取 $0<b<\sqrt{2}$ 中的一段，即 $1.37<b<1.4$ 进行探讨，可得图 3-5（a）。由图 3-5 可知，当 $b=1.4$ 时，随着政府对供应链成员的补贴系数 η 的增加，社会总福利将先增加后减少，即当 $0<b<\sqrt{2}$ 时，政府对供应链成员的补贴系数 η 和价格弹性系数满足一定条件时，社会总福利将随着补贴系数 η 的增加而增加，反之则降低。这表明政府补贴基于“区块链+大数据”的需求和溯源信息服务成本是否有效以及社会总福利随补贴系数 η 的变化均与价格弹性系数有关。

3.6 本章小结

本章考虑基于“区块链+大数据”的需求和溯源信息服务对生鲜农产品关键定价因子的影响，用复购率、消费者对溯源信息和新鲜信息的感知信任水平反映“区块链+大数据”的投入对消费者购买决策和忠诚度的影响，进一步弥补了新背景下生鲜农产品需求函数的研究不足。此外，考虑政府补贴“区块链+大数据”和保鲜努力对生鲜农产品供应链定价机制与企业基于“区块链+大数据”的需求和溯源信息服务的投资决策的影响，构建了在三种投资模式下政府采取不同补贴策略的博弈模型。研究可得在三种投资模式下政府采取不同补贴策略对供应链成员的价格制定、收益、消费者剩余以及社会总福利的影响，并得到在不同补贴策略下生鲜农产品供应链成员投资基于“区块链＋大数据”的需求和溯源信息服务的具体条件。研究结果可为政府部门制定补贴策略和企业投资“区块链＋大数据”提供理论依据。

4　考虑区块链溯源服务系统投入的生鲜供应链补贴策略

4.1　问题描述

企业应用区块链溯源服务系统后，消费者对基于该系统的产品溯源信息的偏好和信任水平对其购买决策有重要影响。然而，鲜有从博弈论视角考虑消费者对产品溯源信息偏好和信任水平的变化，并讨论生鲜供应链的补贴策略。

因此，本章的研究目的是考虑基于区块链的溯源信息的信任水平和消费者对基于区块链的溯源信息的偏好探讨政府的补贴策略。此外，调查得知，政府对基于区块链的溯源服务的补贴策略可划分为变动补贴和固定补贴。因此，根据变动补贴和固定补贴，本章提出了三种补贴模式。然后，选择了由一个生产商、一个区块链溯源服务商和一个零售商组成的生鲜供应链作为研究对象，考虑区块链溯源信息的信任水平和消费者对基于区块链的溯源信息的偏好，提出了新的需求函数。在此基础上，考虑区块链溯源系统的投入、消费者对基于区块链的溯源信息的偏好以及产品新鲜度，构建了三种博弈模型。研究结果可为政府部门制定和实施补贴政策提供一定的理论支持。

4.2　参数和模型描述

4.2.1　变量介绍

本章的参数解释如表 4－1 所示。

表 4-1 变量描述

变量	解　释
a	潜在市场需求
i	关于区块链的不同补贴情况 $i=\{US, S1, S2\}$。US 情况表明供应链中的所有成员均投资区块链技术或基于区块链的溯源服务，政府将不提供补贴。S1 情况表明政府将向区块链技术的开发商和应用商（即生鲜产品生产商和零售商）提供补贴，且当 $\beta c<F$ 时，政府将提供变动补贴。S2 情况表明政府将向区块链技术开发商和应用商（即生鲜产品生产商和零售商）提供补贴，且当 $\beta c>F$ 时，政府将提供固定补贴
β	政府对区块链技术开发商的变动补贴系数，且 $0\leqslant\beta<1$
γ	政府对生产商的补贴系数，且 $0\leqslant\gamma<1$
F	政府对区块链技术开发商的固定补贴系数
$\theta(t)$	新鲜度的衰减函数
t	产品流通时间且 $0\leqslant t\leqslant T$
T	产品生命周期
$\varphi(t)$	有效输出因子函数
c_{rx}	零售商的单位销售成本
c_{px}	生产商的单位销售成本
c_o	生鲜产品的单位生产成本
f_r^i	在情况 i 下零售商的收益
f_p^i	在情况 i 下生产商的收益
f_p^i	在情况 i 下生鲜产品生产商的收益
D^i	在情况 i 下实际市场需求，在本章中等于零售商的订购量
p^i	在情况 i 下生鲜产品的零售价
p_r^i	在情况 i 下基于区块链溯源服务的零售价
w^i	在情况 i 下生鲜产品的批发价

4.2.2 构建需求函数

许多基于区块链溯源服务的研究成果和应用案例表明采用区块链溯源服务将提高产品信息的信任度，进而提升消费者的感知价值。即基于区块链的溯源信息是否可信将影响其购买决策。同时，对于生鲜供应链，消费者对溯源信息的偏好和产品新鲜度也将影响其购买决策。因此，本章假设消费者的需求是价格敏感，并将受到基于区块链的溯源信息的信任水平、消费者对基于区块链的溯源信息的偏好以及产品新鲜度的影响。根据以往研究[37]，本章提出了区块链环境下生鲜产品的市场需求函数。

$$D^i = a - ep^i + \sigma H + \theta(t) \tag{4-1}$$

e 代表价格弹性系数，σ 为消费者对基于区块链溯源信息的偏好，H 为基于区块链的溯源信息的信任水平。基于以往研究[37]，c 为区块链溯源服务提供者的投资成本。

本章选择了由一个生产商、一个区块链溯源服务提供商和一个零售商组成的生鲜供应链为研究对象（图 4-1）。此时，生产商和零售商均希望采用区块链溯源系统，然而这将产生高额成本。区块链溯源服务商研发区块链技术需要投入大量的人力、物力且收益慢、周期长。为激励供应商开发区块链溯源系统，并鼓励零售商和生产商使用基于区块链的追溯系统，政府将向开发区块链溯源系统的供应商、使用区块链溯源系统的生产商和零售商提供补贴。对于政府而言，向区块链溯源服务提供商和用户给予一定补贴将推动农业领域区块链技术的发展，提高农业现代化水平；对于消费者而言，购买真正高品质的产品会获得更多产品价值。政府对基于区块链的溯源服务的补贴存在两种补贴策略，一种是固定补贴策略，另一种是变动补贴策略。即当 $\beta c < F$ 时，政府将对区块链溯源服务提供商和生产商采用变动补贴策略，本章称之为 S1 模式。当 $\beta c > F$ 时，政府将对区块链溯源服务提供商采用固定补贴策略，但其将对生产商采用变动补贴策略，本章称之为 S2 模式。

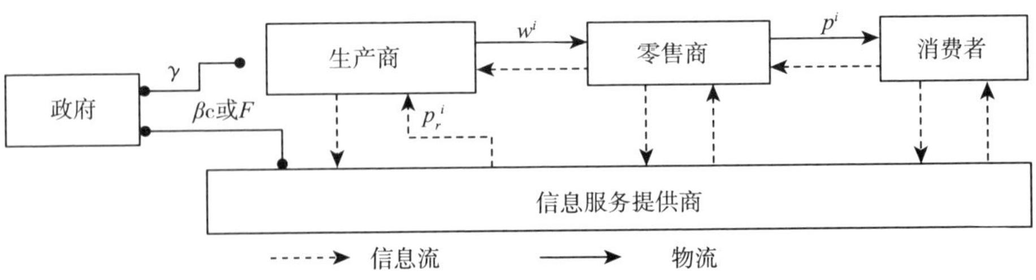

图 4-1　供应链模型

4.2.3　假设

（1）生产商和零售商是风险中性且完全理性的独立群体，其决策目标是自身利益最大化。这两个群体持有相同的信息，零售商与消费者在同一城市或地区，生产商有足够的生产能力。

（2）生鲜产品易腐，无法避免流通环节的损耗。由于运输时间越长，损失越大，若达到生命周期时间 T 将完全损耗，即 $\varphi(1)=1$，$\varphi(T)=0$。零售商想要获得有效的产品数量，则生产商的发货数量为 $D^i/\varphi(t)$。

4.3 补贴政策分析

4.3.1 无补贴模式 US

在无补贴模式下，尽管所有供应链成员均投资了区块链技术或基于区块链的溯源服务，但政府将不提供补贴。因此，本节构建了关于区块链溯源服务提供商、生产商和零售商的收益函数，即公式（4-2）、公式（4-3）和公式（4-4）。

$$f_{pbts}^{US}=(p_r^{US}-c)\frac{D^{US}}{\psi(t)} \tag{4-2}$$

$$f_p^{US}=(w^{US}-p_r^{US}-c_o-c_{px})\frac{D^{US}}{\psi(t)} \tag{4-3}$$

$$f_r^{US}=(p^{US}-w^{US}-c_{rx})D^{US} \tag{4-4}$$

通过将 D^{US} 代入公式（4-4），计算 f_r^{US} 关于 p^{US} 的一阶偏导数并令其等于零，可得 $p^{US}(w^{US})$。然后，将 $p^{US}(w^{US})$ 代入公式（4-3）并计算 f_p^{US} 关于 w^{US} 的一阶偏导数，可得 $w^{US}(p_r^{US})$。最后，将 $w^{US}(p_r^{US})$ 代入公式（4-2）并计算 f_{pbts}^{US} 关于 p_r^{US} 的一阶偏导数，可得 p_r^{US*}。将 p_r^{US*} 代入 $w^{US}(p_r^{US})$ 与 $p^{US}(w^{US})$，可得性质 1。

性质 1

$$p^{US*}=\frac{(7a+7\theta(t)+7\sigma H+ec+ec_o+ec_{px}+ec_{rx})}{8e} \tag{4-5}$$

$$w^{US*}=\frac{(3a+\theta(t)+3\sigma H+ec+ec_o+ec_{px}-3ec_{rx})}{4e} \tag{4-6}$$

$$p_r^{US*}=\frac{(a+\theta(t)+\sigma H+ec-ec_o-ec_{px}-ec_{rx})}{2e} \tag{4-7}$$

$$f_{pbts}^{US*}=\frac{(a-ec-ec_o-ec_{px}-ec_{rx}+\sigma H+\theta(t))^2}{16e\psi(t)} \tag{4-8}$$

$$f_p^{US^*}=\frac{(a-ec-ec_o-ec_{px}-ec_{rx}+\sigma H+\theta(t))^2}{32e\psi(t)} \tag{4-9}$$

$$f_r^{US^*}=\frac{(a-ec-ec_o-ec_{px}-ec_{rx}+\sigma H+\theta(t))^2}{64e} \tag{4-10}$$

4.3.2 补贴模式 S1

S1 模式是当 $\beta c<F$ 时，政府将提供变动补贴策略。因此，本节构建了区块链溯源服务提供商、生产商和零售商的收益函数，即公式（4-11）、公式（4-12）与公式（4-13）。

$$f_{pbts}^{S1}=[p_r^{S1}-(1-\beta)c]\frac{D^{S1}}{\psi(t)} \tag{4-11}$$

$$f_p^{S1}=[w^{S1}-(1-\gamma)p_r^{S1}-c_o-c_{px}]\frac{D^{S1}}{\psi(t)} \tag{4-12}$$

$$f_r^{S1}=(p^{S1}-w^{S1}-c_{rx})D^{S1} \tag{4-13}$$

将 D^{S1} 代入公式（4-13），计算 f_r^{S1} 关于 p^{S1} 的一阶偏导数并令其等于零，可得 $p^{S1}(w^{S1})$。然后，将 $p^{S1}(w^{S1})$ 代入公式（4-12）并计算 f_p^{S1} 关于 w^{S1} 的一阶偏导数，可得 $w^{S1}(p_r^{S1})$。最后，将 $w^{S1}(p_r^{S1})$ 代入公式（4-11）并计算 f_{pbts}^{S1} 关于 p_r^{S1} 的一阶偏导数，可得 $p_r^{S1^*}$。将 $p_r^{S1^*}$ 代入 $w^{S1}(p_r^{S1})$ 和 $p^{S1}(w^{S1})$ 可得性质 2。

性质 2

$$p^{S1^*}=\frac{(7a+7\theta(t)+7\sigma H+ec+ec_o+ec_{px}+ec_{rx}-e\beta c-\gamma ec+\gamma\beta ec)}{8e} \tag{4-14}$$

$$w^{S1^*}=\frac{(3a+3\theta(t)+3\sigma H+ec+ec_o+ec_{px}-3ec_{rx}-\beta ec-\gamma ec+\beta\gamma ec)}{4e} \tag{4-15}$$

$$p_r^{S1^*}=\frac{(a+\theta(t)+\sigma H+ec-ec_o-ec_{px}-ec_{rx})+\psi(t)ec(1-\gamma)(1-\beta)}{2e(1-\gamma)} \tag{4-16}$$

$$f_{pbts}^{S1^*}=\frac{(a-ec-ec_o-ec_{px}-ec_{rx}+\sigma H+\theta(t)+e\beta c+\gamma ec-\gamma\beta ec)^2}{16e\psi(t)(1-\gamma)} \tag{4-17}$$

$$f_p^{S1*}=\frac{[a-ec-ec_o-ec_{px}-ec_{rx}+\sigma H+\theta(t)+e\beta c+\gamma ec-\gamma\beta ec]^2}{32e\psi(t)} \tag{4-18}$$

$$f_r^{S1*}=\frac{[a-ec-ec_o-ec_{px}-ec_{rx}+\sigma H+\theta(t)+e\beta c+\gamma ec-\gamma\beta ec]^2}{64e} \tag{4-19}$$

通过对比 US 模式和 S1 模式下供应链成员的收益，可得结论 1。

结论 1： 当 $\beta>\frac{\sqrt{1-\gamma}A+\gamma ec-A}{ec(1-\gamma)}$ 时，在 S1 模式下供应链利益相关者的收益将高于 US 模式。其中，$A=a-ec-ec_o-ec_{px}-ec_{rx}+\sigma H+\theta(t)$。

证明： 若利益相关者想要在补贴后获得更多的收益，需满足 $f_p^{S1*}>f_p^{US*}$、$f_r^{S1*}>f_r^{US*}$ 与 $f_{pbts}^{S1*}>f_{pbts}^{US*}$，即 $f_{pbts}^{S1*}-f_{pbts}^{US*}>0$、$f_p^{S1*}-f_p^{US*}>0$ 与 $f_r^{S1*}-f_r^{US*}>0$。由于 $f_{pbts}^{S1*}-f_{pbts}^{US*}=\frac{(a-ec-ec_o-ec_{px}-ec_{rx}+\sigma H+\theta(t)+e\beta c+\gamma ec-\gamma\beta ec)^2}{16e\psi(t)(1-\gamma)}-\frac{(a-ec-ec_o-ec_{px}-ec_{rx}+\sigma H+\theta(t))^2}{16e\psi(t)}>0$，可得当 $\beta>\frac{\sqrt{1-\gamma}A+\gamma ec-A}{ec(1-\gamma)}$ 时，$f_{pbts}^{S1*}>f_{pbts}^{US*}$。同时，$f_r^{S1*}-f_r^{US*}=\frac{(a-ec-ec_o-ec_{px}-ec_{rx}+\sigma H+\theta(t)+e\beta c+\gamma ec-\gamma\beta ec)^2}{64e}-\frac{(a-ec-ec_o-ec_{px}-ec_{rx}+\sigma H+\theta(t))^2}{64e}>0$，$f_p^{S1*}-f_p^{US*}=\frac{(a-ec-ec_o-ec_{px}-ec_{rx}+\sigma H+\theta(t)+e\beta c+\gamma ec-\gamma\beta ec)^2}{32e\psi(t)}-\frac{(a-ec-ec_o-ec_{px}-ec_{rx}+\sigma H+\theta(t))^2}{32e\psi(t)}>0$。因此，可得当 $\beta>\frac{\sqrt{1-\gamma}A+\gamma ec-A}{ec(1-\gamma)}$ 时，S1 模式下供应链利益相关者的收益将高于 US 模式。

通过分析自变量（p^{S1*}、w^{S1*}、p_r^{S1*}、f_{pbts}^{S1*}、f_p^{S1*} 与 f_r^{S1*}）和因变量（β 与 γ）之间的关系，可得推论 1。

推论 1：

①$\frac{\partial p^{S1*}}{\partial\beta}=\frac{(\gamma-1)ec}{8e}<0$；$\frac{\partial w^{S1*}}{\partial\beta}=\frac{(\gamma-1)ec}{4e}<0$；$\frac{\partial p_r^{S1}}{\partial\beta}=-\frac{\psi(t)(1-\gamma)ec}{2e(1-\gamma)}<0$；

②$\frac{\partial p^{S1*}}{\partial\gamma}=\frac{(\beta-1)ec}{8e}<0$；$\frac{\partial w^{S1*}}{\partial\gamma}=\frac{(\beta-1)ec}{4e}<0$；

$$\frac{\partial p_r^{S1^*}}{\partial \gamma}=\frac{(a+\theta(t)+\sigma H-ec_o-ec_{px}-ec_{rx})}{2e(1-\gamma)^2}>0;$$

③$\frac{\partial f_{pbts}^{S1^*}}{\partial \gamma}=\frac{B^2+2(1-\beta)(1-\gamma)ecB}{16e\psi(t)(1-\gamma)^2}>0$；$\frac{\partial f_{pbts}^{S1^*}}{\partial \beta}=\frac{cB}{8e\psi(t)}>0$；

④$\frac{\partial f_p^{S1^*}}{\partial \gamma}=\frac{9ec(1-\beta)B}{32e\psi(t)}>0$；$\frac{\partial f_p^{S1^*}}{\partial \beta}=\frac{9ec(1-\gamma)B}{32e\psi(t)}>0$；

⑤$\frac{\partial f_r^{S1^*}}{\partial \gamma}=\frac{ec(1-\beta)B}{32e}>0$；$\frac{\partial f_r^{S1^*}}{\partial \beta}=\frac{ec(1-\beta)B}{32e\psi(t)}>0$。

其中，$B=a-ec-ec_o-ec_{px}-ec_{rx}+\sigma H+\theta(t)+\beta ec+\gamma ec-\beta\gamma ec$。

由推论1中的①可知，随着变动补贴系数β的增加，生鲜产品的零售价、生鲜产品的批发价以及基于区块链的溯源服务的零售价格将下降。这揭示了政府变动补贴将有助于零售商、生产商和溯源服务提供商设定更低的价格。这可能是因为政府补贴将弥补溯源服务提供商的区块链溯源服务开发成本。

由推论1中的②可知，随着生产商补贴系数γ的增加，生鲜产品的零售价、生鲜产品的批发价将下降，而基于区块链的溯源服务的零售价将上升。这可能是因为补贴将补偿生产商投资的基于区块链的追溯服务成本，因此，生产商将制定较低的批发价，零售商将制定较低的零售价。根据公式（4-1）可知零售价的下降将导致市场需求减少，并且在这种情况下，基于区块链的溯源服务提供商将制定较高的基于区块链的溯源服务的零售价。

由推论1中的③、④和⑤可知，随着补贴系数γ和变动补贴系数β的增加，利益相关者的收益将增加。这表明补贴区块链溯源服务提供商和生产商将有助于全体供应链成员获得更多收益，从而推动区块链技术的发展和应用。

4.3.3 补贴模式S2

S2模式是当$\beta c>F$时，政府将提供固定补贴策略。因此，本节构建了区块链溯源服务提供商、生产商与零售商的收益函数，即公式（4-20）、公式（4-21）与公式（4-22）。

$$f_{pbts}^{S2}=(p_r^{S2}-c)\frac{D^{S2}}{\psi(t)}+F \tag{4-20}$$

$$f_p^{S2}=[w^{S2}-(1-\gamma)p_r^{S2}-c_o-c_{px}]\frac{D^{S2}}{\psi(t)} \tag{4-21}$$

$$f_r^{S2}=(p^{S2}-w^{S2}-c_{rx})D^{S2} \tag{4-22}$$

将 D^{S2} 代入公式（4-22），计算 f_r^{S2} 关于 p^{S2} 的一阶偏导数并令其等于零，可得 $p^{S2}(w^{S2})$。然后，将 $p^{S2}(w^{S2})$ 代入公式（4-21），计算 f_p^{S2} 关于 w^{S2} 的一阶偏导数，可得 $w^{S2}(p_r^{S2})$。最后，将 $w^{S2}(p_r^{S2})$ 代入公式（4-20），计算 f_{pbts}^{S2} 关于 p_r^{S2} 的一阶偏导，可得 $p_r^{S2^*}$。将 $p_r^{S2^*}$ 代入 $w^{S2}(p_r^{S2})$ 和 $p^{S2}(w^{S2})$，可得性质 3。

性质 3

$$p^{S2^*}=\frac{(7a+7\theta(t)+7\sigma H+ec+ec_o+ec_{px}+ec_{rx}-\gamma ec)}{8e} \tag{4-23}$$

$$w^{S2^*}=\frac{(3a+3\theta(t)+3\sigma H+ec+ec_o+ec_{px}-3ec_{rx}-\gamma ec)}{4e} \tag{4-24}$$

$$p_r^{S2^*}=\frac{(a+\theta(t)+\sigma H+ec-ec_o-ec_{px}-ec_{rx}-\gamma ec)}{2e(1-\gamma)} \tag{4-25}$$

$$f_{pbts}^{S2^*}=\frac{(a-ec-ec_o-ec_{px}-ec_{rx}+\sigma H+\theta(t)+\gamma ec)^2}{16e\psi(t)(1-\gamma)}+F \tag{4-26}$$

$$f_p^{S2^*}=\frac{(a-ec-ec_o-ec_{px}-ec_{rx}+\sigma H+\theta(t)+\gamma ec)^2}{32e\psi(t)} \tag{4-27}$$

$$f_r^{S2^*}=\frac{(a-ec-ec_o-ec_{px}-ec_{rx}+\sigma H+\theta(t)+\gamma ec)^2}{64e} \tag{4-28}$$

通过比较 US 模式和 S2 模式下供应链成员的收益，可得结论 2。

结论 2：在 S2 模式下供应链利益相关者的收益将高于 US 模式。

证明：若供应链成员想要在获得补贴后收益有所提高，需满足 $f_p^{S2^*}>f_p^{US^*}$，$f_r^{S2^*}>f_r^{US^*}$ 和 $f_{pbts}^{S2^*}>f_{pbts}^{US^*}$，即 $f_{pbts}^{S2^*}-f_{pbts}^{US^*}>0$，$f_p^{S2^*}-f_p^{US^*}>0$ 和 $f_r^{S2^*}-f_r^{US^*}>0$。$f_{pbts}^{S2^*}-f_{pbts}^{US^*}=\frac{(a-ec-ec_o-ec_{px}-ec_{rx}+\sigma H+\theta(t)+\gamma ec)^2}{16e\psi(t)(1-\gamma)}+F-\frac{(a-ec-ec_o-ec_{px}-ec_{rx}+\sigma H+\theta(t))^2}{16e\psi(t)}>0$，则 $f_{pbts}^{S2^*}>f_{pbts}^{US^*}$。$f_r^{S2^*}-f_r^{S1^*}=$

$\frac{(a-ec-ec_o-ec_{px}-ec_{rx}+\sigma H+\theta(t)+\gamma ec)^2}{64e}-\frac{(a-ec-ec_o-ec_{px}-ec_{rx}+\sigma H+\theta(t)+\gamma ec)^2}{64e}=0$，因此

$f_r^{S2^*}=f_r^{S1^*}$。$f_p^{S2^*}-f_p^{S1^*}=\frac{(a-ec-ec_o-ec_{px}-ec_{rx}+\sigma H+\theta(t)+\gamma ec)^2}{32e\psi(t)}-\frac{(a-ec-ec_o-ec_{px}-ec_{rx}+\sigma H+\theta(t)+\gamma ec)^2}{32e\psi(t)}=0$，因此 $f_p^{S2^*}=f_p^{S1^*}$。由此可知，在 S2 模式下利益相关者的收益将高于 US 模式。

通过比较 S1 模式和 S2 模式下供应链成员的收益可得结论 3。

结论 3： 当 $F>\frac{[e\beta c(1-\gamma)]^2-2[e\beta c(1-\gamma)](a-ec-ec_o-ec_{px}-ec_{rx}+\sigma H+\theta(t)+\gamma ec)}{16e\psi(t)(1-\gamma)}$ 时，在 S2 模式下供应链利益相关者的收益将高于 S1 模式。反之，S1 模式下供应链利益相关者的收益将高于 S2 模式。

证明： 若利益相关者想要在获得补贴后得到更多收益，需满足 $f_p^{S2^*}>f_p^{S1^*}$，$f_r^{S2^*}>f_r^{S1^*}$，$f_{pbts}^{S2^*}>f_{pbts}^{S1^*}$，即 $f_{pbts}^{S2^*}-f_{pbts}^{S1^*}>0$，$f_p^{S2^*}-f_p^{S1^*}>0$，$f_r^{S2^*}-f_r^{S1^*}>0$。$f_{pbts}^{S2^*}-f_{pbts}^{S1^*}=\frac{(a-ec-ec_o-ec_{px}-ec_{rx}+\sigma H+\theta(t)+\gamma ec)^2}{16e\psi(t)(1-\gamma)}+F-\frac{(a-ec-ec_o-ec_{px}-ec_{rx}+\sigma H+\theta(t)+e\beta c+\gamma ec-\gamma\beta ec)^2}{16e\psi(t)(1-\gamma)}$，可得当 $F>\frac{[e\beta c(1-\gamma)]^2-2[e\beta c(1-\gamma)](a-ec-ec_o-ec_{px}-ec_{rx}+\sigma H+\theta(t)+\gamma ec)}{16e\psi(t)(1-\gamma)}$ 时，$f_{pbts}^{S2^*}>f_{pbts}^{S1^*}$，否则，$f_{pbts}^{S2^*}<f_{pbts}^{S1^*}$。$f_r^{S2^*}-f_r^{S1^*}=\frac{(a-ec-ec_o-ec_{px}-ec_{rx}+\sigma H+\theta(t)+\gamma ec)^2}{64e}-\frac{(a-ec-ec_o-ec_{px}-ec_{rx}+\sigma H+\theta(t)+e\beta c+\gamma ec-\gamma\beta ec)^2}{64e}<0$，$f_r^{S2^*}<f_r^{S1^*}$。$f_p^{S2^*}-f_p^{S1^*}=\frac{(a-ec-ec_o-ec_{px}-ec_{rx}+\sigma H+\theta(t)+\gamma ec)^2}{32e\psi(t)}-\frac{(a-ec-ec_o-ec_{px}-ec_{rx}+\sigma H+\theta(t)+e\beta c+\gamma ec-\gamma\beta ec)^2}{32e\psi(t)}<0$，$f_p^{S2^*}<f_p^{S1^*}$。因此，可得当 $F>\frac{[e\beta c(1-\gamma)]^2-2[e\beta c(1-\gamma)](a-ec-ec_o-ec_{px}-ec_{rx}+\sigma H+\theta(t)+\gamma ec)}{16e\psi(t)(1-\gamma)}$ 时，S2 模式下利益相关者的收益将高于 S1 模式下的收益，否则，S1 模式下利益相关者的收益将高于 S2 模式下的收益。

通过分析自变量（p^{S2^*}，w^{S2^*}，$p_r^{S2^*}$，$f_{pbts}^{S2^*}$，$f_p^{S2^*}$ 和 $f_r^{S2^*}$）和因变量

（β 和 γ）之间的关系，可得推论 2。

推论 2：

① $\frac{\partial p^{S2^*}}{\partial F}=0$；$\frac{\partial w^{S1^*}}{\partial F}=0$；$\frac{\partial p_r^{S1}}{\partial F}=0$；

② $\frac{\partial p^{S2^*}}{\partial \gamma}=\frac{-c}{8}<0$；$\frac{\partial w^{S2^*}}{\partial \gamma}=\frac{-c}{4}<0$；$\frac{\partial p_r^{S2^*}}{\partial \gamma}=\frac{cC}{64}>0$；

③ $\frac{\partial f_{pbts}^{S2^*}}{\partial \gamma}=\frac{C^2+2ecC(1-\gamma)}{16e\psi(t)(1-\gamma)^2}>0$；$\frac{\partial f_{pbts}^{S2^*}}{\partial F}=1>0$；

④ $\frac{\partial f_p^{S2^*}}{\partial \gamma}=\frac{cC}{16\psi(t)}>0$；$\frac{\partial f_p^{S2^*}}{\partial F}=0$；

⑤ $\frac{\partial f_r^{S2^*}}{\partial \gamma}=\frac{cC}{32e}>0$；$\frac{\partial f_r^{S2^*}}{\partial F}=0$。

其中，$C=a+\theta(t)+\sigma H-ec-ec_o-ec_{px}-ec_{rx}+\gamma ec$。

由推论 2 中的①可知，随着固定补贴值 F 的增加，生鲜产品的零售价、生鲜产品的批发价和基于区块链的溯源服务的零售价将不变。这表明政府的固定补贴不会使零售商、生产商和溯源服务提供商设定更低的价格。

由推论 2 中的②可知，随着生产商补贴系数 γ 的增加，生鲜产品的零售价、生鲜产品的批发价将下降，而基于区块链的溯源服务的零售价将上升。这可能是因为补贴将弥补生产商的区块链溯源服务投资成本。因此，生产商将制定较低的批发价，零售商制定较低的零售价。根据公式（4-1）可知零售价的下降将导致市场需求减少，并且在这种情况下，区块链溯源服务提供商可能制定更高的区块链溯源服务零售价。

通过对比推论 1 中的②可知，在 S1 和 S2 模式下，随着补贴系数 γ 的增加，最优价格（即生鲜产品零售价、生鲜产品批发价和区块链溯源服务零售价）的变化趋势将不会改变，但变化幅度将发生变化。

由推论 2 中的③、④和⑤可知，随着生产商补贴系数 γ 的增加，利益相关者的收益将增加。这表明向生产商提供补贴将有助于整个供应链成员获得更多收益，从而推动区块链技术的发展和应用。然而，随着固定补贴值 F 的增加，区块链溯源服务提供商的收益将增加，而生产商和零售商的利益将不受影响。这说明向区块链溯源服务提供商提供固定补贴策略将不会使整个供应链成员获得更多收益。

4.4 数值仿真

为证明所提出结论和推论的有效性，本章将应用一个实际例子进行仿真分析。根据以往研究，选择了一家来自中国山东的樱桃企业。通过收集信息，樱桃的单位生产成本 c_0 为每吨 8 000 元。设置市场需求 $a=100$ 吨，运输时间 $t=4$ 天。樱桃的生命周期为 T，且 $\varphi(t)=1-\lambda(t)=2-e_1^{\frac{\ln 2}{T}t}$，其中，$\lambda(t)=e_1^{\frac{\ln 2}{T}t}-1$。根据《京东区块链开放平台数字化报告（2020）》，设置 $e=1$，$c_{px}=1.1$，$c_{rx}=1.2$，$c=0.5$，$H=1$，$\sigma=0.7$。基于结论 1 的证明过程，可得图 4－2。

在图 4－2 中，基于以上参数值，可得当 $\gamma=0$、$\beta=0$ 时，$f_{pbts}^{S1^*}-f_{pbts}^{US^*}=6.116\,9>0$。因此，参数设置能够满足 $\beta>\frac{\sqrt{1-\gamma}A+\gamma ec-A}{ec(1-\gamma)}$。由图 4－2 可知，随着生产商补贴系数 γ 的增加，在 US 和 S1 模式下供应链成员的收益差将增加；随着变动补贴系数 β 的增加，在 US 和 S1 模式下供应链成员的收益差将增加。然而，随着生产商补贴系数 γ 的增加，收益差的变化幅度将大于其随着变动补贴系数 β 的增加而变化的幅度。同时，在 US 和 S1 模式下，供应链成员的收益差将大于零。由此可得，当 $\beta>\frac{\sqrt{1-\gamma}A+\gamma ec-A}{ec(1-\gamma)}$

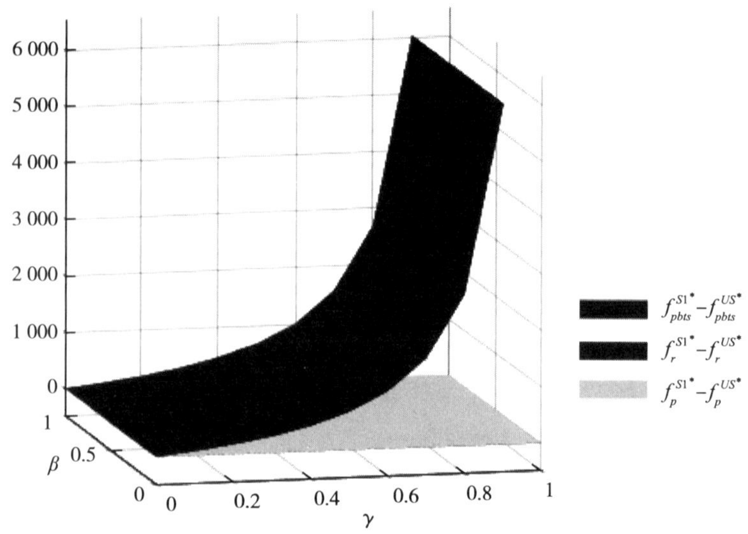

图 4－2 在模式 US 和 S1 下利益相关者的收益差随着 γ 和 β 变化而变化的趋势

时，在 S1 模式下供应链利益相关者的收益将高于 US 模式。

由图 4－3 可得自变量（p^{S1^*}，w^{S1^*}，$p_r^{S1^*}$，$f_{pbts}^{S1^*}$，$f_p^{S1^*}$ 和 $f_r^{S1^*}$）与因变量 β 之间的关系。随着变动补贴系数 β 的增加，生鲜产品的零售价、生鲜产品的批发价以及基于区块链的溯源服务的零售价将下降，表明政府变动补贴将允许零售商、生产商和溯源服务提供商设定更低的价格。这可能是因为政府补贴将补偿区块链溯源服务提供商的开发成本。

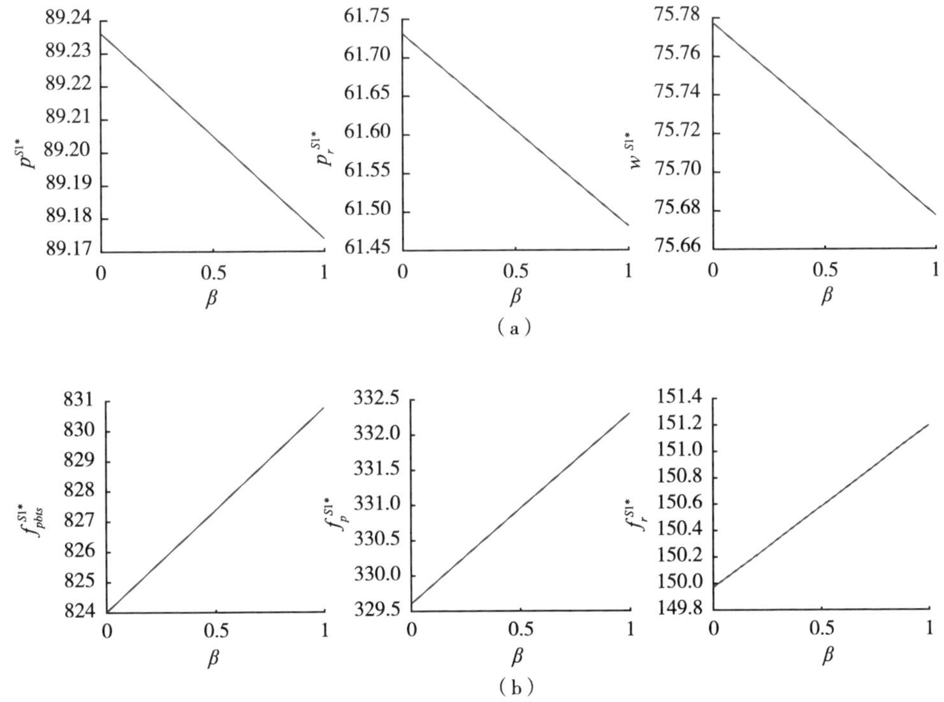

图 4－3　自变量（p^{S1^*}，w^{S1^*}，$p_r^{S1^*}$，$f_{pbts}^{S1^*}$，$f_p^{S1^*}$ 和 $f_r^{S1^*}$）与因变量 β 的关系

随着变动补贴系数的增加，利益相关者的收益也将增加。这表明补贴区块链溯源服务提供商和生产商将有助于整个供应链成员获得更多收益，从而推动区块链技术的发展和应用。

由表 4－2 可知，随着生产商补贴系数 γ 的增加，在 US 和 S2 模式下供应链成员的收益差将增加。同时，在 US 和 S2 模式下供应链成员的收益差大于 0。因此，在 S2 模式下供应链利益相关者的收益将高于 US 模式。

表 4-2 因变量（f_{pbts}^{S2*}，f_p^{S2*}，f_r^{S2*}，f_{pbts}^{US*}，f_p^{US*} 和 f_r^{US*}）和自变量 γ 的关系

	f_{pbts}^{S2*}	f_p^{S2*}	f_r^{S2*}	f_{pbts}^{US*}	f_p^{US*}	f_r^{US*}
γ=0.1	931.709 9	329.269 5	149.817 6	657.866 5	328.933 3	149.664 6
γ=0.2	1.02E+03	329.605 8	149.970 6	657.866 5	328.933 3	149.664 6
γ=0.3	1.14E+03	329.942 3	150.123 8	657.866 5	328.933 3	149.664 6
γ=0.4	1.30E+03	330.279	150.277	657.866 5	328.933 3	149.664 6
γ=0.5	1.52E+03	330.615 9	150.430 2	657.866 5	328.933 3	149.664 6
γ=0.6	1.85E+03	330.952 9	150.583 6	657.866 5	328.933 3	149.664 6
γ=0.7	2.41E+03	331.290 1	150.737	657.866 5	328.933 3	149.664 6
γ=0.8	3.52E+03	331.627 5	150.890 5	657.866 5	328.933 3	149.664 6
γ=0.9	6.84E+03	331.965 1	151.044 1	657.866 5	328.933 3	149.664 6
γ=0.99	6.67E+04	332.269	151.182 4	657.866 5	328.933 3	149.664 6

由图 4-4 可知，在实际案例中，不论 γ 和 β 的值是什么，F 均小于零。即在 S1 模式下供应链利益相关者的收益将高于 S2 模式。

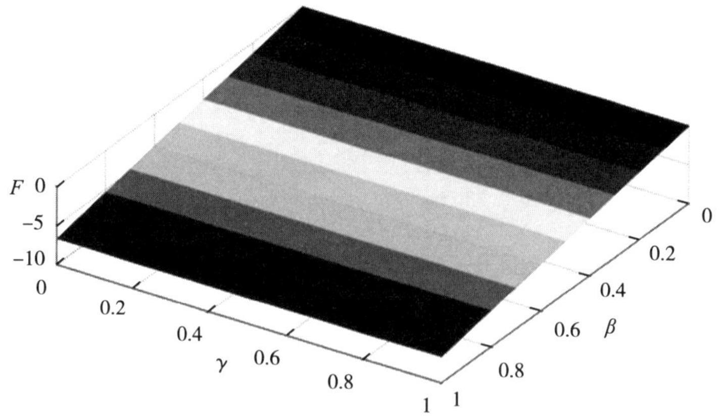

图 4-4 γ、β 和 F 的关系

由图 4-5 可知自变量（p^{S2*}，w^{S2*}，p_r^{S2*}，f_{pbts}^{S2*}，f_p^{S2*} 和 f_r^{S2*}）和因变量 γ 之间的关系。随着生产商补贴系数 γ 的增加，生鲜产品的零售价和生鲜产品的批发价将下降，而基于区块链的溯源服务的零售价将上升。这可能是因为补贴将补偿生产商的区块链溯源服务投资成本。因此，生产商可制定较低的批发价，零售商亦可制定较低的零售价。根据公式（4-1）可知零售价的下降将导致市场需求减少，在这种情况下，区块链溯源服务提供商可能

设定较高的溯源服务零售价。

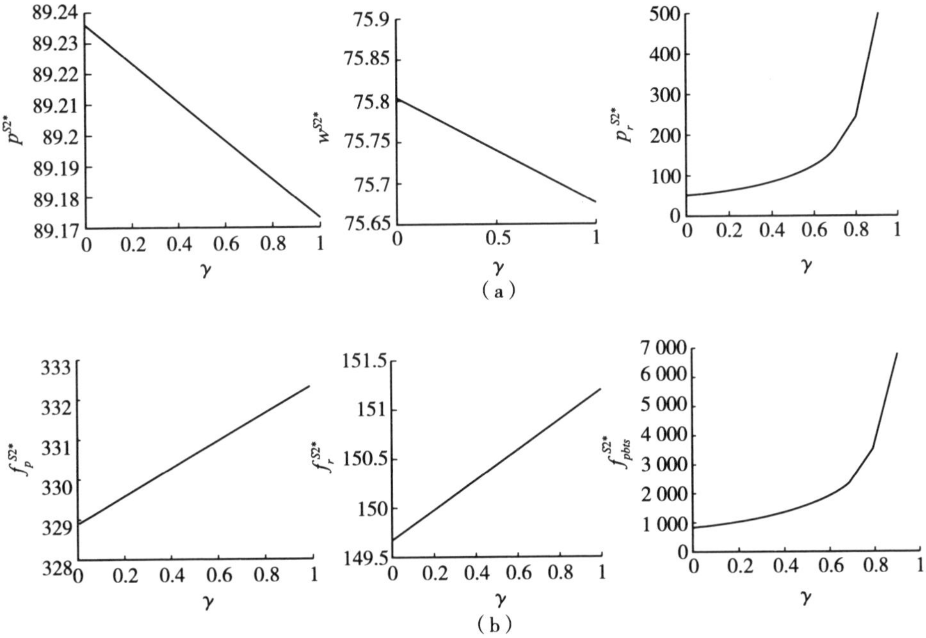

图 4-5　自变量（p^{S2*}，w^{S2*}，p_r^{S2*}，f_{pbts}^{S2*}，f_p^{S2*}，f_r^{S2*}）与因变量 γ 的关系

根据图 4-6 可知，随着固定补贴值 F 的增加，区块链溯源服务提供商的收益将增加，而生产商和零售商的收益不受影响，这说明向区块链溯源服

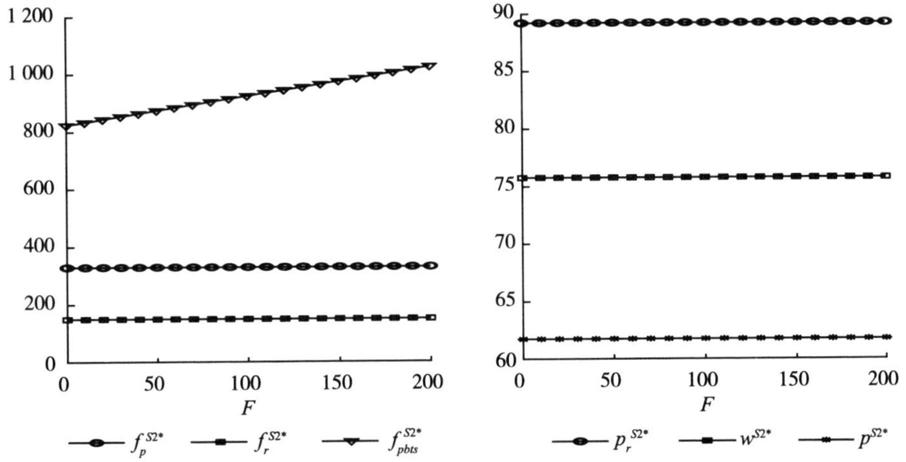

图 4-6　自变量（p^{S2*}，w^{S2*}，p_r^{S2*}，f_{pbts}^{S2*}，f_p^{S2*}，f_r^{S2*}）与因变量 F 的关系

务提供商提供固定补贴策略不会使整个供应链成员获得更多收益。在增加固定补贴值后生鲜产品的零售价、生鲜产品的批发价和基于区块链的溯源服务的零售价将保持不变，表明政府的固定补贴不会使零售商、生产商和溯源服务提供商设定更低的价格。

4.5 本章小结

为研究区块链应用背景下生鲜供应链补贴策略，本章总结了两种政府补贴策略，即变动补贴策略和固定补贴策略。此外，强调用基于区块链的溯源信息的信任水平和消费者对基于区块链的溯源信息的偏好反映新背景下基于区块链的溯源信息对市场需求的影响，并提出了新需求函数。考虑采用区块链后需求函数的变化，本章选取了由一个生产商、一个区块链溯源服务提供商和一个零售商组成的生鲜供应链作为研究对象，构建了三种博弈模型。研究结果表明变动补贴将有助于零售商、生产商与溯源服务提供商制定较低的价格。同时，向区块链溯源服务提供商和生产商提供变动补贴将有助于全部供应链成员获得更多收益。

5 考虑大数据和区块链应用的农产品供应链补贴和定价策略

5.1 问题描述

大数据和区块链的融合应用在实现基于产品生命周期的信息追溯和监管方面有巨大优势，但由于投资成本和收益之间的矛盾，其在农产品供应链领域的应用并不广泛。新冠疫情期间随着在越来越多冷冻产品的外包装中检测出 COVID-19 病毒，基于区块链的溯源受到企业和政府的高度重视和关注。然而，面对技术投资的高额成本支出，企业需要政府出台相关政策予以激励。此外，区块链和大数据的融合研发对于传统的农产品生产商或零售商而言是巨大的挑战。因此，多数企业选择向专业的信息技术公司购买基于大数据和区块链的信息服务（以下简称“BBIS”）。对于政府来说，实施激励政策也将有助于其更好地监督产品，因此我国政府出台了关于区块链开发应用补贴政策。在这一情景下，供应链成员关心政府有多少种补贴模式，哪一种模式最佳以及在不同的补贴模式下如何定价才能获得更多收益。这些问题的核心是探讨考虑 BBIS 应用的农产品供应链补贴和定价策略。

尽管大数据和区块链在农产品供应链中的应用备受学者关注，但大多研究集中在技术整合与突破、概念界定与划分等方面[29,55]，基于博弈论考虑新环境下需求函数与质量的变化，探讨农产品供应链补贴和定价策略的研究较少。

因此，本章的研究目的是考虑新背景下消费者感知产品质量安全和需求函数的变化，探讨农产品供应链的补贴和定价策略。为此，基于以往研究[593]，本章聚焦于政府激励并将其划分为直接补贴和间接补贴。此外，采用感知农产品质量安全反映新环境下可追溯性对农产品质量安全的影响。考虑采用 BBIS 引起的需求函数变化，选择由一个供应商和一个零售商组成的农产品供应链为研究对象，构建三种博弈模型。

5.2 参数和模型描述

5.2.1 参数描述

μ 为零售价折扣系数。

p^i 表示在不同补贴模式下的零售价，其中，$i=\{NI, WID, WII\}$。NI 模式表示农产品供应链成员将投资 BBIS 且政府不提供任何补贴；WID 模式表示农产品供应链成员将投资 BBIS 且政府提供直接补贴；WII 模型表示农产品供应链成员将投资 BBIS 且政府提供间接补贴。

λ^i 为在不同补贴模式下感知质量安全失效率。

q 为产品质量安全。

$C(q)$ 为产品质量的单位成本，$C(q)=zq^2/2$ 且 $z>0$，z 为质量成本弹性系数。

w^i 为在不同模式下的批发价。

c_p 为生产商的生产成本。

c_r 为零售商的销售成本。

ϑ 为因采用 BBIS 的成本优化系数。根据 Liu 等[3]的研究，BBIS 的融合应用与企业的内部信息有助于优化生产和销售成本。因此，本章假设 ϑ 为成本优化系数。

γ 为供应链成员承担的成本系数，本章称其为成本折扣系数。

c_{op} 和 c_{or} 分别表示生产商和零售商的 BBIS 成本。

5.2.2 模型描述

基于大数据和区块链的需求预测会更加精确。在本章中假设市场总需求为 1。市场需求将受零售价和产品质量的影响。在传统环境中，市场需求与零售价负相关，与产品质量正相关。但是，在大数据和区块链的融合应用环境中，质量信息的不可靠性能更好地表达市场需求和产品质量之间的关系。

事实上，这与以往 Liu 等[594,595]的研究类似。基于 Liu 等[3]的研究，可得公式（5-1）。

$$D^i = 1 - \mu^x p^i - \lambda^i q \tag{5-1}$$

在该公式中，D^i 表示不同补贴模式下的市场需求。其中，$i=\{NI, WID, WII\}$。当 $i=\{NI, WID\}$ 时，$x=0$，否则，$x=1$。

5.2.3 研究假设

（1）生产商仅提供单一农产品并垄断销售。此外，生产商具有足够的生产能力。供应链成员是风险中性且完全理性的。

（2）目标消费者十分关注产品质量，换句话说，买家偏爱质优价廉的产品。

（3）为更好地满足市场需求并提高产品质量的可靠性，生产商应及时、精准地了解需求信息，因此，生产商将采用 BBIS。为了更好地实施订货决策，提高产品质量的可靠性，零售商也应掌握需求信息，因此，零售商将采用 BBIS。

5.3 不同补贴模式下的补贴规则和定价策略

5.3.1 无补贴模式

在探讨不同补贴模式下的补贴规则和定价策略之前应了解投资阈值，本节将探讨无补贴情况下的供应链成员收益。

农产品供应链成员不投资 BBIS 且政府不提供任何补贴的模式称之为 NN 模式。在该模式下，生产商作为决策领导者将制定农产品批发价。基于批发价，零售商将制定农产品的零售价。零售商和农产品生产商的收益函数分别为公式（5-2）和（5-3）。

$$\pi_p^{NN} = (w^{NN} - c_p) D^{NN} \tag{5-2}$$

$$\pi_r^{NN} = (p^{NN} - w^{NN} - c_r) D^{NN} \tag{5-3}$$

基于逆向归纳法与公式（5-3），可得 $p^{NN}(w^{NN})$。然后，将 $p^{NN}(w^{NN})$ 代入公式（5-2），可得最优批发价 w^{NN*}。根据 w^{NN*}，可得最优零售价 p^{NN*}。将 w^{NN*} 和 p^{NN*} 代入公式（5-2）和（5-3），可得供应链成员的最

优收益和推论 1。

推论 1：供应链成员的最优价格和收益表示为（$\pi_p^{NN^*}$，$\pi_r^{NN^*}$，w^{NN^*}，p^{NN^*}），（$\pi_p^{NN^*}$，$\pi_r^{NN^*}$，w^{NN^*}，p^{NN^*}）$=\{(1-\lambda^{NN}q-c_r-c_p)^2/8-zq^2/2$，$(1-\lambda^{NN}q-c_r-c_p)^2/16$，$(1+c_p-c_r-\lambda^{NN}q)/2$，$(3+c_p+c_r-3\lambda^{NN}q)/4\}$。

农产品供应链成员投资 BBIS，但政府不提供任何激励供应链成员采用新技术的补贴政策的模式称为 NI 模式。在这种情况下，生产商作为决策领导者将制定农产品的批发价。基于已制定的批发价，零售商将制定农产品的零售价。零售商和农产品生产商的收益函数分别为公式（5－4）和（5－5）。

$$\pi_p^{NI}=(w^{NI}-\vartheta c_p-c_{op})D^{NI}-zq^2/2 \qquad (5-4)$$

$$\pi_r^{NI}=(p^{NI}-w^{NI}-\vartheta c_r-c_{or})D^{NI} \qquad (5-5)$$

基于逆向归纳法和公式（5－5），可得 $p^{NI}(w^{NI})$。然后，将 $p^{NI}(w^{NI})$ 代入公式（5－4），可得最优批发价 w^{NI^*}。根据 w^{NI^*}，可得最优零售价 p^{NI^*}。将 w^{NI^*} 和 p^{NI^*} 代入公式（5－4）和（5－5），可得供应链成员的最优收益和推论 2。

推论 2：供应链成员的最优价格和收益表示为（$\pi_p^{NI^*}$，$\pi_r^{NI^*}$，w^{NI^*}，p^{NI^*}），（$\pi_p^{NI^*}$，$\pi_r^{NI^*}$，w^{NI^*}，p^{NI^*}）$=\{(1-\lambda^{NI}q-\vartheta c_r-\vartheta c_p-c_{or}-c_{op})^2/8-zq^2/2$，$(1-\lambda^{NI}q-\vartheta c_r-\vartheta c_p-c_{or}-c_{op})^2/16$，$(1+\vartheta c_p-\vartheta c_r-\lambda^{NI}q+c_{op}-c_{or})/2$，$(3+\vartheta c_p+\vartheta c_r+c_{op}+c_{or}-3\lambda^{NI}q)/4\}$。

通过对比推论 1 和推论 2 可得，若供应链成员想在采用大数据和区块链后获得更多收益，则应满足 $\pi_p^{NI^*}\geqslant\pi_p^{NN^*}$ 和 $\pi_r^{NI^*}\geqslant\pi_r^{NN^*}$，即 $\pi_p^{NI^*}-\pi_p^{NN^*}\geqslant 0$ 和 $\pi_r^{NI^*}-\pi_r^{NN^*}\geqslant 0$。基于此，可得公式（5－6）。

$$c_{op}+c_{or}\leqslant(1-\vartheta)(c_r+c_p)+(\lambda^{NN}-\lambda^{NI})q \qquad (5-6)$$

这表明 BBIS 的投资成本与成本优化系数 ϑ 负相关，与感知质量安全失效率 $\lambda^{NN}-\lambda^{NI}$ 正相关。换句话说，若供应链成员想获得关于大数据和区块链较高的投资阈值，其应降低成本优化系数 ϑ 与感知质量安全失效率 λ^{NI}。

5.3.2 WID 模式

在 WID 模式下，农产品供应链成员将投资 BBIS，同时，政府将提供直接补贴鼓励生产商和零售商采用这些新技术。假设在获得直接补贴后零售商和生产商的 BBIS 成本分别为 γc_{or} 和 γc_{op}。其中，γ 为供应链成员承担的成本系数，本章称之为成本折扣系数，且直接补贴率 $\gamma'=1-\gamma$。作为决策领导者的生产商将制定农产品的批发价，基于此批发价，零售商将制定农产品的零售价。零售商和农产品生产商的收益函数分别为公式（5-7）和（5-8）。

$$\pi_p^{WID}=(w^{WID}-\vartheta c_p-\gamma c_{op})D^{WID}-zq^2/2 \qquad (5-7)$$

$$\pi_r^{WID}=(p^{WID}-w^{WID}-\vartheta c_r-\gamma c_{or})D^{WID} \qquad (5-8)$$

基于逆向归纳法和公式（5-8），可得 $p^{WID}(w^{WID})$。然后，将 $p^{WID}(w^{WID})$ 代入公式（5-7），得到最优批发价 w^{WID^*}。根据 w^{WID^*}，可得最优零售价 p^{WID^*}。将 w^{WID^*} 和 p^{WID^*} 代入公式（5-7）和（5-8），可得供应链成员的最优收益和推论 3。

推论 3：供应链成员的最优价格和收益表示为（$\pi_p^{WID^*}$，$\pi_r^{WID^*}$，w^{WID^*}，p^{WID^*}），（$\pi_p^{WID^*}$，$\pi_r^{WID^*}$，w^{WID^*}，p^{WID^*}）$=[(1-\lambda^{WID}q-\vartheta c_r-\vartheta c_p-\gamma c_{or}-\gamma c_{op})^2/8-zq^2/2$，$(1-\lambda^{WID}q-\vartheta c_r-\vartheta c_p-\gamma c_{or}-\gamma c_{op})^2/16$，$(1+\vartheta c_p-\vartheta c_r-\lambda^{WID}q+\gamma c_{op}-\gamma c_{or})/2$，$(3+\vartheta c_p+\vartheta c_r+\gamma c_{op}+\gamma c_{or}-3\lambda^{WID}q)/4]$。

基于推论 3，通过求（w^{WID^*}，p^{WID^*}，$\pi_r^{WID^*}$ 和 $\pi_p^{WID^*}$）关于（ϑ，c_{or}，c_{op}，λ^{WID}，q，μ）的一阶偏导，可得性质 1。

性质 1

① $\dfrac{\partial\pi_r^{WID}}{\partial\vartheta}=\dfrac{(c_p+c_r)M}{8}<0$；$\dfrac{\partial\pi_p^{WID}}{\partial\vartheta}=\dfrac{(c_p+c_r)M}{4}<0$；

$\dfrac{\partial p^{WID}}{\partial\vartheta}=\dfrac{c_p+c_r}{4}>0$；$\dfrac{\partial w^{WID}}{\partial\vartheta}=\dfrac{c_p-c_r}{2}$；

② $\dfrac{\partial\pi_r^{WID}}{\partial c_{or}}=\dfrac{\gamma M}{8}<0$；$\dfrac{\partial\pi_p^{WID}}{\partial c_{or}}=\dfrac{\gamma M}{4}<0$；$\dfrac{\partial p^{WID}}{\partial c_{or}}=\dfrac{\gamma}{4}>0$；$\dfrac{\partial w^{WID}}{\partial c_{or}}=-\dfrac{\gamma}{2}<0$；

③ $\dfrac{\partial\pi_r^{WID}}{\partial c_{op}}=\dfrac{\gamma M}{4}<0$；$\dfrac{\partial\pi_p^{WID}}{\partial c_{op}}=\dfrac{\gamma M}{4}<0$；$\dfrac{\partial p^{WID}}{\partial c_{op}}=\dfrac{\gamma}{4}>0$；$\dfrac{\partial w^{WID}}{\partial c_{op}}=\dfrac{\gamma}{2}>0$；

④ $\dfrac{\partial\pi_r^{WID}}{\partial\lambda^{WID}}=\dfrac{qM}{8}<0$；$\dfrac{\partial\pi_p^{WID}}{\partial\lambda^{WID}}=\dfrac{qM}{4}<0$；$\dfrac{\partial p^{WID}}{\partial\lambda^{WID}}=-\dfrac{3q}{4}<0$；$\dfrac{\partial w^{WID}}{\partial\lambda^{WID}}=-\dfrac{q}{2}<0$；

⑤ $\dfrac{\partial\pi_r^{WID}}{\partial q}=\dfrac{\lambda^{WID}M}{8}<0$；$\dfrac{\partial\pi_p^{WID}}{\partial q}=\dfrac{\lambda^{WID}M}{4}<0$；$\dfrac{\partial p^{WID}}{\partial q}=-\dfrac{3\lambda^{WID}}{4}<0$；

$\dfrac{\partial w^{WID}}{\partial q}=-\dfrac{\lambda^{WID}}{2}<0$；

⑥$\frac{\partial \pi_r^{WID}}{\partial \gamma}=\frac{(c_{op}+c_{or})\ M}{8}<0$；$\frac{\partial \pi_p^{WID}}{\partial \gamma}=\frac{(c_{op}+c_{or})M}{4}<0$；

$\frac{\partial p^{WID}}{\partial \gamma}=\frac{c_{op}+c_{or}}{4}>0$；$\frac{\partial w^{WID}}{\partial \gamma}=\frac{c_{op}-c_{or}}{2}$。

其中，$M=\vartheta c_p+\vartheta c_r+\lambda^{WID}q+\gamma c_{op}+\gamma c_{or}-1<0$。

根据性质1中的①可知，随着BBIS优化系数的增加，最优零售价将增加，最优批发价的变化趋势与c_p-c_r的值相关。即当$c_p>c_r$时，随着BBIS优化系数的增加，最优批发价将提高，反之则降低。然而，随着BBIS优化系数ϑ的增加，农产品生产商和零售商的收益将减少。这可能是因为零售价的提高使市场需求降低，从而导致供应链成员的最优收益降低。同时，随着BBIS优化系数ϑ的变化，生产商的收益将比零售商的收益更敏感。

根据性质1中的②和③可知，随着生产商和零售商的BBIS投资成本的增加，最优零售价将提高，而生产商和零售商的收益将减少。这可能是因为零售价的提高将使市场需求降低，从而导致供应链成员的最优收益减少。同时，随着生产商和零售商BBIS投资成本的变化，生产商的收益比零售商的收益更敏感。随着生产商和零售商BBIS投资成本的增加，最优批发价将分别增加和减少。

根据性质1中的④和⑤可知，随着农产品质量和感知质量安全失效率的提高，最优零售价和最优批发价均降低，农产品生产商和零售商的收益将减少。这可能是因为感知质量安全失效率的增加使市场需求减少，为刺激需求，零售商将降低最优零售价并减少采购量，从而使生产商降低批发价，进而导致供应链成员的最优收益下降。同时，随着生产商和零售商BBIS投资成本的变化，生产商的收益将比零售商的收益更敏感。这说明供应链成员应竭力挖掘BBIS的价值，降低感知质量安全失效率，以获得更多的收益。

根据性质1中的⑥可知，随着供应链成员成本折扣系数的增加，最优零售价将增加，最优批发价的变化趋势与c_p-c_r相关。即当$c_p>c_r$时，随着供应链成员成本折扣系数的增加，最优批发价将增加，否则将减少。然而，随着供应链成员成本折扣系数的增加，农产品生产商和零售商的收益将减少。这也许是因为零售价的增长使市场需求减少，从而使供应链成员的最优收益减少。同时，对于供应链成员成本折扣系数的变化，生产商的收益比零售商的收益更敏感。这说明政府的补贴策略有助于降低零售价并使供应链成员获得更多收益。

5.3.3 WII 模式

在 WII 模式下，农产品供应链成员将投资 BBIS，同时，政府将提供间接补贴政策，鼓励生产商和零售商采用这些新技术。在间接补贴策略中，政府的补贴模式是零售价格补贴。本章假设间接补贴后零售价变为 μp。其中，μ 是零售价折扣系数，间接补贴率 $\mu'=1-\mu$。作为决策领导者的生产商将制定农产品批发价，基于此批发价，零售商将制定农产品的零售价。零售商和生产商的收益函数分别为公式（5－9）和（5－10）。

$$\pi_p^{WII}=(w^{WII}-\vartheta c_p-c_{op})(1-\mu p^{WII}-\lambda^{WII}q)-zq^2/2 \quad (5-9)$$

$$\pi_r^{WII}=(p^{WII}-w^{WII}-\vartheta c_r-c_{or})(1-\mu p^{WII}-\lambda^{WII}q) \quad (5-10)$$

基于逆向归纳法和公式（5－10），可得 $p^{WII}(w^{WII})$。然后，将 $p^{WII}(w^{WII})$ 代入公式（5－9），可得最优批发价 w^{WII^*}。根据 w^{WII^*}，可得最优零售价 p^{WII^*}。将 w^{WII^*} 和 p^{WII^*} 代入公式（5－9）和（5－10），可得供应链成员的最优收益与推论 4。

推论 4： 供应链成员的最优价格和收益表示为（$\pi_p^{WII^*}$，$\pi_r^{WII^*}$，w^{WII^*}，p^{WII^*}），（$\pi_p^{WII^*}$，$\pi_r^{WII^*}$，w^{WII^*}，p^{WII^*}）$=\{[1-\lambda^{WII}q-\mu(\vartheta c_r+\vartheta c_p+c_{or}+c_{op})]^2/8\mu-zg^2/2$，$[1-\lambda^{WII}q-\mu(\vartheta c_r+\vartheta c_p+c_{or}+c_{op})]^2/16\mu$，$[1+\mu(\vartheta c_p-\vartheta c_r+c_{op}-c_{or})-\lambda^{WII}q]/2\mu$，$[3+\mu(\vartheta c_p+\vartheta c_r+c_{op}+c_{or})-3\lambda^{WII}q]/4\mu\}$。

基于推论 4，通过计算（w^{WII^*}，p^{WII^*}，$\pi_r^{WII^*}$ 和 $\pi_p^{WII^*}$）关于（ϑ，c_{or}，c_{op}，λ^{WII}，q，μ）的一阶偏导，可得性质 2。

性质 2

①$\dfrac{\partial w^{WII^*}}{\partial \vartheta}=\dfrac{c_p-c_r}{2\mu}$；$\dfrac{\partial p^{WII^*}}{\partial \vartheta}=\dfrac{c_p+c_r}{4\mu}>0$；

$\dfrac{\partial \pi_p^{WII^*}}{\partial \vartheta}=-\dfrac{(c_p+c_r)B}{4}<0$；$\dfrac{\partial \pi_r^{WII^*}}{\partial \vartheta}=-\dfrac{(c_p+c_r)B}{8}<0$；

②$\dfrac{\partial w^{WII^*}}{\partial c_{or}}=-\dfrac{1}{2}<0$；$\dfrac{\partial p^{WII^*}}{\partial c_{or}}=\dfrac{1}{4}>0$；$\dfrac{\partial \pi_p^{WII^*}}{\partial c_{or}}=-\dfrac{B}{4}<0$；

$\frac{\partial\pi_r^{WII^*}}{\partial c_{or}}=-\frac{B}{8}<0$；

③$\frac{\partial w^{WII^*}}{\partial c_{op}}=\frac{1}{2}>0$；$\frac{\partial p^{WII^*}}{\partial c_{op}}=\frac{1}{4}>0$；$\frac{\partial\pi_p^{WII^*}}{\partial c_{op}}=-\frac{B}{4}<0$；

$\frac{\partial\pi_r^{WII^*}}{\partial c_{op}}=-\frac{B}{8}<0$；

④$\frac{\partial w^{WII^*}}{\partial\lambda^{WII}}=-\frac{q}{2\mu}<0$；$\frac{\partial p^{WII^*}}{\partial\lambda^{WII}}=-\frac{3q}{4\mu}<0$；$\frac{\partial\pi_p^{WII^*}}{\partial\lambda^{WII}}=-\frac{qB}{4}<0$；

$\frac{\partial\pi_r^{WII^*}}{\partial\lambda^{WII}}=-\frac{qB}{8}<0$；

⑤$\frac{\partial w^{WII^*}}{\partial q}=-\frac{\lambda^{WII}}{2\mu}<0$；$\frac{\partial p^{WII^*}}{\partial q}=-\frac{3\lambda^{WII}}{4\mu}<0$；

$\frac{\partial\pi_p^{WII^*}}{\partial q}=\frac{-\lambda^{WII}B-4gz}{4\mu}<0$；$\frac{\partial\pi_r^{WII^*}}{\partial q}=-\frac{\lambda^{WII}B}{8\mu}<0$；

⑥$\frac{\partial w^{WII^*}}{\partial\mu}=\frac{\lambda^{WII}g-1}{2\mu^2}<0$；$\frac{\partial p^{WII^*}}{\partial\mu}=-\frac{3(1-\lambda^{WII}g)}{4\mu^2}<0$；

$\frac{\partial\pi_p^{WII^*}}{\partial\mu}=A<0$；$\frac{\partial\pi_r^{WII^*}}{\partial\mu}=\frac{A}{2}<0$。

其中，$B=1-\lambda^{WII}q-\mu(c_{op}+c_{or}+\vartheta c_p+\vartheta c_r)$，$A=\frac{[1-\lambda^{WII}q+\sqrt{\mu}(c_{op}+c_{or}+\vartheta c_p+\vartheta c_r)]}{8\mu}\times\frac{[\sqrt{\mu}(c_{op}+c_{or}+\vartheta c_p+\vartheta c_r)-1+\lambda^{WII}q]}{8}$。

根据性质 1 和性质 2 中的①可知，在 WII 和 WID 模式下，随着 BBIS 优化系数的增加，最优价格和收益的变化趋势并未改变。即随着 BBIS 优化系数 ϑ 的增加，农产品生产商和零售商的收益将降低，最优零售价将提高，最优批发价的变化趋势与 c_p-c_r 的值相关。这说明补贴模式不影响价格与收益随着 BBIS 优化系数的增加而变化的趋势。

根据性质 1 和性质 2 中的②和③可知，在 WII 和 WID 模式下，随着生产商和零售商 BBIS 投资成本的增加，最优价格和收益的变化趋势并未改变。即随着生产商和零售商 BBIS 投资成本的增加，最优零售价将提高，农产品生产商和零售商的收益将减少。同时，随着生产商和零售商 BBIS 投资成本的变化，生产商的收益将比零售商的收益更敏感。这说明补贴模式不会影响价格和收益随着生产商和零售商 BBIS 投资成本的变化而变化的趋势。

根据性质 1 和性质 2 中的④和⑤可知，在 WII 和 WID 模式下，随着质量安全和农产品感知质量安全失效率的增加，最优价格和收益的变化趋势不改变。换句话说，最优零售价和最优批发价将降低，农产品生产商和零售商的收益将减少。同时，随着生产商和零售商 BBIS 投资成本的变化，生产商的收益比零售商的收益更敏感。这说明补贴模式不影响价格和收益随着质量安全和农产品感知质量安全失效率的增加而变化的趋势。

根据性质 2 中的⑥可知，随着零售价折扣系数的增加，最优零售价和最优批发价将降低，供应链成员的收益也将减少。这说明政府的间接补贴策略有助于降低零售价。

5.3.4 补贴策略分析

实施 BBIS 补贴策略将鼓励生产商和零售商研发并采用区块链和大数据技术。因此，实施补贴策略后供应链成员的收益应高于实施补贴策略前，即在直接补贴情况下，满足 $\pi_p^{WID^*} \geqslant \pi_p^{NI^*}$ 和 $\pi_r^{WID^*} \geqslant \pi_r^{NI^*}$。同时，也应满足 $\pi_p^{NI^*} \geqslant \pi_p^{NN^*}$ 和 $\pi_r^{NI^*} \geqslant \pi_r^{NN^*}$，即在 NI 模式下供应链成员的收益应高于 NN 模式。由此可得，若供应链成员想采用 BBIS，其投资成本 $c_{op}+c_{or}$ 应低于 $(1-\vartheta)(c_p+c_r)+q(\lambda^{NN}-\lambda^{NI})$。即

$$c_{op}+c_{or} \leqslant (1-\vartheta)(c_p+c_r)+q(\lambda^{NN}-\lambda^{NI}) \qquad (5-11)$$

基于公式（5-11），可得推论 5。

推论 5： 当 $c_{op}+c_{or} \leqslant (1-\vartheta)(c_p+c_r)+q(\lambda^{NN}-\lambda^{NI})$ 且 $0<\gamma\leqslant 1$ 时，实施直接补贴策略将有助于供应链成员获得更多收益。此外，当 $c_{op}+c_{or} \leqslant (1-\vartheta)(c_p+c_r)+q(\lambda^{NN}-\lambda^{NI})$ 时，实施间接补贴策略将有助于供应链成员获得更多收益。

证明： 在直接补贴条件下，应满足 $\pi_p^{WID^*} \geqslant \pi_p^{NI^*}$ 和 $\pi_r^{WID^*} \geqslant \pi_r^{NI^*}$。可得 $(1-\lambda^{WID}q-\vartheta c_r-\vartheta c_p-\gamma c_{or}-\gamma c_{op})^2/8-zq^2/2 \geqslant (1-\lambda^{NI}q-\vartheta c_r-\vartheta c_p-c_{or}-c_{op})^2/8-zq^2/2$ 和 $(1-\lambda^{WID}q-\vartheta c_r-\vartheta c_p-\gamma c_{or}-\gamma c_{op})^2/16 \geqslant (1-\lambda^{NI}q-\vartheta c_r-\vartheta c_p-c_{or}-c_{op})^2/16$。因在第三节中的假设，即 $\lambda^{NI}=\lambda^{WID}$，可得 $0<\gamma\leqslant 1$，这表明在 WID 模式下，供应链成员会获得比在 WII 模式下更多的收益。

在间接和直接补贴的条件下，应满足 $\pi_p^{WII^*} \geqslant \pi_p^{NI^*}$，$\pi_r^{WII^*} \geqslant \pi_r^{NI^*}$，$\pi_p^{WID^*} \geqslant \pi_p^{NI^*}$ 和 $\pi_r^{WID^*} \geqslant \pi_r^{NI^*}$。然后，可得 $[1-\lambda^{WII}q-\mu(\vartheta c_r+\vartheta c_p+c_{or}+c_{op})]^2/8\mu-zq^2/2 \geqslant (1-\lambda^{NI}q-\vartheta c_r-\vartheta c_p-c_{or}-c_{op})^2/8-zq^2/2$ 和 $[1-\lambda^{WII}q-\mu(\vartheta c_r+\vartheta c_p+c_{or}+c_{op})]^2/16\mu \geqslant (1-\lambda^{NI}q-\vartheta c_r-\vartheta c_p-c_{or}-c_{op})^2/16$。基于 5.2.3 的假设，即 $\lambda^{NI}=\lambda^{WII}$，可得 $\pi_p^{WII^*}>\pi_p^{NI^*}$ 和 $\pi_r^{WII^*}>\pi_r^{NI^*}$。基于公式（5-10），推论 5 得证。

根据推论 5 可知，生产商和零售商投资 BBIS 的总成本与因采用 BBIS 而产生的成本优化系数负相关，与 NN 模式下感知质量安全失效率正相关，与 NI 模式下感知质量安全失效率负相关。若供应链成员想在采用 BBIS 后获得更多收益，其应竭力挖掘和应用 BBIS 的价值，并降低成本优化系数 ϑ。此外，其应在采用 BBIS 后竭力提升感知质量安全失效率 λ。

然而对于政府来说，如何选择补贴模式也是一个重要问题。通过对比 WID 和 WII 模式下供应链成员的收益，可得推论 6。

推论 6： 当 $\gamma \leqslant \dfrac{(\sqrt{\mu}-1)(1-\lambda^{WID}q)+(\mu+\sqrt{\mu})(\vartheta c_r+\vartheta c_p)+\mu(c_{op}+c_{or})}{\sqrt{\mu}(c_{op}+c_{or})}$ 时，间接补贴模式下供应链成员的收益将高于直接补贴模式。否则，实施直接补贴策略将对供应链成员更有益。

证明： 为实施最优补贴策略，应比较 WID 和 WII 模式下供应链成员的收益。若 $\pi_p^{WII^*} \geqslant \pi_p^{WID^*}$ 和 $\pi_r^{WII^*} \geqslant \pi_r^{WID^*}$，即间接补贴模式下供应链成员的收益高于直接补贴模式，则 $(1-\lambda^{WII}q-\mu\vartheta c_r-\mu\vartheta c_p-\mu c_{or}-\mu c_{op})^2/8\mu-zq^2/2 \geqslant (1-\lambda^{WID}q-\vartheta c_r-\vartheta c_p-\gamma c_{or}-\gamma c_{op})^2/8-zq^2/2$ 和 $(1-\lambda^{WII}q-\mu\vartheta c_r-\mu\vartheta c_p-\mu c_{or}-\mu c_{op})^2/16\mu \geqslant (1-\lambda^{WID}q-\vartheta c_r-\vartheta c_p-\gamma c_{or}-\gamma c_{op})^2/16$。可得 $\gamma \leqslant \dfrac{(\sqrt{\mu}-1)(1-\lambda^{WID}q)+(\mu+\sqrt{\mu})(\vartheta c_r+\vartheta c_p)+\mu(c_{op}+c_{or})}{\sqrt{\mu}(c_{op}+c_{or})}$。因此，推论 6 得证。

根据推论 6 可知，供应链成员的成本折扣系数与感知质量安全失效率正相关，与成本优化系数正相关，也就是说政府的补贴系数与采用 BBIS 后感知质量安全失效率 λ 负相关，也与采用 BBIS 后的成本优化系数负相关。对于政府来说，若消费者对质量安全的感知可靠性得到改善，则可设定较低的补贴系数。此外，若采用 BBIS 后的成本优化系数较高，政府可设定较低的补贴系数。因此，政府应鼓励链成员竭力发现和应用 BBIS 的价值，从而降低成本折扣系数和感知质量安全失效率。

5.4 数值仿真

为了验证所提出的推论和性质，本章采用 Matlab 实现数值算例研究。根据市场需求应大于 0 与公式（5－6）和（5－11），假设 $q=0.5$，$c_r=0.15$，$c_p=0.1$，$c_{op}=0.05$，$c_{or}=0.06$，$u=0.8$，$z=0.1$，$\lambda^i=0.8$，$\vartheta=0.65$。基于提出的推论，可得下图（即图 5－1 至图 5－4）。由图 5－1 可知最优价格随 ϑ、c_{or}、c_{op} 和 λ^i 的变化趋势。在 NN 模式下，ϑ、c_{or} 和 c_{op} 的变化

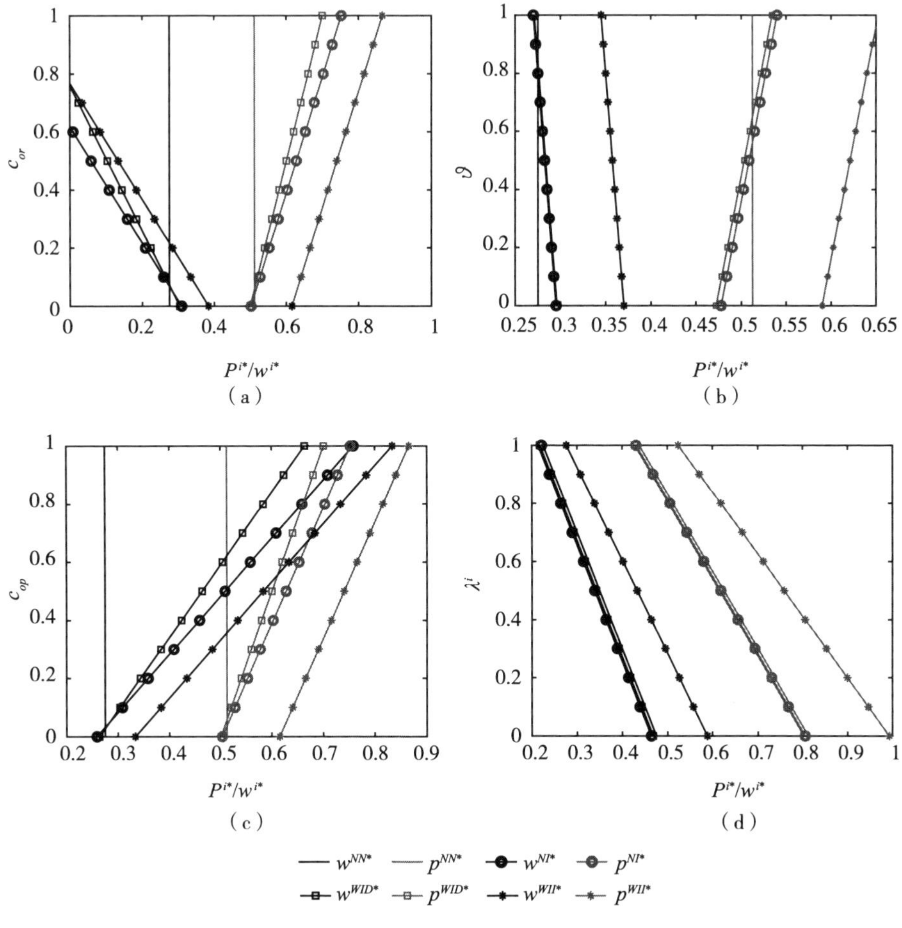

图 5－1 价格随着 ϑ、c_{or}、c_{op} 和 λ^i 的变化而变化的趋势

将不影响最优价格的变化趋势。在 NI、WID 和 WII 模式下，零售价与 BBIS 优化系数、生产商和零售商的 BBIS 投资成本正相关，与感知质量安全失效率负相关；批发价与 BBIS 优化系数、零售商的 BBIS 投资成本和感知质量安全失效率负相关。这说明零售商采用 BBIS 将降低感知质量安全失效率，从而提高销量，而销量的增长将有助于零售商获得较低的批发价。此外，批发价与生产商的 BBIS 投资成本负相关。上述分析说明若供应链成员想获得更大的利润空间，可通过降低感知质量安全失效率、BBIS 投资成本和 BBIS 优化系数来实现。

由图 5-2 可知最优价格随着 γ、μ、q 的变化而变化的趋势。基于图 5-2 (c)，

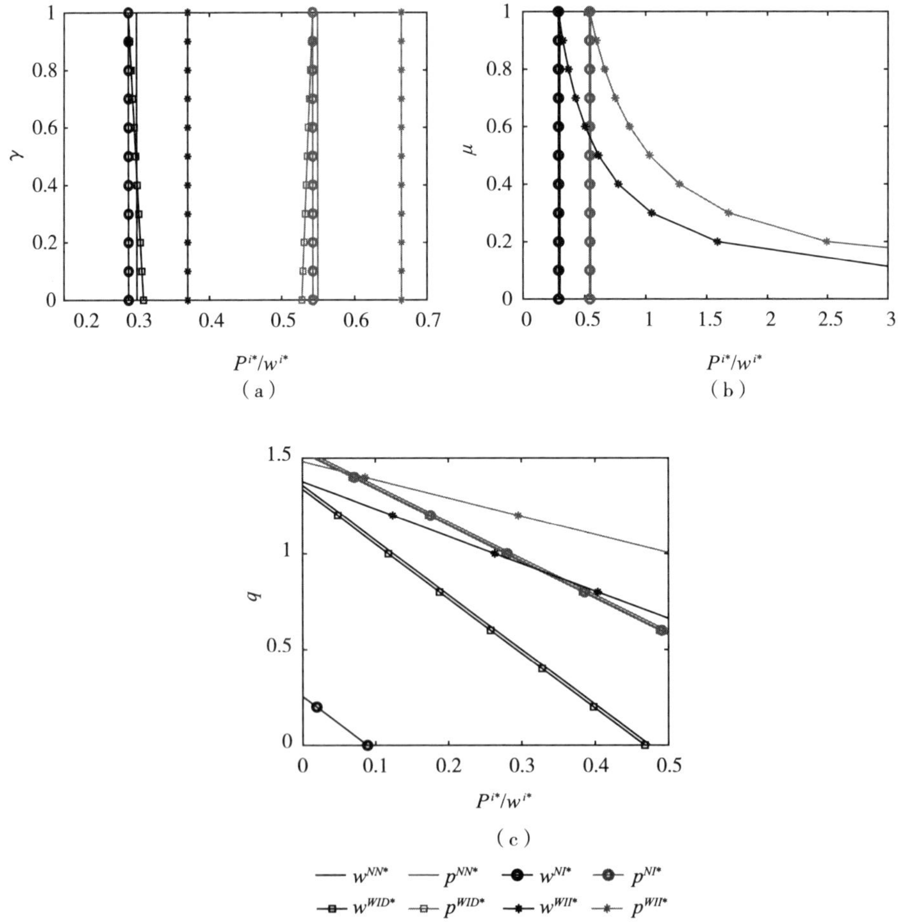

图 5-2　价格随着 γ、μ 和 q 的变化而变化的趋势

可发现在提出的四种模型下，随着农产品质量的提高，最优价格将降低，这可能是因为农产品质量的提高将导致销量的增加，因而供应链成员可设定较低的价格。由于 $c_p=0.1<c_r=0.15$，因此，基于图 5-2（a），可发现随着链成员成本折扣系数的增加，最优零售价将增加，这也表明随着直接补贴率的增加，最优零售价将降低（基于 $\gamma'=1-\gamma$）。最优批发价的变化趋势与 c_p-c_r 相关，即当 $c_p<c_r$ 时，随着供应链成员承担的成本系数增加，批发价将降低，否则将提高。由图 5-2（b）可知，随着零售价折扣系数的增加，最优零售价和最优批发价将降低，这表明随着间接补贴率的增加，最优零售价和最优批发价将提高（基于 $\mu'=1-\mu$）。因此，可知间接补贴策略不会使零售价和批发价降低。

由图 5-3 可知收益随 ϑ、c_{or}、c_{op}、λ^i 的变化而变化的趋势。在 NN 模

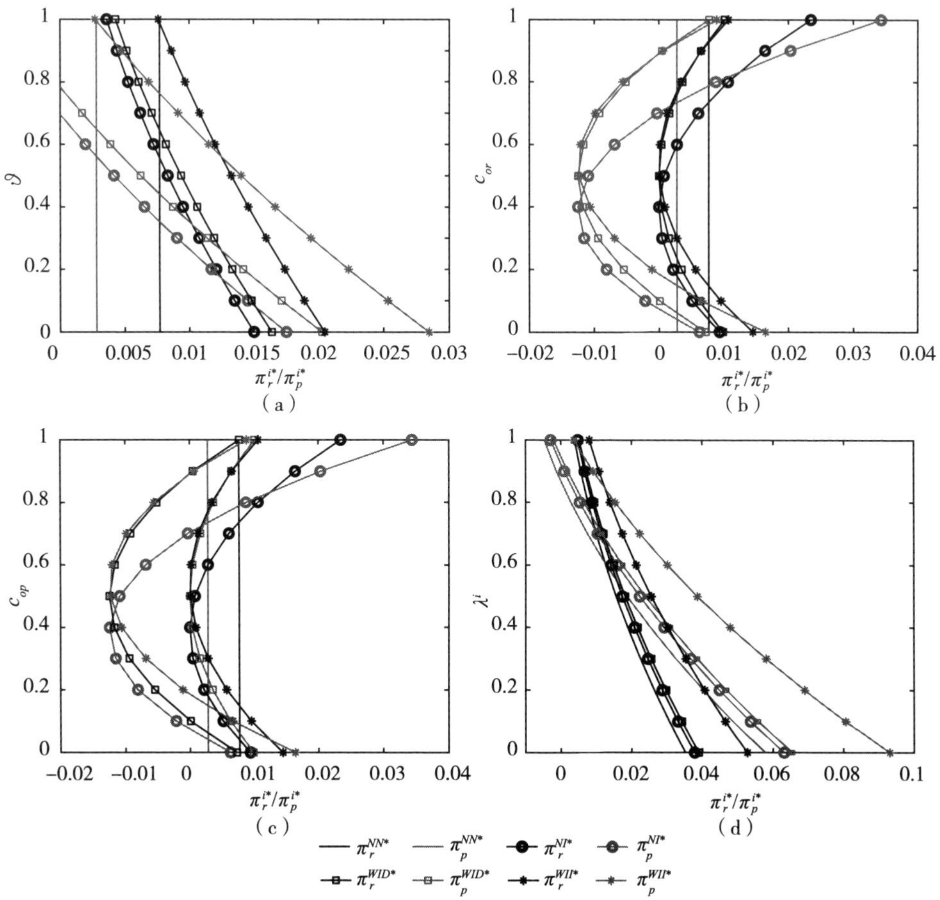

图 5-3 收益随着 ϑ、c_{or}、c_{op} 和 λ^i 的变化而变化的趋势

式下，ϑ、c_{or}、c_{op} 的变化将不影响最优收益的变化趋势。由图 5-3（a）、（b）、（c）和（d）可知在 NI、WID 和 WII 模式下，当生产商和零售商的 BBIS 投资成本满足一定值时，生产商的收益和零售商的收益与 BBIS 优化系数、生产商和零售商的 BBIS 投资成本以及感知质量安全失效率呈负相关。上述分析说明若供应链成员想获得更大的利润空间，可通过降低感知质量安全失效率和 BBIS 优化系数来实现，也就是说供应链成员应竭力发掘和应用 BBIS 的价值，然后在采用 BBIS 后提升质量安全的可靠性并降低 BBIS 的优化系数。此外，供应链成员还可通过降低 BBIS 的投资成本获得更多收益，而这取决于供应链成员在购买 BBIS 时的议价能力。

由图 5-4 可知最优收益随着 γ、μ、q 的变化而变化的趋势。在所提出

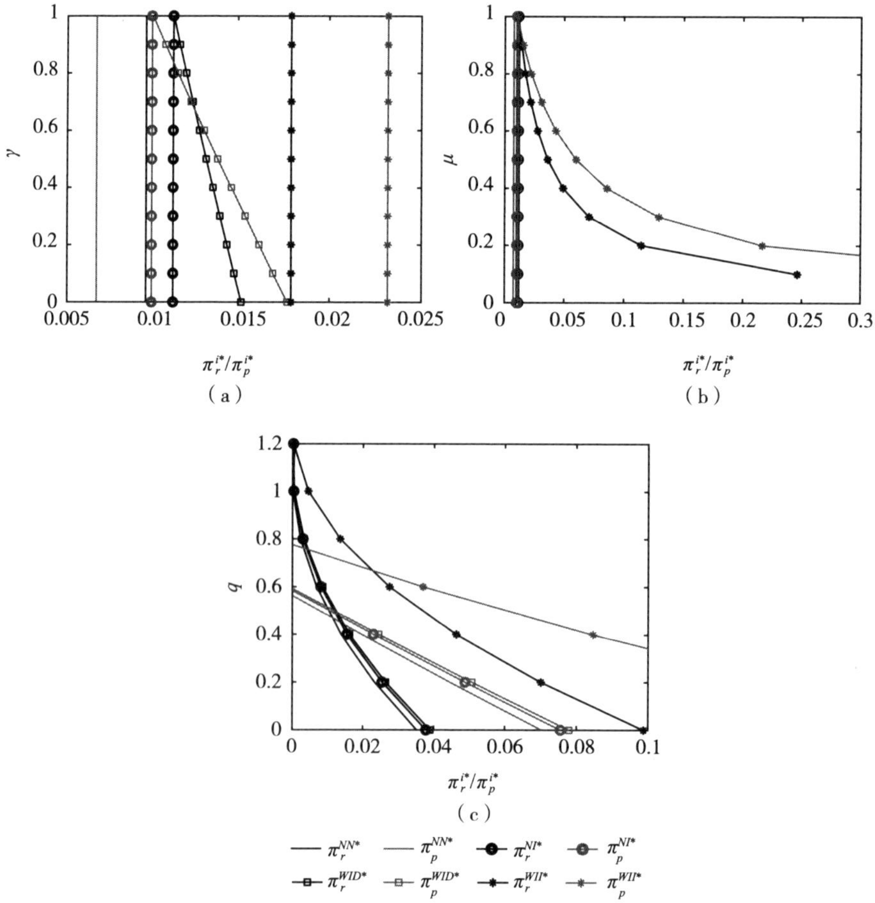

图 5-4　最优收益随 γ、μ 和 q 的变化而变化的趋势

的四种模式下，随着供应链成员成本折扣系数和零售价折扣系数的增加，最优收益将减少。这表明在 WID 模式下，随着直接补贴率的增长，最优收益将增加（基于 $\gamma'=1-\gamma$），也就是说直接补贴策略有助于供应链成员获得更多收益。此外，在 WID 模式下，随着间接补贴率的提高，最优收益将增加（基于 $\mu'=1-\mu$），也就是说间接补贴策略也有助于供应链成员获得更多收益。根据图 5-4（c）可知，在提出的四种模式下，随着农产品质量的提高，供应链成员的最优收益将减少，这可能是因为农产品质量的提高将导致零售价和批发价的增加，从而使销量减少，供应链成员可能获得较低的收益。综上所述，性质 1 和性质 2 得证。

由图 5-5 可知，当 BBIS 投资成本低于 R 时，实施直接和间接补贴策略将有助于供应链成员获得更多收益。由图 5-6 可知，当 γ 和 μ 能够满足一定关系时$\left(即\ \gamma\leqslant\dfrac{(\sqrt{\mu}-1)(1-\lambda^{WID}q)+(\mu+\sqrt{\mu})(\vartheta c_r+\vartheta c_p)+\mu(c_{op}+c_{or})}{\sqrt{\mu}(c_{op}+c_{or})}\right)$，间接补贴模式下供应链成员的收益将高于直接补贴模式。否则，实施直接补贴策略将对供应链成员更有利。综上所述，推论 5 和 6 得证。

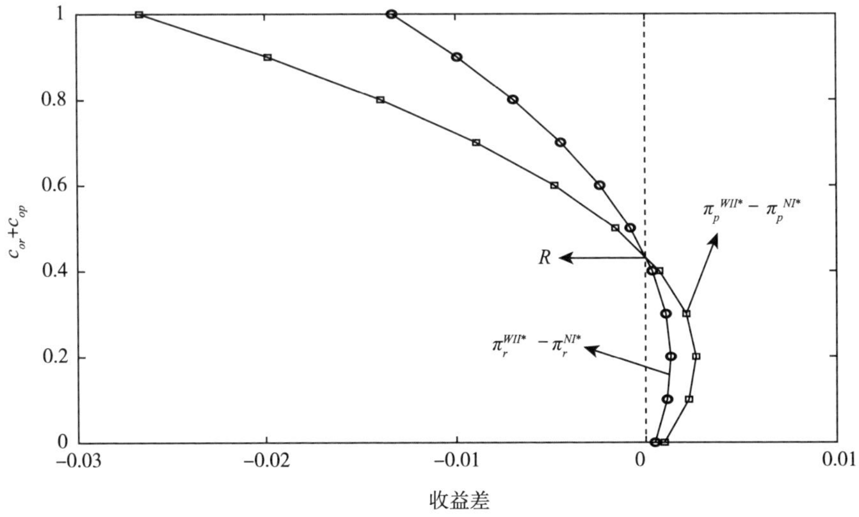

图 5-5　实施补贴策略后供应链成员的投资成本和收益差之间的关系

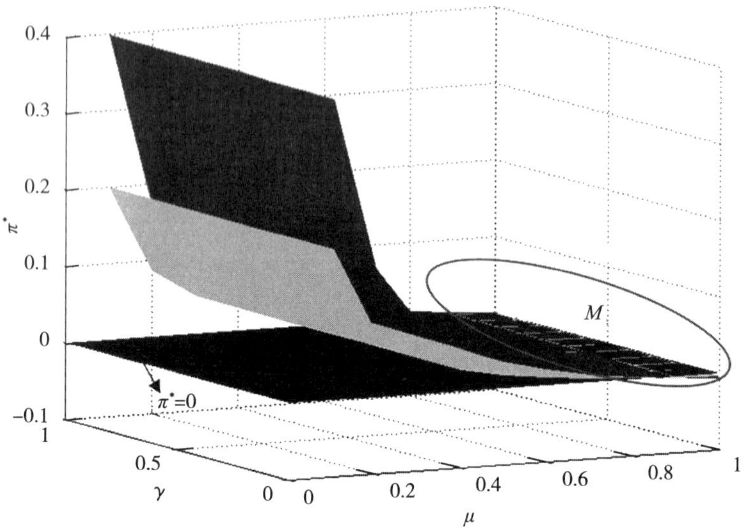

图 5-6　补贴模式的选择

5.5　本章小结

为解决企业关注的核心问题，即在新环境下政府的补贴方式及在不同补贴模式下企业的定价与投资决策，本章聚焦于政府的 BBIS 激励政策并将其划分为直接补贴和间接补贴。此外，采用农产品的感知质量安全失效率反映新环境下可追溯性对农产品安全的影响。考虑采用大数据和区块链后需求函数的变化，选择由一个生产商和一个零售商组成的农产品供应链为研究对象，并构建四种博弈模型。研究结果表明，补贴模式将不影响价格和收益随着 BBIS 优化系数、生产商和零售商的 BBIS 投资成本的变化而变化的趋势，也不影响价格和收益随着感知质量安全失效率和农产品质量水平的增加而变化的趋势。此外，当直接补贴和间接补贴的补贴系数满足一定关系时，间接补贴模式下供应链成员的收益将高于直接补贴模式。研究结果可为政府部门制定和实施补贴策略以及企业在新技术背景下制定定价策略提供理论指导。

6 优质生鲜供应链区块链防伪溯源服务投资决策

6.1 问题描述

近年来，食品安全事件频发，我国在 2004 年到 2012 年的 8 年间共曝光了 2 489 起食品安全事件，其损失难以估计[7]。为解决食品安全和欺诈问题，一些企业选择采用防伪溯源技术，如 Ambrosus 的橄榄油溯源。在传统环境下，防伪溯源系统（基于物联网、射频识别、条码识别等）在解决信息不对称、加速产品流通方面起到了良好作用。然而，传统防伪溯源系统的数据存储模式通常为集中式数据存储[596]，同时，数据是由供应链利益相关者存储，当数据对利益相关者不利时，将有可能出现被篡改的情况。

因此，为了满足消费者对生鲜产品信息透明度和查询便利的需求，利益相关者需借助一个真实、可靠与可信的溯源系统来提供相关信息。此外，为了保证市场反馈数据的准确性，防止一些卖家的商品欺诈行为，生产商也需要一个可靠且可信的溯源系统。区块链作为共享数据库，具有不可篡改、可追溯、公开、透明等特性。基于区块链的防伪溯源系统可有效提高企业[42]和消费者之间的信任度和数据可信度并解决上述问题，同时可增强消费者对食品安全的信心[43]。

部分生鲜生产商和零售商已开始使用基于区块链的防伪溯源系统，如黑龙江省农业股份有限公司（生产商）、沃尔玛（零售商）和泰森食品。此外，基于区块链的防伪溯源系统在京东智臻链和阿里巴巴蚂蚁链的应用也已证明其有助于提高复购率和产品流通率。然而，利益相关者是否投资基于区块链的防伪溯源系统取决于重要信息的不可靠度。因此，多数生鲜生产商和零售商在采用基于区块链的防伪溯源系统前，希望了解基于区块链的防伪溯源系统的投资条件以及采用基于区块链的防伪溯源系统后如何协调供应链。在上述情景中，由于新鲜度信息对于消费者的购买决策十分重要，所以新鲜度信息的不可靠度是影响利益相关者投资的重要因素。

尽管基于区块链的防伪溯源系统在生鲜供应链中的应用备受关注，但现有研究仍存在以下不足：①产品溯源系统的应用将有助于供应链成员降低新鲜度信息的不可靠度，然而以往研究忽略了其处于区块链环境中的变化。②尽管一些研究者讨论了基于区块链系统的投资决策，但他们忽略了防伪溯源系统的投资条件。③基于博弈论，以往研究在探讨生鲜供应链关于防伪溯源系统的投资策略时未考虑新鲜度信息的不可靠系数。④以往研究未使用价格折扣和收益共享契约实现新背景下供应链协调。因此，考虑采用基于区块链的防伪溯源系统后新鲜度信息的不可靠性，本章提出了四种投资情况，探讨不同投资情况下供应链成员的投资条件。最后，采用价格折扣和收益共享契约实现采用基于区块链的防伪溯源系统后的供应链协调。

因此，本章的研究目的是考虑新鲜度信息的不可靠度，探讨在不同投资情况下基于区块链的防伪溯源系统的投资阈值以及协调供应链的合适契约。为此，选择了由一个生鲜产品生产商和一个零售商组成的供应链作为研究对象，考虑新技术环境下新鲜度信息的不可靠性，修正了需求函数。基于 Stackelberg 博弈并考虑新鲜度信息的不可靠系数，构建了基于区块链的防伪溯源系统采用前后的收益函数。此外，提出了应用价格折扣和收益共享契约协调供应链。最后，分析了在不同投资情况和协调条件下基于区块链的防伪溯源系统的投资阈值。

6.2 参数和模型描述

6.2.1 变量描述

本章研究涉及的参数如表 6-1 所示。

表 6-1 变量描述

变量	解释
a	潜在市场需求

（续）

变量	解释
i	基于区块链的防伪溯源系统的不同投资情况，$i=\{Q, H, J, C\}$。Q情况表示生鲜供应链的决策者将不投资防伪溯源系统；H情况表示生鲜供应链的决策者将投资防伪溯源系统；J情况表示当供应链成员投资防伪溯源系统时的集中模式；C情况表示契约协调模式
e	市场需求的价格敏感系数
$j(t)$	有效输出因子函数
$\theta(t)$	新鲜度的衰减函数
t^i	在i情况下的产品流通时间且$0\leqslant t\leqslant T$
T	产品的生命周期
c_p	优质生鲜产品的单位生产成本
c_s	优质生鲜产品的单位流通成本
c_{ow}	生产商基于区块链的防伪溯源系统的单位成本
c_{or}	零售商基于区块链的防伪溯源系统的单位成本
π_r^i	i情况下的零售商收益
π_w^i	i情况下的优质生鲜产品生产商的收益
γ^i	i情况下的新鲜度信息不可靠系数，$0\leqslant\gamma^i\leqslant 1$
D^i	i情况下的实际市场需求，在本章中其等于零售商的订货量
p^i	i情况下优质生鲜产品的零售价
w^i	i情况下优质生鲜产品的批发价
r	零售商的收益共享系数

6.2.2 供应链结构

在我国，生鲜产品的生产者有多种形式。为了简化研究模型，本章选择由一个由生产商（如农业合作社、生产基地或龙头企业）、零售商组成的供应链作为研究对象。供应链模型如图6-1所示。

在图6-1中，为了增加消费者对产品质量的信心，生产商和零售商可能采用基于区块链的防伪溯源系统。一般来说，一些信息服务公司将提供基于区块链的防伪溯源系统（如IBM、百度等）。当然，一些有能力研发区块链技术的零售商也将提供基于区块链的防伪溯源系统，如京东的智臻链和阿

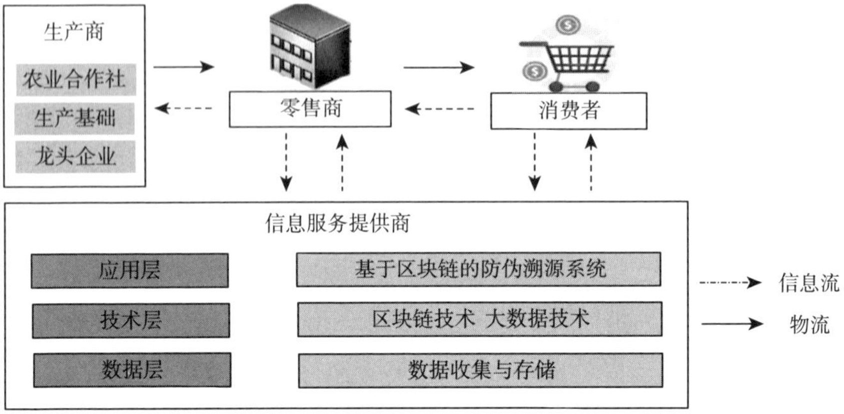

图 6-1 采用基于区块链的防伪溯源系统后的供应链结构

里巴巴的蚂蚁链。本章假设生产商和零售商将从信息服务提供商处购买基于区块链的防伪溯源系统，零售商提供证明产品真实性的信息，生产商提供产品的生产信息、分销信息、质量认证信息以及其他可验证产品真实性的信息。同时，生产商和零售商会要求物流服务商上传产品的物流信息。通过基于区块链的防伪溯源系统的平台，消费者可以查看这些信息。

当所有供应链成员均采用基于区块链的防伪溯源系统时，可追溯性将达到最佳效果。事实上，核心企业也在竭力推动达到最佳效果。因此，本章假设供应链成员有以下四种投资情况：①生鲜供应链成员均不投资防伪溯源系统（Q 情况）。②生鲜供应链成员投资防伪溯源系统（H 情况）。③供应链成员投资防伪溯源系统的集中模式（J 情况）。④决策者采用基于区块链的防伪溯源系统的契约协调模式（C 情况）。

本章重点讨论生产商和零售商关于基于区块链的防伪溯源系统的投资决策。因此，进一步简化供应链模型，如图 6-2。

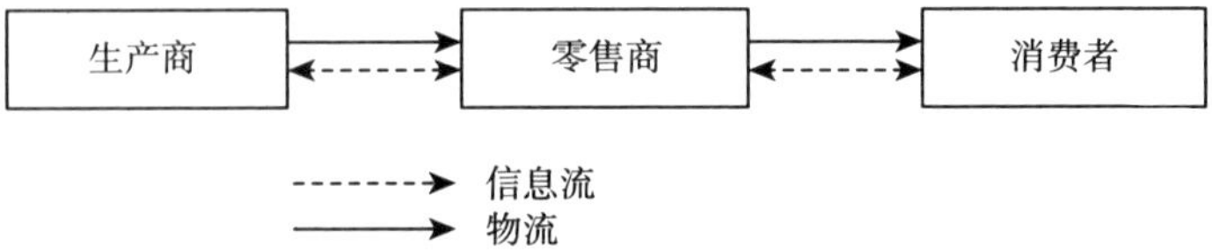

图 6-2 供应链简化模型

6.2.3　决策过程分析

在生鲜供应链中，供应链成员的决策过程符合主从博弈（即 Stackelberg 博弈）。Stackelberg 博弈于 1934 年提出，用来解决两种同质产品之间的竞争问题。此后，该理论被应用于多个领域，研究跟随者和领导者之间的关系。对于符合 Stackelberg 博弈的供应链，领导者将先行决策，跟随者将基于领导者的决策而决策。因此，在提出的四种模型中，决策过程如图 6－3 所示。

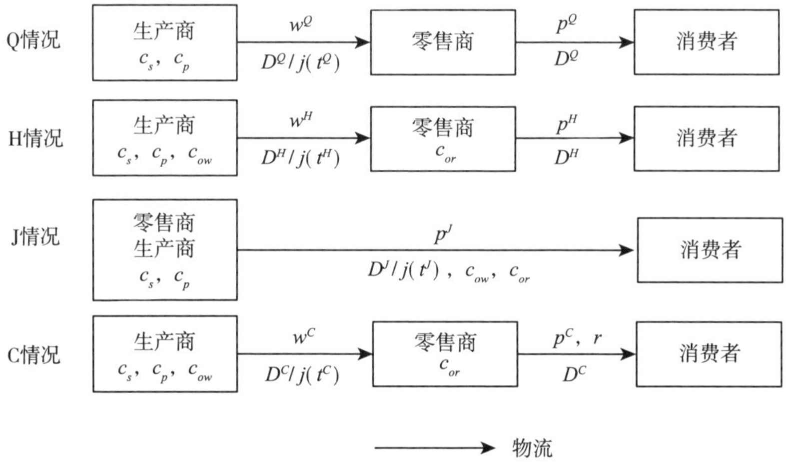

图 6－3　四种情况下的博弈过程

（1）通常情况下，生产商和零售商将做出实现自身利益最大化的决策，生产商和零售商之间的竞争符合主从博弈。在采用基于区块链的防伪溯源系统前，生产商作为博弈的领导者将提供优质生鲜产品的生命周期 T，并考虑流通损耗和成本，设定批发价 w^Q。随后，作为博弈跟随者的零售商将基于批发价格 w^Q 决定订单量 D^Q，考虑零售商的订单量和流通损耗，生产商将决定出货量 $D^Q/j(t^Q)$。当零售商收到优质生鲜产品后，其将根据市场反应和产品的新鲜度 $q(t^Q)$ 设定零售价 p^Q。

（2）在采用基于区块链的防伪溯源系统后，若是在 H 情况下，首先，生产商将提供生命周期为 T 的优质生鲜产品，同时将考虑新的流通损耗，决定基于区块链的防伪溯源系统的投资成本 c_{ow}，然后再根据新的成本制定

批发价 w^H。而零售商作为博弈的跟随者将根据批发价 w^H 决定订单量 D^H。生产商考虑零售商的订单量和流通损耗后决定出货量 $D^H/j(t^H)$。当零售商收到优质生鲜产品后，其将根据市场反应、产品新鲜度 $\theta(t^H)$ 以及基于区块链的防伪溯源系统的投资成本 c_{or} 设定零售价格 p^H。

(3) 采用基于区块链的防伪溯源系统后，若是在 J 情况下，供应链成员将共同决定相关决策变量。首先，零售商和生产商将根据可能的市场需求 D^J 设定零售价 p^J，然后基于 D^J 和新的流通损耗决定出货量 $D^J/j(t^J)$，此外还会共同决定基于区块链的防伪溯源系统的投资成本 c_{ow} 和 c_{or}。

(4) 采用基于区块链的防伪溯源系统后，若是在 C 情况下，首先，生产商将提供生命周期为 T 的优质生鲜产品。为鼓励零售商订购更多产品并采用基于区块链的防伪溯源系统，生产商可设定较低的批发价 w^C。同时，零售商将收益的一定比例返还给生产商。在此种情况下，生产商考虑新的流通损失后决定基于区块链的防伪溯源系统的投资成本 c_{ow}，根据新的成本并为了激励零售商设定批发价 w^C。零售商作为博弈的跟随者将根据批发价 w^C 决定订购量 D^C 以及返还的收益比例 γ。生产商考虑零售商的订购量和流通损耗决定出货量 $D^C/j(t^C)$。当零售商收到优质生鲜产品后，其将根据市场反应、产品新鲜度 $\theta(t^C)$ 以及基于区块链的防伪溯源系统的投资成本 c_{or} 设定零售价 p^C。

6.2.4 需求函数

优质生鲜产品作为特殊产品，与工业产品不同。产品的新鲜度是一个重要因素并将影响市场需求，优质生鲜产品的真实性也将影响需求。Appelhanz 等[597]研究发现消费者比较关注的产品信息可通过溯源系统提供，这有助于消费者克服购买障碍，并提高其对产品的信任度和购买意愿。然而，供应链成员是否应采用区块链追溯系统与消费者对产品信息的信任度有关。因此，当供应链成员决定是否采用基于区块链的防伪溯源系统时，消费者对产品新鲜度信息的不信任是一个重要变量。消费者对产品新鲜度信息的不信任将减少其购买需求。同时，市场需求对价格亦是敏感的。结合李文立等[2]的研究，修正采用基于区块链的防伪溯源系统后的市场需求函数，修正后的市场需求函数如公式 (6-1) 所示。

$$D^i=(a-ep^i)(1-\gamma^i)\theta(t^i) \quad (6-1)$$

采用基于区块链的防伪溯源系统后，优质生鲜产品的流通速度将提高，流通时间将减少，从而使得优质生鲜产品的双重损失减少。因此，在采用基于区块链的防伪溯源系统前后的流通时间关系为 $t^Q>t^H$。假设 $t^C=t^H=t^J$，可得 $\theta(t^C)=\theta(t^H)=\theta(t^J)>\theta(t^Q)$ 和 $j(t^C)=j(t^H)=j(t^J)>j(t^Q)$。此外，还应该满足 $0\leqslant c_p+c_s\leqslant w^i\leqslant p^i$。

6.2.5 研究假设

（1）生产商和零售商是两个独立的群体，且均为风险中性和完全理性的，其决策原则是使自己的利益最大化。双方拥有相同的信息，零售商和消费者在同一个城市或地区，同时生产商有足够的生产能力。

（2）消费者偏好优质生鲜产品。换言之，其愿意为新鲜度较高的优质新鲜产品支付更多费用。

（3）由于优质生鲜产品较脆弱且易损耗，在流通过程中将不可避免地遭受一些损失。运输时间越长，损耗量越大。若生命周期达到 T，则所有生鲜产品均被浪费，即 $j(1)=1$，$j(T)=0$。为确保到达零售商处的有效产品数量，生产商的出货量需为 $D^i/j(t^i)$。

6.3 优质生鲜供应链区块链防伪溯源服务投资决策模型构建与分析

本章的研究目的是获得防伪溯源系统的投资阈值并设计协调供应链的契约。为实现该目标，本章提出了四种投资情况，研究思路如图 6-4 所示。首先，构建在 Q 和 H 情况下的收益模型，并通过对比两种情况下的收益确定投资阈值。其次，构建在 J 情况下的收益模型，并通过对比 J 和 H 情况下的收益可知 H 情况下供应链成员的收益是否最优。若不是，最后将提出一种契约以协调供应链。

6.3.1 Q 情况下的决策模型

在此模型中，新鲜度信息的不可靠系数和产品流通率可能比其他情况

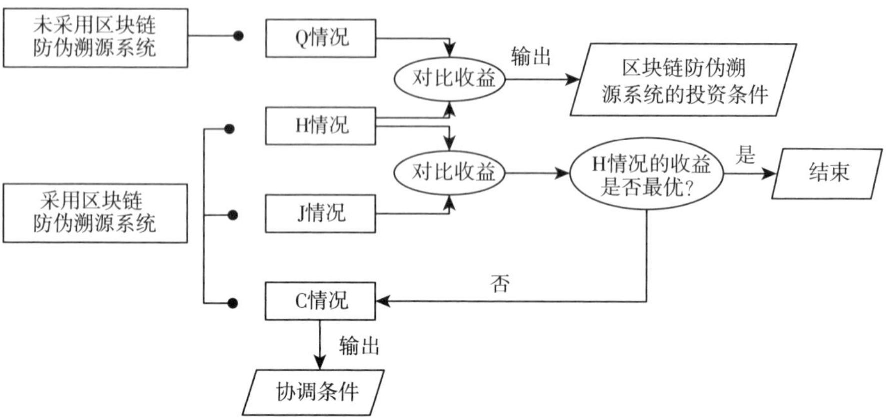

图6-4 研究思路

低。因此，生产商和零售商的收益可分别表示为公式（6-2）和（6-3）。

$$\pi_w^Q = wD^Q - (c_p + c_s)\frac{D^Q}{j(t^Q)} \tag{6-2}$$

$$\pi_r^Q = (p^Q - w^Q)D^Q \tag{6-3}$$

由于生产商占据了主导地位，供应链成员之间的博弈关系符合主从博弈。首先，生产商根据市场敏感度和出货量制定批发价。其次，零售商根据市场敏感性和批发价制定零售价。由于优质生鲜产品的有效供应不足，所以供应的产品没有剩余。因此，采用逆向归纳法并基于公式（6-1）和（6-3），可得最优零售价和最优批发价。

$$p^{Q^*} = \frac{ec_p + ec_s + 3aj(t^Q)}{4ej(t^Q)} \tag{6-4}$$

$$w^{Q^*} = \frac{ec_p + ec_s + aj(t^Q)}{2ej(t^Q)} \tag{6-5}$$

将 p^{Q^*} 和 w^{Q^*} 代入公式（6-2）和（6-3）可得到公式（6-6）和（6-7）。同时，可得到最优销量 D^{Q^*}。

$$\pi_w^{Q^*} = \frac{\theta(t^Q)(1-\gamma^Q)(aj(t^Q) - ec_p - ec_s)^2}{8ej\ (t^Q)^2} \tag{6-6}$$

$$\pi_r^{Q^*} = \frac{\theta(t^Q)(1-\gamma^Q)(aj(t^Q) - ec_p - ec_s)^2}{16ej\ (t^Q)^2} \tag{6-7}$$

$$D^{Q^*} = \frac{\theta(t^Q)(1-\gamma^Q)(aj(t^Q) - ec_p - ec_s)}{4j(t^Q)} \tag{6-8}$$

不失一般性，D^{Q^*} 应大于 0，可得 $aj(t^Q)>ec_p+ec_s$。同时，当 $aj(t^Q)>ec_p+ec_s$ 时，$p^{Q^*}\geqslant w^{Q^*}\geqslant 0$。

6.3.2 H 情况下的决策模型

当优质生鲜产品的生产商和零售商采用防伪溯源系统时，将对生鲜信息的不可靠系数 γ 有积极影响，在这种情况下，产品流通率将更高。

采用防伪溯源系统后优质生鲜产品的流通时间将缩短，主要原因如下：①通过对商品的自动识别和数据的自动采集可简化操作流程，缩短流通时间。②消费者可快速验证优质生鲜产品的真实性，从而缩短选择优质生鲜产品的时间。③生鲜信息的不可靠系数增加将提高产品在仓库的流通率，流通时间的减少将降低优质生鲜产品的损失。因此，$j(t^H)>j(t^Q)$。生产商和零售商的收益函数分别为公式（6－9）和（6－10）。

$$\pi_w^H=w^HD^H-(c_p+c_s+c_{ow})\frac{D^H}{j(t^H)} \tag{6-9}$$

$$\pi_r^H=(p^H-w^H-c_{or})D^H \tag{6-10}$$

采用逆向归纳法并基于公式（6－1）和（6－10），可得最优零售价和最优批发价。

$$p^{H^*}=\frac{ec_p+ec_s+3aj(t^H)+ec_{ow}+ec_{or}j(t^H)}{4ej(t^H)} \tag{6-11}$$

$$w^{H^*}=\frac{ec_p+ec_s+aj(t^H)+ec_{ow}-ec_{or}j(t^H)}{2ej(t^H)} \tag{6-12}$$

将 p^{H^*} 和 w^{H^*} 代入公式（6－9）和（6－10），可得公式（6－13）和（6－14）。同时，可得最优销量 D^{H^*}。

$$\pi_w^{H^*}=\frac{\theta(t^H)(1-\gamma^H)(aj(t^H)-ec_p-ec_s-ec_{ow}-ec_{or}j(t^H))^2}{8ej\ (t^H)^2} \tag{6-13}$$

$$\pi_r^{H^*}=\frac{\theta(t^H)(1-\gamma^H)(aj(t^H)-ec_p-ec_s-ec_{ow}-ec_{or}j(t^H))^2}{16ej\ (t^H)^2} \tag{6-14}$$

$$D^{H^*}=\frac{\theta(t^H)(1-\gamma^H)(aj(t^H)-ec_p-ec_s-ec_{ow}-ec_{or}j(t^H))}{4j(t^H)} \tag{6-15}$$

不失一般性，D^{H^*} 应大于 0，因此，可得 $aj(t^H)>ec_p+ec_s+ec_{\sigma w}+ec_{or}j(t^H)$。同时，当 $aj(t^H)>ec_p+ec_s+ec_{\sigma w}+ec_{or}j(t^H)$ 时，$p^{H^*}\geqslant w^{H^*}\geqslant 0$。

基于公式（6－13）和（6－14），可得供应链总收益为：$\pi^{H^*}=\pi_w^{H^*}+\pi_r^{H^*}=\dfrac{3\theta(t^H)(1-\gamma^H)(aj(t^H)-ec_p-ec_s-ec_{\sigma w}-ec_{or}j(t^H))^2}{16ej(t^H)^2}$。

6.3.3 J 情况下的决策模型

在集中决策模式下，供应链成员采用了防伪溯源系统，为实现利益最大化，其将共同制定零售价。在这种情况下，优质生鲜产品供应链的收益函数为公式（6－16）。

$$\pi^J=(p^J-c_{or})D^J-\frac{(c_p+c_s+c_{\sigma w})D^J}{j(t^J)} \tag{6-16}$$

基于公式（6－16）可求解$\dfrac{\partial\pi^J}{\partial p^J}$，令其等于零可得最优零售价 p^{J^*}。将 p^{J^*} 代入公式（6－16）和（6－1）中，可实现 J 情况下的最优收益 π^{J^*} 和市场需求 D^{J^*}。

$$\pi^{J^*}=\frac{(1-\gamma^J)\theta(t^J)(j(t^J)-ec_{\sigma w}-ec_p-ec_s-ec_{or})^2}{4ej(t^J)^2} \tag{6-17}$$

$$Q^{J^*}=\frac{(1-\gamma^J)\theta(t^J)[aj(t^J)-ec_{\sigma w}-ec_p-ec_s-ec_{or}j(t^J)]}{2j(t^J)} \tag{6-18}$$

$$p^{J^*}=\frac{aj(t^J)+ec_{\sigma w}+ec_p+ec_s+ec_{or}j(t^J)}{2ej(t^J)} \tag{6-19}$$

通过比较 H 和 J 两种情况下供应链的总收益，可知 J 情况下供应链的总收益高于 H 情况，即在采用防伪溯源系统后供应链并未实现协调。因而，需采用契约协调供应链。

6.3.4 供应链协调

基于公式（6－19）和（6－11），可知

$p^{H^*}-p^{J^*}=(aj(t^J)+ec_{\sigma w}+ec_p+ec_s+ec_{or}j(t^J))/2ej(t^J)-(3aj(t^H)+ec_{\sigma w}+ec_p+ec_s+ec_{or}j(t^H))/4ej(t^H)=(aj(t^H)-ec_{\sigma w}-ec_p-ec_s-ec_{or}j(t^H))/$

$4ej(t^H)>0$。此外，$p^{J^*}-p^{H^*}=(1-g^J)q(t^J)(aj(t^J)-ec_{ow}-ec_p-ec_s-ec_{or}j(t^J))/16ej(t^J)>0$。上述结果表明，在J模式下的最优零售价低于H模式，同时，J模式下的总收益高于H模式。因此，采用防伪溯源系统后供应链并未实现协调。为实现供应链协调需设计一个契约。为了激励零售商采用区块链防伪溯源系统并订购更多产品，生产商作为博弈的领导者可以为零售商提供批发价的折扣。同时，为了平衡收益并预估生产商的行为，零售商将返还生产商部分收益。因此，本章提出了价格折扣和收益共享契约。

在该价格折扣和收益共享契约下，生产商和零售商的收益分别表示为公式（6-20）和（6-21）。

$$\pi_w^C=w^CD^C-\frac{(c_p+c_{ow}+c_s)D^C}{j(t^C)}+\rho p^CD^C \tag{6-20}$$

$$\pi_r^C=(1-\rho)p^CD^C-(w^C+c_{or})D^C \tag{6-21}$$

采用逆向归纳法并根据公式（6-1）和（6-21），可得 $p^C(w^C)$。若C情况下供应链的总收益要达到J情况下的水平，则C情况下的零售价（p^{C^*}）应等于 p^{J^*}。由此可得 $w^{C^*}=[c_p+c_s+c_{ow}-r(c_p+c_s+c_{ow}+c_{or}j(t^C))]$。基于 p^{C^*} 和 w^{C^*}，可得最优收益 $\pi_r^{C^*}$ 和 $\pi_w^{C^*}$。

$$\pi_r^{C^*}=\frac{(1-r)(1-g^C)q(t^C)(aj(t^C)-ec_{ow}-ec_s-ec_{or}j(t^C))^2}{4ej\ (t^C)^2} \tag{6-22}$$

$$\pi_w^{C^*}=\frac{(1-r)(1-g^C)q(t^C)(aj(t^C)-ec_{ow}-ec_s-ec_{or}j(t^C))^2}{4ej\ (t^C)^2} \tag{6-23}$$

同时，可得 $D^{C^*}=(1-g^C)\theta(t^C)(aj(t^C)-ec_{ow}-ec_s-ec_{or}j(t^C))/2j(t^C)$。由于 D^{C^*} 应大于0，可得 $a\theta(t^C)>ec_p+ec_s+ec_{ow}+ec_{or}\theta(t^C)$。当 $\pi_r^{C^*}>\pi_r^{H^*}$、$\pi_w^{C^*}>\pi_w^{H^*}$ 时，价格折扣和收益共享契约将协调供应链。基于此，可得结论1。

结论1： 当$\frac{1}{2}<\rho<\frac{3}{4}$时，采用价格折扣和收益共享契约可实现优质生鲜供应链协调。

证明： 因 $\pi_r^{C^*}>\pi_r^{H^*}$，$\pi_r^{C^*}-\pi_r^{H^*}=\frac{(3-4r)(1-g^C)q(t^C)(aj(t^C)-ec_{ow}-ec_p-ec_s-ec_{or}j(t^C))^2}{16ej(t^C)}$，可

得 $\rho<\frac{3}{4}$。此外，$\pi_w^{C^*}-\pi_w^{H^*}=(2r-1)(1+g^C)\theta(t^C)(aj(t^C)-ec_{ow}-ec_p-ec_s-ec_{or}j(t^C))^2/8ej(t^C)^2>0$，可得 $\rho>\frac{1}{2}$。结论 1 得证。

6.3.5 防伪溯源系统投资分析

在我国，京东区块链开放平台和蚂蚁集团的蚂蚁链已经证实了区块链防伪溯源系统对优质生鲜产品销售的积极作用。同时，区块链防伪溯源系统可提高产品流通率。基于上述优势，许多品牌商和零售商均有意向采用区块链防伪溯源系统。然而，若供应链成员想获得更多收益，即供应链成员在采用区块链防伪溯源系统后的收益高于 Q 情况下的收益，应满足以下条件：$\pi_r^{H^*}>\pi_r^{Q^*}$，$\pi_w^{H^*}>\pi_w^{Q^*}$。可得结论 2。

结论 2： 当在 H 情况下满足 ζ_1 时，采用区块链防伪溯源系统是可行的。当在 C 情况下满足 $c_{or}j(t^H)+c_{ow}\leqslant\min(\zeta_2,\zeta_3)$ 时，采用区块链防伪溯源系统是可行的。

证明： 基于公式（6-6）、（6-7）、（6-13）和（6-14），当 $\pi_w^{H^*}>\pi_w^{Q^*}$，$\pi_w^{H^*}-\pi_w^{Q^*}=\frac{\theta(t^H)(1-\gamma^H)(aj(t^H)-ec_p-ec_s-ec_{ow}-ec_{or}j(t^H))^2}{8ej(t^H)^2}-\frac{\theta(t^Q)(1-\gamma^Q)(aj(t^Q)-ec_p-ec_s)^2}{8ej(t^Q)^2}$ 时，$c_{or}j(t^H)+c_{ow}\leqslant\frac{(aj(t^H)-ec_p-ec_s)^2}{e}-\frac{j(t^H)\sqrt{\theta(t^Q)(1-\gamma^Q)}(aj(t^Q)-ec_p-ec_s)}{ej(t^Q)\sqrt{\theta(t^H)(1-\gamma^H)}}$，称其为 ζ_1。此外，当 $\pi_r^{H^*}>\pi_r^{Q^*}$，$\pi_r^{H^*}-\pi_r^{Q^*}=\frac{\theta(t^H)(1-\gamma^H)(aj(t^H)-ec_p-ec_s-ec_{ow}-ec_{or}j(t^H))^2}{16ej(t^H)^2}-\frac{\theta(t^Q)(1-\gamma^Q)(aj(t^Q)-ec_p-ec_s)^2}{16ej(t^Q)^2}$ 时，$c_{or}j(t^H)+c_{ow}\leqslant\frac{(aj(t^H)-ec_p-ec_s)^2}{e}-\frac{j(t^H)\sqrt{\theta(t^Q)(1-\gamma^Q)}(aj(t^Q)-ec_p-ec_s)}{ej(t^Q)\sqrt{\theta(t^H)(1-\gamma^H)}}$，这个条件类似于条件 ζ_1。

根据公式（6-6）、（6-7）、（6-22）和（6-23），当 $\pi_w^{C^*}-\pi_w^{Q^*}=\frac{(1-r)(1-g^C)\theta(t^C)(aj(t^C)-ec_{ow}-ec_s-ec_{or}j(t^C))^2}{4ej(t^C)^2}-\frac{\theta(t^Q)(1-g^Q)(aj(t^Q)-ec_p-ec_s)^2}{8ej(t^Q)^2}$，$\pi_w^{C^*}>\pi_w^{Q^*}$ 时，可得

$c_{or}j(t^C)+c_{ow}\leqslant\frac{(aj(t^C)-ec_p-ec_s)^2}{e}-\frac{j(t^C)\sqrt{\theta(t^Q)(1-\gamma^Q)}(aj(t^Q)-ec_p-ec_s)}{ej(t^Q)\sqrt{2\rho\theta(t^C)(1-\gamma^C)}}$，称之为 ζ_2。

此外，当 $\pi_r^{C^*}>\pi_r^{Q^*}$，$\pi_r^{C^*}-\pi_r^{Q^*}=\frac{r(1-g^C)q(t^C)(aj(t^C)-ec_{ow}-ec_s-ec_{or}j(t^C))^2}{4ej(t^C)^2}-\frac{q(t^Q)(1-g^Q)(aj(t^Q)-ec_p-ec_s)^2}{16ej(t^Q)^2}$时，可得 $c_{or}j(t^C)+c_{ow}\leqslant\frac{(aj(t^C)-ec_p-ec_s)^2}{e}-\frac{j(t^C)\sqrt{\theta(t^Q)(1-\gamma^Q)}(aj(t^Q)-ec_p-ec_s)}{2ej(t^Q)\sqrt{(1-\rho)\theta(t^C)(1-\gamma^C)}}$，此条件类似于条件 ζ_3。

6.4 讨论

为验证以上结论的有效性，本章将采用数值模拟案例。基于李文立等[14]的研究，选择了一家来自中国山东的樱桃公司。在整理相关信息后，樱桃的单位生产成本 c_p 为 0.8 万元/吨。运费 c_s 为 1.4 万元/吨。假设市场需求 $a=100$ 吨，运输时间 $t_o=4$ 天。樱桃的生命周期 $T=10$ 天。假设 $j(t^i)=1-\lambda(t^i)=2-e_1^{\frac{\ln 2}{T}t^2}$，其中 $\lambda(t^i)=e_1^{\frac{\ln 2}{T}t^2}-1$，$e_1$ 是一个常数，其代表数量损失。本章设置 $t^Q=4$ 和 $t^H=t^J=t^C=3$。基于李文立等[14]的研究，可得 $\theta(t^Q)=1-(t^i)^2/T^2$。根据京东的区块链开放平台报告，可得 $\gamma^Q=0.5<\gamma^H=\gamma^J=\gamma^C=0.8$。根据公式（6-6）、（6-7）、（6-13）、（6-14）、（6-22）和（6-23），可得图 6-5。

在图 6-5 中，横轴表示不同情况下链成员的收益，纵轴表示不同情况下新鲜度信息的不可靠系数。由图 6-5 可知，随着新鲜度信息不可靠系数的增加，在提出的三种情况下供应链成员的收益将减少。同时，采用区块链防伪溯源系统后供应链成员的收益将大于采用前。这表明采用区块链防伪溯源系统将有助于供应链成员获得更大收益。此外，与 H 情况相比，C 情况下供应链成员的收益将更大。这表明价格折扣和收益共享契约可实现供应链协调。因此，若供应链成员在采用区块链防伪溯源系统后想获得更多收益，其应竭力挖掘区块链防伪溯源系统的价值并降低新鲜度信息的不可靠系数。

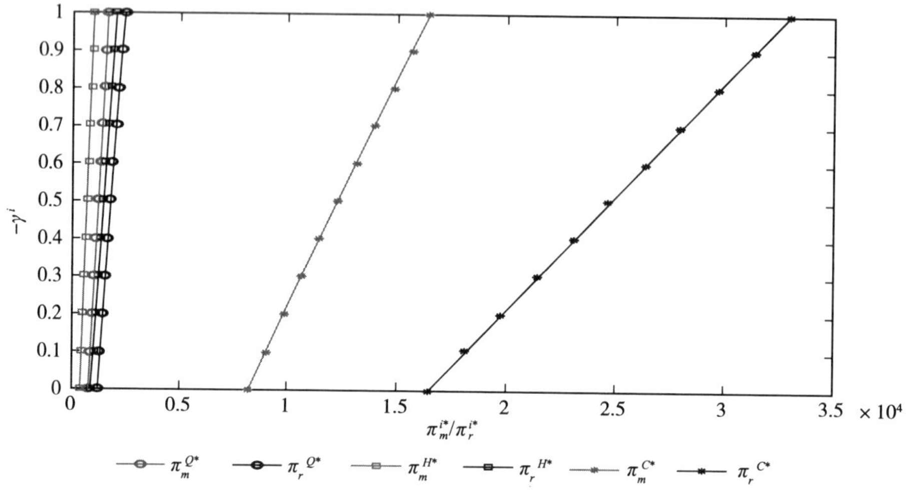

图 6-5　不同情况下供应链成员的收益与新鲜度信息不可靠系数的关系

基于公式（6-6）、(6-7)、(6-13)、(6-14)、(6-22) 和（6-23），通过分析有效产出因子函数 $j(t)$ 在 Q、H 和 C 情况下对生产商和零售商收益的影响，可得表 6-2。由表 6-2 可知，随着有效产出因子函数的增加，不同情况下生产商和零售商的收益将减少。然而，在采用区块链防伪溯源系统后，供应链成员的收益均比采用前高。同时，可确定在 C 情况下，有效产出因子函数 $j(t)$ 对供应链收益的影响将小于 H 情况下的影响。上述结果说明采用区块链防伪溯源系统将有助于供应链成员收益的增加。此外，供应链协调将使供应链成员获得更多收益。

表 6-2　收益随着有效输出因子 $j(t)$ 的变化而变化

$j(t)$	0.010	0.015	0.017	0.020	0.023	0.025	0.027	0.03
$\pi_r^{C^*}$	8×10^3	2.1×10^3	1.3×10^3	0.6×10^3	0.26×10^3	0.12×10^3	0.06×10^3	0.09×10^3
$\pi_m^{C^*}$	12×10^3	5.3×10^3	1.9×10^3	0.9×10^3	0.4×10^3	0.21×10^3	0.09×10^3	0.03×10^3
$\pi_r^{H^*}$	10×10^3	2.7×10^3	0.8×10^3	0.38×10^3	0.16×10^3	0.09×10^3	0.04×10^3	0.02×10^3
$\pi_m^{H^*}$	5×10^3	1.6×10^3	1.3×10^3	0.76×10^3	0.3×10^3	0.17×10^3	0.08×10^3	0.03×10^3
$\pi_r^{Q^*}$	2×10^3	0.6×10^3	0.4×10^3	0.2×10^3	0.1×10^3	0.06×10^3	0.036×10^3	0.01×10^3
$\pi_m^{Q^*}$	4×10^3	1.2×10^3	0.8×10^3	0.4×10^3	0.2×10^3	0.1×10^3	0.07×10^3	0.02×10^3

基于结论 2 可得图 6-6 和图 6-7。在图 6-6 中，横轴表示采用区块链防伪溯源系统前后供应链成员的收益差值，纵轴表示供应链成员对区块链防

伪溯源系统的投资成本。由图 6 - 6 可知，随着区块链防伪溯源系统投资成本的增长，采用区块链防伪溯源系统前后的供应链成员的收益差值将减少。同时，可确定当区块链防伪溯源系统投资成本低于定值 ζ_1 时，投资区块链防伪溯源系统将有助于供应链成员获得更多的收益，否则，供应链成员将入不敷出。

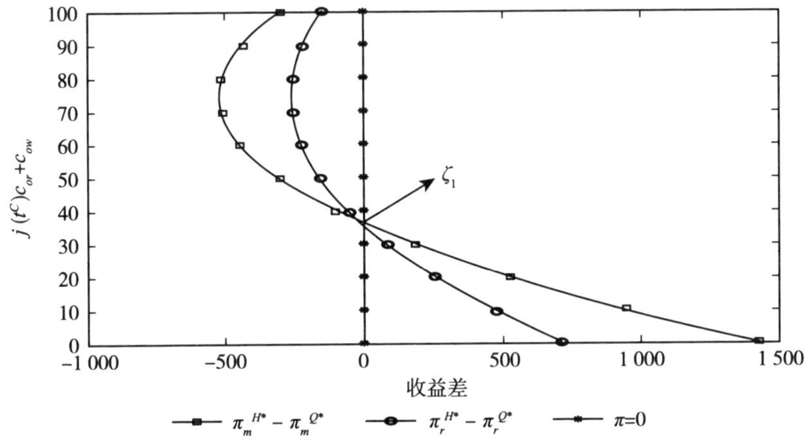

图 6 - 6　H 情况下供应链成员的投资条件

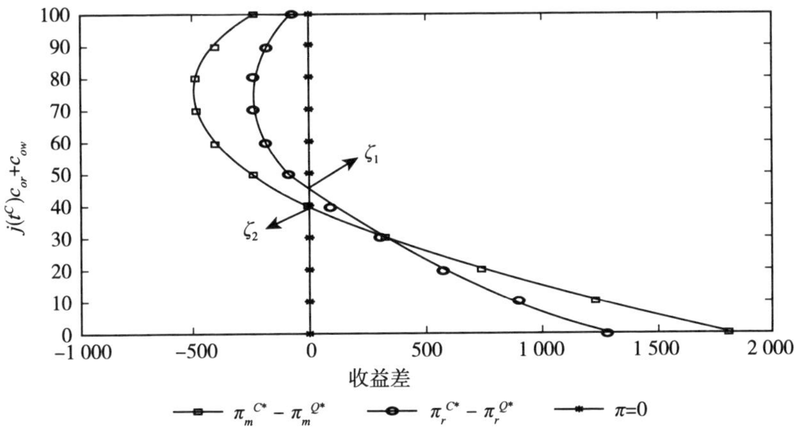

图 6 - 7　C 情况下供应链成员的投资条件

在图 6 - 7 中，横轴表示采用区块链防伪溯源系统前和协调后供应链成员的收益差，纵轴表示供应链成员的区块链防伪溯源系统投资成本。由图 6 -7 可知，随着区块链防伪溯源系统投资成本的增加，采用区块链防伪溯源系统前和协调后供应链成员的收益差将减少。同时，可以确定当区块链防伪溯源系统投资成本低于定值 $\min\{\zeta_2, \zeta_3\}$ 时（在本图中为 ζ_2），投资区块链防伪溯源系统将使供应链成员获得更多收益，否则，供应链成员的支出将超过收入。

基于结论 1 可得图 6－8。在图 6－8 中，横轴表示协调前后供应链成员的收益差，纵轴表示零售商的收益共享系数。由图 6－8 可知，当零售商的收益共享系数在一定范围内时（$1/2 \leqslant \rho \leqslant 3/4$），采用价格折扣和收益共享契约可实现优质生鲜供应链协调。

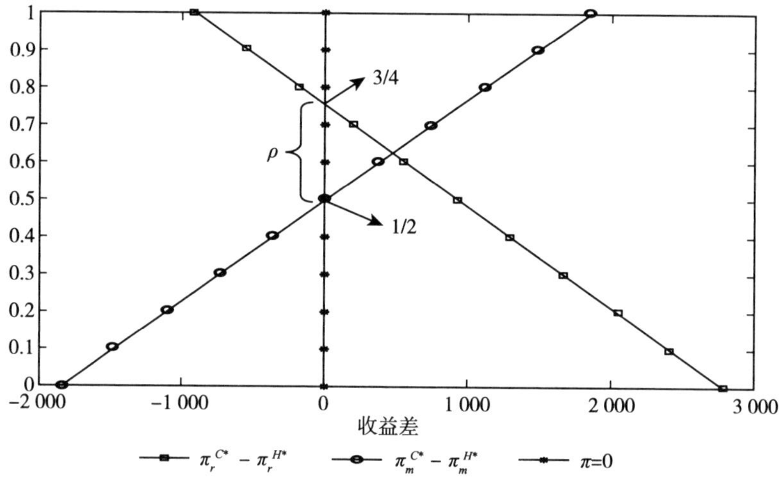

图 6－8　采用区块链防伪溯源系统后的协调条件

6.5　本章小结

为探究区块链防伪溯源系统的投资条件以及采用区块链防伪溯源系统后供应链的协调问题，本章选择由一个生产商和一个零售商组成的生鲜供应链为研究对象。考虑新背景下新鲜度信息的不可靠性，修正了需求函数，构建了在采用区块链防伪溯源系统后的收益模型以及价格折扣和收益共享契约协调供应链。研究结果表明，随着新鲜度信息不可靠系数的增加，在提出的三种情况下供应链成员的收益均减少。由此可知，若供应链成员想要在采用区块链防伪溯源系统后获得更多收益，其应竭力挖掘区块链防伪溯源系统的价值并降低新鲜度信息的不可靠系数。

7　基于区块链溯源服务的竞争型农产品供应链投资决策

7.1　问题描述

区块链技术在现代农产品供应链体系中扮演着至关重要的角色。与在信息存储安全性方面存在一些缺陷的传统溯源服务相比，区块链技术可以保证信息存储的安全性。同时，区块链技术可提高产品的溯源水平，减少产品交易中的欺诈行为，提高消费者对产品质量安全的感知水平，也有助于降低交易成本。然而，投资区块链溯源技术需要协调从上游到下游的全体供应链成员，因而开发区块链技术的投资成本较大。面对激烈的竞争环境，向第三方平台购买区块链溯源服务可以在提高农产品可追溯性的同时降低投资的成本，是农产品供应链未来的发展方向之一。因此，越来越多的企业尝试投资区块链溯源服务。

为了研究竞争型农产品供应链中区块链溯源服务的投资决策规则，本章设计了两条供应链，每条供应链包括一个供应商和一个零售商。考虑消费者感知质量安全的新变化，修正了农产品需求函数。由于两条供应链的对称性，收益模型考虑了三种情况（N，I，M）。

7.2　模型描述与假设

7.2.1　模型描述

为了研究区块链溯源服务背景下竞争型单渠道农产品供应链投资决策，本章构建了两条相互竞争的农产品供应链，每条供应链由一个供应商和一个专属零售商构成，如图 7-1 所示。投资区块链溯源服务能够提升消费者对农产品的质量感知。供应链成员有两种决策选择，即投资区块链溯源服务和不投资区块链溯源服务。本章考虑两条相互竞争的供应链，每条供应链均有两个投资选择，由此，存在以下四种情况：①两条供应链均不投资区块链溯源服务；②供应链 1 投资区块链溯源服务，供应链 2 不投资区块链溯源服务；③供应链 1 不投资区块链溯源服务，供应链 2 投资区块链溯源服务；④两条供应链均投资区块链溯源服务。由于两条供应链的结构相同，而竞争型农产品供应链具有对称性，因此本章将模型简化为三种投资模式（图 7-2）：①两条供应链均不投资区块链溯源服务，即 N 模式；②一条供应链投资区块链溯源服务，另一条供应链不投资区块链溯源服务，即 I 模式；③两条供应链均投资区块链溯源服务，即 M 模式。

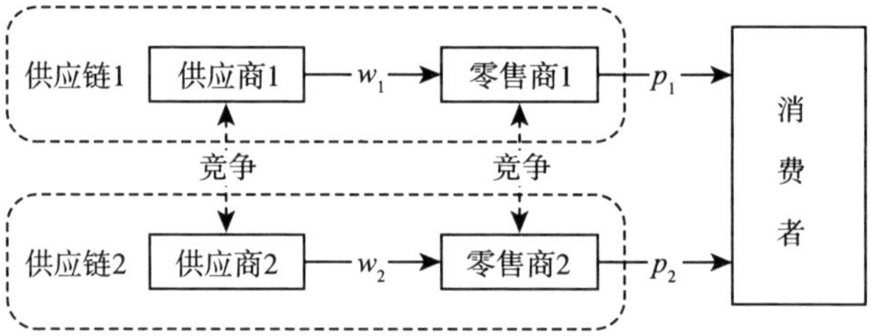

图 7-1　农产品供应链竞争模型

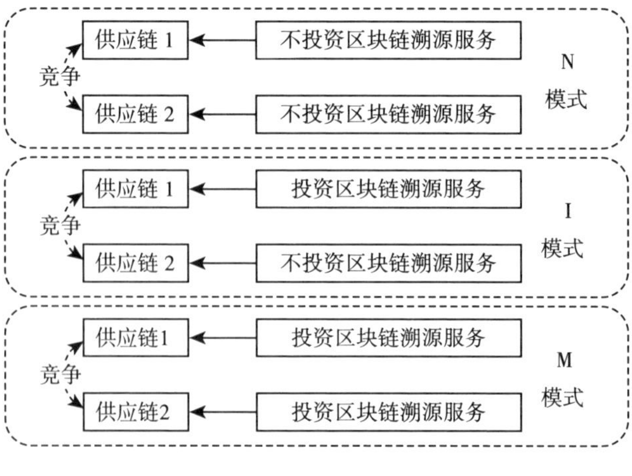

图 7-2　三种投资区块链溯源服务的模式

模型构建过程中涉及的相关参数及其说明如表 7-1 所示。

表 7-1　参数意义

参数	参数含义
x	三种不同的投资情况，即 $x=\{N, I, M\}$
i	两种可替代的农产品，$i=\{1, 2\}$
j	两种可替代的农产品。此外，当 $i=1$ 时，$j=2$；当 $i=2$ 时，$j=1$
π_{ri}^x	零售商在 x 模式下的收益
π_{mi}^x	供应商在 x 模式下的收益
D_i^x	农产品 i 在 x 模式下的需求
a_i	农产品 i 在市场中的潜在需求
w_i^x	农产品 i 在 x 模式下的批发价
p_i^x	农产品 i 在 x 模式下的零售价
q_i	农产品的质量安全水平，本章假设两种农产品 i 的质量安全水平相等（$q_i=q_j$）
β	农产品的需求对可替代农产品的价格敏感系数，β 越大，表示消费者对农产品的价格更敏感
λ_i^x	农产品 i 在 x 模式下的质量安全感知系数
κ	替代农产品质量的市场需求敏感系数
c_r	零售商的单位销售成本，本章假设两种产品的销售成本相同
c_m	供应商的单位销售成本，本章假设两种产品的销售成本相同
c_{or}	零售商投资区块链溯源服务的单位成本
c_{om}	供应商投资区块链溯源服务的单位成本
θ	成本优化系数。区块链溯源服务通过整合企业的数据，优化销售流程，有效降低销售成本，因此，本章假设成本优化系数为 θ
*	均衡解

7.2.2　假设

（1）两种替代农产品的质量均能达到农产品质量安全国家标准和农业行业标准。因此，这两种农产品的质量是相同的。

（2）消费者更倾向于购买信息可靠的新鲜农产品，认为这些产品的质量有保证。由于基于区块链的溯源信息更可靠，因此供应链投资区块链技术将提高顾客对产品质量安全的感知水平。因此，本章假设农产品供应链投资区块链溯源服务可以提高消费者质量安全感知系数，即 $\lambda_i^N=\lambda_2^I<\lambda_1^I=\lambda_i^M$。供应链的决策者以利润最大化为目标做出决策。

（3）通过消除中介，可提高审计效率、降低沟通和财务成本。本章假设成本优化系数为 θ。

（4）供应商均有充足的生产能力，产品不会缺货。农产品供应链的决策者均是风险中性和完全理性的。

（5）基于以往研究，本章假设每条供应链的需求与其零售价格、消费者对农产品的质量安全感知系数和消费者对竞争产品的质量安全感知系数呈线性关系。因此，产品 1 的市场需求为 $D_1^x=a_1-p_1^x+\beta p_2^x+\lambda_1^x q_1-kq_2$，产品 2 的市场需求为 $D_2^x=a_2-p_2^x+\beta p_1^x+\lambda_2^x q_2-kq_1$。其中，$a_1>0$，$a_2>0$。因此，可得市场需求函数，即 $D_i^x=a_i-p_i^x+\beta p_j^x+\lambda_i^x q_i-kq_j$。假设 $1>\beta>0$，则需求对自身价格更敏感。β 和 κ 越大，两种产品间的竞争越激烈。假设 $\lambda_i^x\geqslant k$，则需求对自身质量水平比对替代品质量水平更敏感。

（6）为了便于研究，假设两条供应链中供应商的生产成本为零。为了提高整个供应链的竞争力并获得更多收益，供应商和零售商均有投资区块链溯源服务的内在动机。假设供应商和零售商各自承担区块链溯源服务成本，并通过调整批发价格和订购数量间接分担彼此的区块链溯源服务成本。

7.3 结果

7.3.1 N 模式下供应链成员的收益模型

在 N 模式下，两条农产品供应链的供应商和零售商均不投资区块链溯源服务。供应商以价格 w_i^N 将农产品 i 销售给其专属零售商，零售商的需求为 D_i^N，产品的零售价为 p_i^N。因此，供应商和零售商的期望收益 π_{mi}^N 和 π_{ri}^N 分别如下：

$$\pi_{mi}^N=(w_i^N-c_m)D_i^N \tag{7-1}$$

$$\pi_{ri}^N=(p_i^N-w_i^N-c_r)D_i^N \tag{7-2}$$

运用逆向归纳法求解零售价，可得农产品的零售价 p_i^N。然后，将零售价 p_i^N 代入公式（7-1），得到供应商的均衡批发价 $w_i^{N^*}$。根据均衡批发价 $w_i^{N^*}$，可得均衡零售价 $p_i^{N^*}$。将均衡零售价 $p_i^{N^*}$ 代入需求函数可得均衡需求 $D_i^{N^*}$。基于均衡批发价 $w_i^{N^*}$、均衡零售价 $p_i^{N^*}$ 以及均衡需求 $D_i^{N^*}$，可推导出引理 1 中的供应商和零售商的均衡收入。

引理 1　当两条供应链不投资区块链溯源服务时，均衡需求如下：

$$D_i^{N^*}=-\frac{(\beta^2-2)(A+C_1+C_2+S_1^N+S_2^N)}{F} \tag{7-3}$$

供应链的收益函数如下：

$$\pi_{mi}^{N^*}=\frac{(\beta^2-2)(A+C_1+C_2+S_1^N+S_2^N)^2}{BF} \tag{7-4}$$

$$\pi_{ri}^{N^*}=\frac{(\beta^2-2)^2\ (A+C_1+C_2+S_1^N+S_2^N)^2}{F^2} \tag{7-5}$$

此外，整体农产品供应链的收益如下：

$$\pi_{ri}^{N^*}+\pi_{mi}^{N^*}=\frac{2(\beta^4-5\beta^2+6)(A+C_1+C_2+S_1^N+S_2^N)^2}{F^2} \tag{7-6}$$

其中，

$$A=-8a_i-6a_j\beta+3a_i\beta^2+2a_j\beta^3 \tag{7-7}$$

$$C_1=8c_m-9\beta^2c_m+2\beta^4c_m+8c_r-9\beta^2c_r+2\beta^4c_r \tag{7-8}$$

$$C_2=-2\beta c_m+\beta^3c_m-2\beta c_r+\beta^3c_r \tag{7-9}$$

$$S_1^x=-8\lambda_i^xq_i-6\beta\lambda_j^xq_j+3\beta^2\lambda_i^xq_i+2\beta^3\lambda_j^xq_j \tag{7-10}$$

$$S_2^x=8kq_j+6\beta kq_i-3\beta^2kq_j-2\beta^3kq_i \tag{7-11}$$

$$B=4\beta^4-17\beta^2+16 \tag{7-12}$$

$$F=4\beta^6-33\beta^4+84\beta^2-64 \tag{7-13}$$

性质 1　随着 λ_i^N 的增加，供应商、零售商与整体农产品供应链的收益将增加。此外，随着 k 增加，整体供应链的收益将降低。

由性质 1 可知，当两条农产品供应链均不投资区块链溯源服务时，质量安全感知系数的增加将使农产品供应链成员的收益增加。此外，市场需求对替代品质量敏感系数的增加将降低农产品供应链成员的收益。

7.3.2　I 模式下供应链成员的收益模型

由于两条供应链的对称性，本节假设在 I 模式下供应链 1 投资区块链溯源服务，供应链 2 不投资区块链溯源服务。由于投资区块链溯源服务，供应链 1 的质量安全感知系数得以提高，供应商和零售商通过融合企业信息和区块链溯源服务，有效优化销售过程并降低销售成本，即 θc_m 和 θc_r。供应链 1 中农产品的质量安全感知系数为 λ_1^I，而供应链 2 农产品的质量安全感知系数为 λ_2^I，且 $\lambda_1^I > \lambda_2^I$。供应商 1 和供应商 2 的收益分别为公式（7－14）和（7－15）。

$$\pi_{m1}^I = (w_1^I - \theta c_r - c_{om}) D_1^I \tag{7-14}$$

$$\pi_{m2}^I = (w_2^I - c_m) D_2^I \tag{7-15}$$

零售商 1 和零售商 2 的收益分别表示为公式（7－16）和（7－17）。

$$\pi_{r1}^I = (p_1^I - w_1^I - \theta c_r - c_{or}) D_1^I \tag{7-16}$$

$$\pi_{r2}^I = (p_2^I - w_2^I - c_r) D_2^I \tag{7-17}$$

I 模式下的需求 D_i^I 如下：

$$D_1^I = a_1 - p_1^I + \beta p_2^I + \lambda_1{}^I q_1 - k q_2 \tag{7-18}$$

$$D_2^I = a_2 - p_2^I + \beta p_1^I + \lambda_2{}^I q_2 - k q_1 \tag{7-19}$$

运用逆向归纳法求解农产品的零售价分别为 p_1^I 和 p_2^I。将零售价 p_1^I 和 p_2^I 代入公式（7－14）和（7－15），得到均衡批发价 $w_1^{I^*}$ 和 $w_2^{I^*}$。由均衡批发价 $w_1^{I^*}$ 和 $w_2^{I^*}$，可得均衡零售价 $p_1^{I^*}$ 和 $p_2^{I^*}$，然后将均衡零售价 $p_1^{I^*}$ 和 $p_2^{I^*}$ 代入需求函数（7－18）和（7－19）可得均衡需求 $D_1^{I^*}$ 和 $D_2^{I^*}$。最后，可得引理 2 中供应商和零售商的均衡收益。

引理 2　当供应链 1 投资区块链溯源服务，而供应链 2 不投资区块链溯源服务时，供应商和零售商的需求分别如下：

$$D_1^{I^*} = -\frac{(\beta^2 - 2)(A + \theta C_1 + C_2 + O_1 + S_1^I + S_2^I)}{F} \tag{7-20}$$

$$D_2^{I^*} = -\frac{(\beta^2 - 2)(A + C_1 + \theta C_2 + O_2 + S_1^I + S_2^I)}{F} \tag{7-21}$$

由此可知农产品供应链成员的均衡收益分别为：

$$\pi_{m1}^{I^*} = \frac{(\beta^2 - 2)(A + \theta C_1 + C_2 + O_1 + S_1^I + S_2^I)^2}{BF} \tag{7-22}$$

$$\pi_{m2}^{I^*} = \frac{(\beta^2 - 2)(A + C_1 + \theta C_2 + O_2 + S_1^I + S_2^I)^2}{BF} \tag{7-23}$$

零售商的均衡收益分别为：

$$\pi_{r1}^{I^*} = \frac{(\beta^2 - 2)^2\ (A + \theta C_1 + C_2 + O_1 + S_1^I + S_2^I)^2}{F^2} \tag{7-24}$$

$$\pi_{r2}^{I^*} = \frac{(\beta^2 - 2)^2\ (A + C_1 + \theta C_2 + O_2 + S_1^I + S_2^I)^2}{F^2} \tag{7-25}$$

此外，整体农产品供应链的收益分别为：

$$\pi_{r1}^{I^*}+\pi_{m1}^{I^*}=\frac{2(\beta^4-5\beta^2+6)(A+\theta C_1+C_2+O_1+S_1^I+S_2^I)^2}{F^2} \tag{7-26}$$

$$\pi_{r2}^{I^*}+\pi_{m2}^{I^*}=\frac{2(\beta^4-5\beta^2+6)(A+C_1+\theta C_2+O_2+S_1^I+S_2^I)^2}{F^2} \tag{7-27}$$

其中，

$$O_1=+8c_{om}-9\beta^2c_{om}+2\beta^4c_{om}+8c_{or}-9\beta^2c_{or}+2\beta^4c_{or} \tag{7-28}$$

$$O_2=-2\beta c_{om}+\beta^3c_{om}-2\beta c_{or}+\beta^3c_{or} \tag{7-29}$$

基于农产品供应链成员的均衡收益，可得性质 2。

性质 2 随着质量安全感知系数的增加，供应商、零售商和整体供应链 1 的收益将增加。

根据性质 2 可知，提高质量安全感知系数将增加供应商、零售商和整个农产品供应链成员的收益。

7.3.3 M 模式下供应链成员的收益模型

在 M 模式下，两条农产品供应链中的零售商和供应商均投资区块链溯源服务。供应商将商品 i 以价格 w_i^M 销售给其专属零售商。产品的零售价为 p_i^M，需求为 D_i^M。农产品供应链成员的收益 π_{ri}^M 和 π_{mi}^M 分别如下：

$$\pi_{mi}^M=(w_i^M-\theta c_m-c_{om})D_i^M \tag{7-30}$$

$$\pi_{ri}^M=(p_i^M-w_i^M-\theta c_r-c_{or})D_i^M \tag{7-31}$$

运用逆向归纳求解零售价可得农产品 i 的零售价 p_i^M。然后，将零售价代入公式（7-30）得到均衡批发价 $w_i^{M^*}$。基于均衡批发价 $w_i^{M^*}$，可得均衡零售价 $p_i^{M^*}$。将 $p_i^{M^*}$ 代入需求函数可得均衡需求 $D_i^{M^*}$。基于均衡批发价 $w_i^{M^*}$、均衡零售价 $p_i^{M^*}$、均衡需求 $D_i^{M^*}$，可得引理 3 中供应商和零售商的均衡收益。

引理 3 当两条供应链投资区块链溯源服务时，需求如下：

$$D_i^{M^*}=-\frac{(\beta^2-2)[A+\theta(C_1+C_2)+O_1+O_2+S_1^M+S_2^M]}{F} \tag{7-32}$$

供应链 i 的收益函数为

$$\pi_{mi}^{M^*}=\frac{(\beta^2-2)[A+\theta(C_1+C_2)+O_1+O_2+S_1^M+S_2^M]^2}{BF} \tag{7-33}$$

$$\pi_{ri}^{M^*}=\frac{(\beta^2-2)^2[A+\theta(C_1+C_2)+O_1+O_2+S_1^M+S_2^M]^2}{F^2} \tag{7-34}$$

此外，供应链整体收益为

$$\pi_{ri}^{M^*}+\pi_{mi}^{M^*}=\frac{2(\beta^4-5\beta^2+6)[A+\theta(C_1+C_2)+O_1+O_2+S_1^M+S_2^M]^2}{F^2} \tag{7-35}$$

性质 3 随着质量安全感知系数的提高，农产品供应链投资区块链溯源服务的收益将增加。

7.4 区块链溯源服务投资策略的均衡分析

基于以上假设和分析，发现在 N 模式下两条农产品供应链的收益相同。为了进一步研究区块链溯源服务的均衡投资策略，本章通过比较 I 情况和 M 情况下供应商和零售商的收益，分析了投资区块链溯源服务前后农产品供应链收益的变化。本章考虑以下三种情况：①农产品供应链投资区块链溯源服务后利润增加（即 H1：$\Delta\pi_1=\pi_1^I-\pi_1^N>0$；$\Delta\pi_2=\pi_2^M-\pi_2^I>0$）。②农产品供应链希望通过投资区块链溯源服务使其收益高于竞争对手的收益（即 H2：$\pi_1^I>\pi_2^I$）。③两条农产品供应链均投资区块链溯源服务后的收益（M 情况）将高于投资前的收益（N 情况）（即 H3：$\pi_i^M>\pi_i^N$）。

性质 4 当 $c_{om}+c_{or}<\frac{\lambda_1{}^I q_1-q_2\lambda_2^I}{(1+\beta)}+(c_m+c_r)(1-\theta)$ 时，两条竞争型农产品供应链中的某一条供应链将率先投资区块链技术，另一条供应链将会跟随其竞争者投资区块链溯源服务。因此，两条竞争型供应链均投资区块链溯源服务。

根据性质 4 可得区块链溯源服务的投资成本阈值。当区块链溯源服务的投资成本小于阈值时，两条竞争型农产品供应链均投资区块链溯源服务。此外，投资区块链溯源服务的成本阈值与成本优化系数 θ 和市场需求对竞争农产品价格的敏感系数 β 负相关。这表明如果投资者或决策者想要提高投资成本 $c_{om}+c_{or}$ 的阈值，其应尽可能降低成本优化系数 θ 和市场需求对竞争农产品价格的敏感系数 β。

根据性质 4 可发现供应链 1 上产品的质量安全感知系数 λ_1^I 与区块链溯源服务的投资成本 $c_{om}+c_{or}$ 的阈值正相关，但替代品的质量安全感知系数与区块链溯源服务总成本 $c_{om}+c_{or}$ 的阈值负相关。即当农产品供应链投资区块链溯源服务后的质量安全感知系数较高时，可接受的投资成本 $c_{om}+c_{or}$ 的范围将更广。当与其竞争且未投资区块链溯源服务的农产品供应链的消费者质量安全感知系数较高时，则投资成本的范围将缩小。

此外，当区块链溯源服务的投资成本之和满足条件 H3 而不满足条件 H2 时，则首先投资区块链溯源服务的农产品供应链收益将降低，或使竞争对手比自己更有利可图。然而，若竞争型农产品供应链均投资区块链溯源服务时，其收益同时增加。

7.5　讨论

为了进一步研究三种模式下竞争型农产品供应链收益的变化，本章基于以往营销和运营管理方面的文献[3]假设了一组参数值。本章假设 $a_1=a_2=10$，$q_1=q_2=2$，$\kappa=0.6$。农产品供应链 i 投资区块链溯源服务前的质量安全感知系数 $\lambda_i^N=0.7$，供应链 i 投资区块链溯源服务后的消费者质量安全感知系数 $\lambda_i^M=0.8$。此外，假设成本优化系数 $\theta=0.75$。

图 7-3 至图 7-5 表明了零售价格、批发价格和需求相对于某些参数的变化。

图 7-3 表明随着市场需求对竞争农产品价格的敏感系数 β 的提高，在三种模式下（即 N、I 和 M 模式）的零售价格、批发价格和需求将增加。这可能因为价格竞争扩大了市场需求，零售商将提高零售价格，供应商也将跟随零售商提高批发价格。

图 7-4 表明随着投资区块链溯源服务后质量安全感知系数的提高，在三种模式下（即 N、I 和 M 模式）的零售价格、批发价格和需求将增加。这

可解释为随着投资区块链溯源服务后质量安全感知系数的提高，消费者认为农产品的质量更为可靠。一般来说，消费者更喜欢质量信息可靠的农产品。此外，可观察到在 I 模式下的农产品供应链 1 和在 M 模式下的两条农产品供应链的零售价格、批发价格和需求对质量安全感知系数的变化更敏感。这表明投资区块链溯源服务有利于提高最优价格和扩大需求。

图 7-5 表明随着市场需求对竞争农产品质量安全敏感系数的提高，在三种模式下（即 N、I 和 M 模式）的零售价格、批发价格和需求将降低。原因可能是激烈的质量竞争增加了成本并减少了市场需求，因而农产品供应链成员降低了其零售价和批发价。

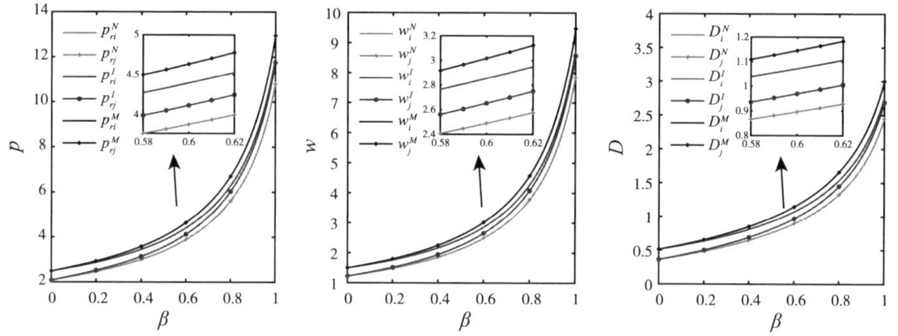

图 7-3　竞争农产品价格的敏感系数对零售价、批发价和需求的影响

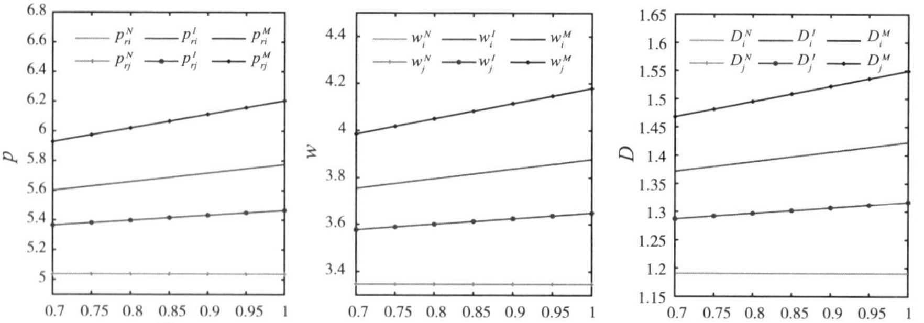

图 7-4　质量安全感知系数对零售价、批发价和需求的影响

本章将用一个数值例子来讨论区块链溯源服务的投资策略。一般来说，设定市场需求对竞争农产品价格的敏感系数 β 为 0.5。基于上述参数值，图 7-6（a）为随着投资成本 $c_{om}+c_{or}$ 的变化，农产品供应链在投资区块链

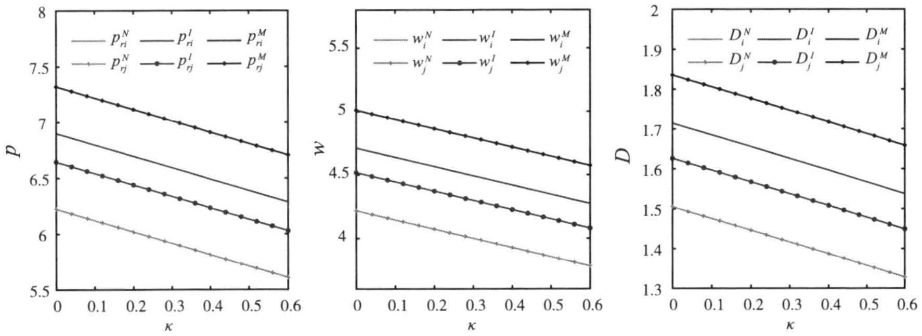

图 7-5 竞争农产品质量的市场需求敏感系数对零售价、批发价和需求的影响

溯源服务后收益的变化。由图 7-6（a）可知，当市场需求对替代价格的敏感系数为 0.5 时，若农产品供应链成员想要投资区块链溯源服务，则投资成本应该小于 0.383 3。此外，图 7-6（b）显示了区块链溯源服务投资总成本 $c_{om}+c_{or}$ 随市场需求对竞争农产品价格的敏感系数的变化而变化的趋势。如性质 4 所示，条件满足 $H_2<H_1<H_3$，此时，区块链溯源服务的投资总成本的最小阈值为 0.35。

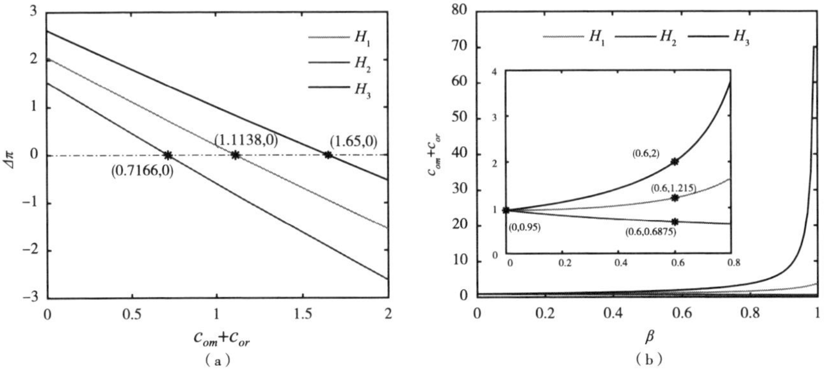

图 7-6 总成本和利润、竞争农产品价格敏感系数的关系

因此，本章假设 $c_{om}=0.15$、$c_{or}=0.15$。同时，为了便于对比假设 $c_{om}=0.22$、$c_{or}=0.22$ 和 $c_{om}=0.29$、$c_{or}=0.29$，以此作为对照。

当 $c_{om}=0.15$、$c_{or}=0.15$ 时，图 7-7 表明了农产品供应链的收益随着市场需求对竞争农产品价格的敏感系数 β 的变化而变化的趋势。由此可以发现随着市场需求对竞争农产品价格的敏感系数 β 的增加，农产品供应链成员的收益也将增加。此外，无论市场需求对竞争农产品价格的敏感系数 β 是多少，农产品供应链在投资区块链溯源服务后的收益都将增加，如性质 4 所示（即 $\pi_{ri}^{M}>\pi_{r1}^{I}>\pi_{r2}^{I}>\pi_{ri}^{N}$，$\pi_{mi}^{M}>\pi_{m1}^{I}>\pi_{m2}^{I}>\pi_{mi}^{N}$）。可能的原因是，随着市场需求对竞争农产品价格的敏感系数 β 的提高，零售价格、批发价格和需求将增加。

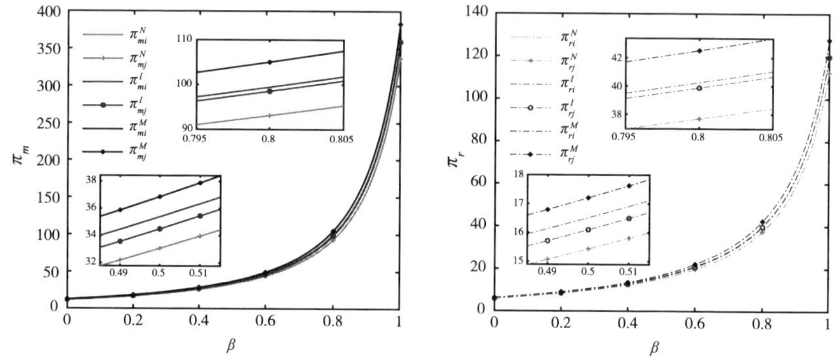

图 7-7　竞争农产品价格的敏感系数对收益的影响

当 $c_{om}=0.22$、$c_{or}=0.22$ 时，市场需求对竞争农产品价格的敏感系数 β 对供应链收益的影响如图 7-8 所示。无论市场需求对竞争农产品价格的敏感系数 β 的值是多少，对区块链溯源服务的投资均将增加农产品供应链的收益。但当仅供应链 1 投资区块链溯源服务时，供应链 2 的收益将高于供应链 1 的收益。因此，如性质 4 所示，当 $c_{om}=0.22$、$c_{or}=0.22$ 时，农产品供应链将不投资区块链溯源服务。

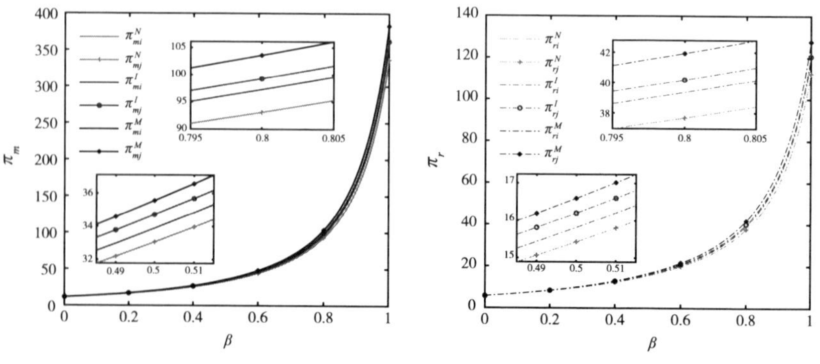

图 7-8　竞争农产品价格的敏感系数对收益的影响

当 $c_{om}=0.29$、$c_{or}=0.29$ 时，随着市场需求对竞争农产品价格的敏感系数 β 的增加，农产品供应链收益的变化如图 7－9 所示。通过对比图 7－8 和图 7－9，可以发现当市场需求对竞争农产品价格的敏感系数 β 大约为 0.5 时，增加区块链溯源服务投资成本并不总会使供应链成员的收益增加。当市场需求对竞争农产品价格的敏感系数 β 大约为 0.8 时，图 7－9 中供应链成员的收益与图 7－8 相同。这是因为当市场需求对竞争农产品价格的敏感系数大约为 0.8 时，$c_{om}=0.29$ 和 $c_{or}=0.29$ 小于 $\frac{(8-3\beta^2)(\lambda_i^I-\lambda_i^N)q_1}{(8-9\beta^2+2\beta^4)}+(c_m+c_r)(1-\theta)$，但大于 $\min\left(\frac{\lambda_i^I q_1-q_2\lambda_i^N}{(1+\beta)}+(c_m+c_r)(1-\theta)\right)$。

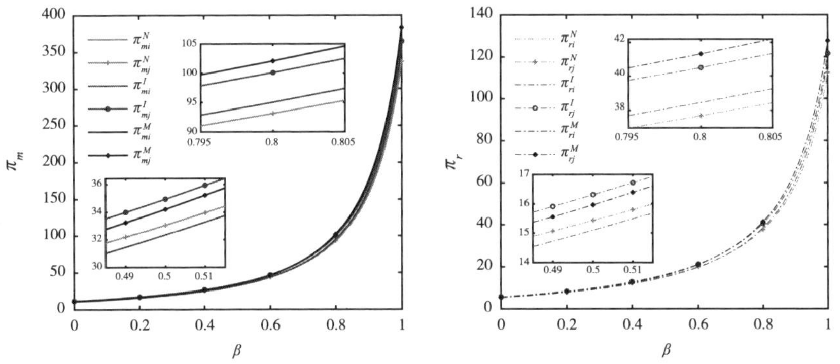

图 7－9 竞争农产品价格的敏感系数对收益的影响

假设投资区块链溯源服务的成本之和大于其阈值，但满足条件 H3。根据图 7－8 和图 7－9，可观察到如性质 4 所示。虽然两条竞争型农产品供应链均不会率先投资区块链溯源服务，但若两条农产品供应链达成协议均投资区块链溯源服务，农产品供应链的收益将增加。

通过上述数值分析验证了性质 4。当 $c_{om}+c_{or}$ 满足一定范围时，农产品供应链将投资区块链溯源服务，否则将不投资区块链溯源服务。

7.6 本章小结

本章建立了两条相互竞争的供应链，每条供应链分别由一个供应商和一个零售商组成。基于两条供应链的不同投资决策，分别讨论了三种不同的投资模型。通过对比不同投资模式的供应链成员最优收益，研究了投资区块链溯源技术对竞争型供应链成员收益的影响，并通过数值分析进行了验证。研究结果表明，采用区块链溯源服务将提高消费者对质量安全的感知水平，从而增加供应链成员的收益。此外，当决策者想要投资区块链溯源服务时，其应关注消费者对其竞争型产品的质量安全感知系数，且当投资成本大于其阈值时，两条竞争型供应链将共同投资区块链溯源服务。

8 总结与展望

8.1 研究结论

农产品定价机制是国家农产品价格体系建设的重要内容。2017—2021年的中央1号文件多次强调农产品价格是提高农民收入，助力乡村振兴的关键。但疫情给国家倡导的以区块链助力农产品质量安全以及建设冷链设施保障农产品新鲜度政策的推行带来巨大挑战。为激励区块链相关企业复工复产，并推动冷链设施的建设，政府技术补贴作为其中一项重要举措将对农产品定价规律以及企业的投资决策产生新影响。因此，探讨后疫情时期政府不同补贴策略下基于区块链的农产品供应链定价规律与企业的区块链投资决策问题非常迫切且重要，上述问题的解决对后疫情时期以区块链推进农业现代化建设、助力乡村振兴意义重大。为此，本书重点剖析区块链的采用对农产品关键定价因子的影响，修正了需求函数，探讨了不同补贴策略下农产品供应链的定价与区块链投资策略以及投资后的供应链协调问题。最后，通过数值仿真验证所得结论。通过分析归纳，主要可得以下六方面结论：

（1）考虑采用区块链后消费者的感知绿色信任系数与感知新鲜度信任系数，修正了需求函数。假设政府对使用和研发区块链的企业提供税收补贴，构建并分析了三种补贴模式。研究结果表明：①政府对生产商和区块链溯源服务商的税收补贴率与区块链溯源服务商的区块链技术投资成本正相关，即政府的税收补贴策略将激励生产商和区块链溯源服务商使用区块链技术。然而，与模式S1相比，政府补贴区块链溯源服务商和生产商，供应链成员的收益并不一定提高。②当区块链溯源服务商的区块链技术投资成本处于一定范围时，在模式S1和S2下供应链成员的收益将高于在模式US下的收益。此外，区块链溯源服务商的区块链技术投资成本与区块链溯源服务商和生产商的税收折扣系数负相关，即所有获得政府税收补贴的供应链成员的收益并不一定增加，这与税收补贴率和区块链溯源服务商的区块链技术投资成本相关。因此，政府应根据区块链溯源服务商的区块链技术投资成本制定合理的税收补贴策略。③随着消费者的感知绿色信任系数和感知新鲜度信任系数的增加，供应链成员的最优价格和最优收益均增加。此外，在两种补贴模式下，若供应链成员想获得较高的价格和收益，其应竭力利用区块链技术提高消费者的感知绿色信任系数和感知新鲜度信任系数。④政府对生产商的税收补贴将使区块链溯源服务商提高其零售价，并使得生产商和零售商制定较低的价格。政府对区块链溯源服务商的税收补贴不仅有助于区块链溯源服务商获得更多的收益，也有助于生产商和零售商获得更多的收益。这称之为补贴策略的“溢出效应”。

（2）考虑“区块链＋大数据”的采用对消费者购买决策和忠诚度的影响，用复购率、消费者对溯源信息和新鲜度信息的感知信任水平反映其与需求函数之间的关系，修正了需求函数。假设政府将对采用基于“区块链＋大数据”的需求和溯源信息服务的企业采取补贴策略，并对投入保鲜努力的第三方物流企业采取保鲜补贴，构建并分析了在三种投资模式下政府采取不同补贴策略的博弈模型。研究结果表明：①在三种投资模式下，相较于无补贴策略，政府补贴需求和溯源信息服务成本将增加消费者剩余。当价格弹性系数大于$\sqrt{2}$或小于$\sqrt{2}$且政府对供应链成员的需求和溯源信息服务成本补贴系数满足一定条件时（该条件在不同投资模式下有所不同），政府补贴需求和溯源信息服务成本将提高社会总福利。然而，政府采取保鲜补贴策略后，社会总福利和消费者剩余将保持不变。②在三种投资模式下，相较于无补贴策略，政府补贴需求和溯源信息服务成本将降低销售价，当所有供应链成员均投资需求和溯源信息服务时，随着政府对供应链成员的需求和溯源信息服务成本补贴系数的增加，最优销售价降低的幅度最大，而最优批发价和最优运输价的变化与供应链成员的投资模式以及需求和溯源信息服务投资成本相关。然而，政府采取保鲜补贴策略后，供应链成员的最优价格将保持不变。③在三种投资模式下，相较于无补贴策略，政府采取需求和溯源信息服务补贴策略将优化供应链成员的最优收益。然而，当政府采取保鲜补贴策略时，仅第三方物流公司的最优收益增加，其余供应链成员的最优收益保持不变。因此，从提高社会总福利、供应链成员的最优收益和解决可追溯生鲜农产品“买贵”问题的角度出发，政府补贴保鲜成本是无效的，应优先补贴需求和溯源信息服务成本。④当电子商务零售商和第三方物流公司的需求和溯源信息服务投资成本低于一定的投资上限时，供应链成员将获得更多收益，此时，电子商务零售商和第三方物流公司可考虑投资需求和溯源信息服务。此外，随着溯源水平、消费者对新鲜信息和溯源信息的感知信任水平以及政府对供应链成员的需求和溯源信息服务成本补贴系数的增加，投资上限将有所扩大。

(3) 考虑感知质量安全失效率更能反映新环境下市场需求与农产品质量安全的影响，修正了需求函数。重点探讨政府激励措施并将其划分为直接补贴和间接补贴，构建四种博弈模型。研究结果表明：①当生产商和零售商的BBIS 投资成本满足一定阈值时，生产商和零售商的收益与 BBIS 优化系数、生产商和零售商的 BBIS 投资成本、感知质量安全失效率、农产品质量、供应链成员成本折扣系数、零售价折扣系数正相关。②在三种投资模式下，零售价与 BBIS 优化系数、生产商和零售商的 BBIS 投资成本正相关，与感知质量安全失效率负相关。批发价与 BBIS 优化系数、零售商的 BBIS 投资成本、感知质量安全失效率负相关，与生产商的 BBIS 投资成本正相关。即供应链成员想获得更大的利润空间就应竭力调整相关参数，如降低 BBIS 投资成本和 BBIS 优化系数。③补贴模式将不影响价格和收益随着 BBIS 优化系数、生产商和零售商的 BBIS 投资成本的变化而变化的趋势，也不影响价格和收益随着感知质量安全失效率和农产品质量的增加而变化的趋势。④当 BBIS 的投资成本满足一定阈值时，实施补贴策略将有助于链成员获得更多收益。此外，当直接补贴和间接补贴的补贴系数能够满足一定关系时，间接补贴模式下供应链成员的收益将高于直接补贴模式下供应链成员的收益。否则，实施直接补贴策略将对供应链成员更有利。

(4) 考虑新背景下新鲜度信息的不可靠性，修正了需求函数。在采用区块链防伪溯源系统后构建四种收益模型并采用价格折扣和收益共享契约协调供应链。研究结果表明：①随着新鲜度信息不可靠系数的增加，在提出的三种情况下供应链成员的收益将减少，即采用区块链防伪溯源系统后供应链成员若想获得更多收益，可尝试挖掘区块链防伪溯源系统的价值并降低新鲜度信息的不可靠系数。②随着有效产出要素函数的增加，不同情况下生产商和零售商的收益将减少。换言之，采用区块链防伪溯源系统将使供应链成员收益增加。此外，供应链协调将有助于供应链成员获得更多收益。③在 H 模型下，当区块链防伪溯源系统的投资成本低于定值时，投资区块链防伪溯源系统将有助于供应链成员获得更多收益。在协调情况下，当区块链防伪溯源系统投资成本低于定值时，投资区块链防伪溯源系统将有助于供应链成员获得更多收益。换言之，投资区块链防伪溯源系统不一定有助于供应链成员获得更多收益，当投资成本在一定范围内时，供应链成员可采用区块链防伪溯源系统。④当零售商的收益共享系数在一定范围时（$1/2\leqslant\rho\leqslant3/4$），采用价格折扣和收益共享契约将实现优质生鲜供应链协调。同时，批发价的折扣与收益共享系数呈负相关。换言之，采用收益共享和价格折扣契约可实现供应链协调，但收益共享系数应高于 0.5 且低于 0.75。

（5）为了研究区块链应用背景下的生鲜供应链补贴策略，总结了两种政府补贴策略即变动补贴策略和固定补贴策略。此外，强调用基于区块链的溯源信息的信任水平和消费者对基于区块链的溯源信息的偏好反映新背景下基于区块链的溯源信息对市场需求的影响，并提出了新需求函数。然后，考虑采用区块链后需求函数的变化，选取了由一个生产商、一个区块链溯源服务提供商和一个零售商组成的生鲜供应链作为研究对象，构建了三种博弈模型。研究结果表明：①当 $\beta>\dfrac{\sqrt{1-\gamma}A+\gamma ec-A}{ec(1-\gamma)}$ 时，在 S1 下供应链利益相关者的收益将高于其在 US 模式下的收益。同时，收益差距随着生产商补贴系数的增加而变化的幅度将大于其随着变动补贴系数的增加而变化的幅度。②政府变动补贴将有助于零售商、生产商与区块链溯源服务提供商制定较低的价格（即生鲜产品零售价、生鲜产品批发价与基于区块链的溯源服务的零售价）。③向区块链溯源服务提供商和生产商提供变动补贴将有助于整个供应链成员获得更多收益，从而推动区块链技术的发展和应用。④当 F 和 γ 满足一定关系时 $\left(F>\dfrac{[e\beta c(1-\gamma)]^2-2[e\beta c(1-\gamma)](a-ec-ec_o-ec_{px}-ec_{rx}+\sigma H+\theta(t)+\gamma ec)}{16e\psi(t)(1-\gamma)}\right)$，在 S1 下供应链利益相关者的收益将高于其在S2下的收益。⑤向区块链溯源服务提供商提供固定补贴策略将不会使整个供应链成员获得更多收益。

（6）为了研究竞争型农产品供应链中区块链溯源服务的投资决策规则，设计了两条供应链且每条供应链包括一个供应商和一个零售商。考虑消费者感知质量安全的新变化，修正了农产品需求函数。由于两条供应链的对称性，构建了三种投资模式。研究结果表明：①随着市场需求对替代农产品质量的敏感系数的增加，在提出的三种情况下零售价、批发价和需求将降低。若决策者能够通过采用区块链溯源服务提升质量安全感知系数，这将有助于决策者增加收益和需求。投资区块链溯源服务的决策者应竭力汲取区块链溯源服务在产品质量溯源方面的价值，从而提高采用区块链溯源服务后消费者的质量安全感知系数，进而使决策者的收益增加。②投资区块链溯源服务后，质量安全感知系数与区块链溯源服务成本的总阈值正相关，但未投资区块链溯源服务时的质量安全感知系数与区块链溯源服务成本的总阈值负相关。这说明当决策者想要投资区块链溯源服务时，其不仅要提高消费者对农产品的质量安全感知系数，也要关注消费者对竞争型产品的质量安全感知系数。当竞争者的质量安全感知系数较高时，投资者应降低投资成本。③当区块链溯源服务投资成本满足一定条件时，投资区块链溯源服务将增加农产品供应链的收益。此外，区块链溯源服务成本的总阈值与成本优化系数和市场需求对替代农产品价格的敏感系数负相关。这说明若区块链溯源服务的投资者和决策者想要扩大区块链溯源服务成本的总阈值，其应降低成本优化系数并尽可能避免激烈的价格竞争。④当区块链溯源服务的投资成本高于其阈值时，投资区块链溯源服务将减少供应链成员的收益或者使竞争者比自己更有利可图。因此，当不能确定竞争者是否投资区块链溯源服务时，农产品供应链将不投资区块链溯源服务。若其能达成共同投资区块链溯源服务的协议，区块链溯源服务仍能提高农产品供应链的收益。

8.2 策略与建议

本书针对政府技术补贴下的基于区块链的农产品供应链定价机制与企业的区块链投资决策问题，从博弈论角度出发，考虑采用区块链后的复购率、消费者的感知绿色信任度与感知新鲜信任度的变化，研究了在区块链背景下政府采取不同补贴策略时农产品供应链的定价机制与企业的区块链投资策略。在理论与实践相结合的基础上，提出以区块链推进农业现代化建设、助力乡村振兴的管理对策与建议。

（1）企业层面。区块链对实现农产品溯源以及保障农产品质量安全至关重要。从社会整体利益出发，企业应响应国家号召，积极研发与应用区块链技术，记录农产品的生产销售全过程，打破信息壁垒，提高农产品信息的透明度与精确度，生产并销售优质优价的农产品，推动农业产业增值，为以区块链推动农业现代化建设、助力乡村振兴贡献一份力。从个人利益出发，企业可率先将基于区块链的精准溯源信息的农产品引入市场，占据有利的市场地位，树立良好的企业形象，打造品牌效应，从而赢得消费者的信任，形成持续的竞争优势。此外，企业投资区块链后可竭力挖掘其有价值的信息，从而优化农产品的生产与销售过程，提高供应链的运营效率，降低管理运营成本。

需要注意的是，政府技术补贴虽可激励区块链的研发与应用，但企业获得政府补贴后的收益并不一定增加，这与政府的区块链成本补贴率以及企业的区块链投资成本相关。因此，企业在获得政府补贴后，应控制区块链的投资成本，并竭力利用区块链技术提高消费者对基于区块链的溯源信息的感知信任水平，从而获得较低的价格和较高的收益。此外，政府补贴供应链中某一成员的区块链投资成本将可能产生补贴策略的“溢出效应”，使其余供应链成员的收益均增加，因此，供应链上下游企业可建立契约共同投资，降低自身投资成本，从而谋求更大的利益。

（2）政府层面。农产品质量安全问题的加剧以及以区块链助力农产品质量安全政策推行的受阻均离不开国家政策调控，制定合适的政策将发挥良好的引导作用。未来，政府应不断推动完善区块链研发与应用的相关政策，解决信息不对称等问题，实现农产品质量安全溯源。地方政府也应积极响应国家号召，制定区块链相关政策。研究表明区块链补贴策略将对企业投资区块链起到积极作用，并可以解决溯源产品“买贵”的难题，因此，针对区块链的专项补贴政策作为重要的激励措施应被大力推广。值得注意的是，政府在制定区块链补贴政策时要想达到理想效果应综合考虑多方面因素，如政府应根据企业的区块链投资成本以及产品的价格弹性系数制定合理的补贴率。此外，政府应鼓励供应链上下游企业均投资区块链，此时，区块链成本补贴率的增加对可追溯农产品销售价的抑制作用将更强。

8.3 研究展望

区块链是解决农产品质量安全溯源难与供需信息不对称等问题的重要契机，但新冠疫情给国家倡导的将区块链应用于农产品供应链的政策推行带来巨大挑战，为激励区块链的研发与应用，政府技术补贴作为其中一项重要举措将对农产品定价规律和企业的区块链投资决策产生新影响。因此，本书探讨了在政府采取不同补贴策略下基于区块链的农产品供应链定价机制与企业的区块链投资决策，弥补了新背景下农产品需求函数的研究不足，推动了供应链环境下补贴理论的发展。虽取得一些研究成果，但仍存在如下的局限性：

（1）供应链形式单一。本书仅探讨了一个生鲜农产品供应链与双渠道农产品供应链，而事实上，生鲜农产品供应链是一个十分复杂的系统。在未来的研究中将扩展生鲜农产品供应链的结构。

（2）协调供应链的契约有待完善。本书仅探讨在补贴策略和区块链背景下的价格折扣和收益共享契约，常见的供应链协调契约有成本分担、回购契约以及数量折扣等，建立合理的契约协调可能会得出更有意义的结论。后续研究将完善契约协调，以实现在补贴策略环境和新技术背景下的供应链协调。

（3）未考虑供应链成员的风险偏好。本书假设供应链成员是风险中性的和完全理性的，但实际上供应链成员是具有风险偏好的，而这可能对供应链成员的投资决策产生影响。因此，后续研究可考虑供应链上下游企业的风险规避等行为。

（4）采用区块链技术的影响有待深入挖掘。本书重点探讨的是投资区块链后消费者对产品信息的感知信任水平以及质量信息不可靠性等因素的影响。在现实中，采用区块链技术后其他因素（如供应链成员的欺诈行为和购物时间）也可能发生变化，在后续的研究中将进行更深层次的探讨。

REFERENCES 参考文献

[1] Nattinee B, Seonghyuk K. Nano - Food Packaging: An Overview of Market, Migration Research, and Safety Regulations [J]. Journal of Food Science, 2015, 80 (5): 910 - 923.

[2] 李文立，赵帅．考虑溯源系统应用的优质农产品双渠道供应链决策研究 [J]. 运筹与管理，2019，28 (6)：98 - 108.

[3] Liu P, Long Y, Song H, et al. Investment decision and coordination of green agri - food supply chain considering information service based on blockchain and big data [J]. Journal of Cleaner Production, 2020, 277: 123646.

[4] Robson K, Dean M, Haughey S, Elliott C. A comprehensive review of food fraud terminologies and food fraud mitigation guides [J]. Food Control, 2021, 120: 107516.

[5] Ehmke M D, Bonanno A, Boys K, et al. Food fraud: Economic insights into the dark side of incentives [J]. Australian Journal of Agricultural and Resource Economics, 2019, 63 (4): 685 - 700.

[6] Shears, Peter. Food fraud—A current issue but an old problem [J]. British Food Journal, 2010, 112 (2): 198 - 213.

[7] 厉曙光，陈莉莉，陈波．我国 2004—2012 年媒体曝光食品安全事件分析 [J]. 中国食品学报，2014，14 (3)：1 - 8.

[8] Youngjun S, Sunghyun Y, Yoojae W. Blockchain Token - Based Wild - Simulated Ginseng Quality Management Method [J]. Sensors, 2022, 22 (14): 5153.

[9] 马汉武，王善霞．食品安全环境下的肉类食品可追溯系统的构建 [J]. 中国安全科学学报，2006 (11)：4 - 9.

[10] Rayda A B, Mohsen H, Sezai E, et al. Integration of Innovative Technologies in the Agri - Food Sector: The Fundamentals and Practical Case of DNA - Based Traceability of Olives from Fruit to Oil [J]. Plants, 2022, 11 (9): 1230.

[11] Abhirup K, Sapna K, et al. Blockchain - Enabled Supply Chain platform for Indian

Dairy Industry：Safety and Traceability [J]. Foods，2022，11（17）：2716.

[12] Huimin G，Haisheng L，Rui W，et al. Research on Emergency Logistics Model of Agricultural Products Based on Coupling of PETRI Net and Blockchain [J]. Promet - Traffic & Transportation，2022，33（6）：883 - 891.

[13] Keke G，Zhengkang F，Ruili W，et al. Edge Computing and Lightning Network Empowered Secure Food Supply Management [J]. IEEE Internet of Things Journal，9（16）：14247 - 14259.

[14] Caro M P，Ali M S，Vecchio M，Giaffreda R . Blockchain - based traceability in Agri - Food supply chain management：A practical implementation. Paper presented at the 2018 IoT Vertical and Topical Summit on Agriculture - Tuscany（IOT Tuscany），2018.

[15] Galvez F J，Mejuto J C，Simal - Gandara J. Future challenges on the use of blockchain for food traceability analysis [J]. TrAC - Trends in Analytical Chemistry，2018，107：222 - 232.

[16] Olsen P，Borit M. The components of a food traceability system [J]. Trends in Food Science & Technology，77，143 - 149.

[17] Salah K，Nizamuddin N，Jayaraman R，Omar M. Blockchain - Based Soybean Traceability in Agricultural Supply Chain. [J]. IEEE Access，2019，7：73295 - 73305.

[18] Zhang F，Masna N，Bhunia S，Cheng C，et al. Authentication and traceability of food products through the supply chain using NQR spectroscopy. Paper presented at the 2017 IEEE Biomedical Circuits and Systems Conference（BioCAS），2017.

[19] van Rijswijk W，Frewer J L，Menozzi D，et al. Consumer perceptions of traceability：A cross - national comparison of the associated benefits [J]. Food Quality and Preference，2008，19（5）：452 - 464.

[20] Zhang X，Zhang J，Liu F，et al. Strengths and limitations on the operating mechanisms of traceability system in agro food，China [J]. Food Control，2009，21（6）：825 - 829.

[21] Zhou Y P，Zhao X J，Sun L. Research on traceability strategy of food supply chain considering delay effect [J]. Journal of food science，2022，87（11）：4831 - 4838.

[22] Zhang X，Lv S，Xu M，et al. Applying evolutionary prototyping model for eliciting system requirement of meat traceability at agribusiness level [J]. Food Control，

2010，21（11）：1556－1562.

[23] Rodriguez－Salvador B，Dopico C D. Understanding the value of traceability of fishery products from a consumer perspective [J]. Food Control，2020，112：107142.

[24] 吴红姣，倪卫红．食品供应链的可追溯体系设计 [J]. 工业工程，2008（3）：53－56.

[25] Matzembacher E D，Stangherlin C D I，Slongo A L，et al. An integration of traceability elements and their impact in consumer's trust [J]. Food Control，2018，92：420－429.

[26] Olsen P，Borit M. The components of a food traceability system [J]. Trends in Food Science & Technology，2018，77：143－149.

[27] Kenea T A，Girma G. Digitalization and Future Agro－Food Supply Chain Management：A Literature－Based Implications [J]. Sustainability，2021，13（21）：12181.

[28] Roseiro P，Parra－Dominguez J. Blockchain：A brief review of Agri－Food Supply Chain Solutions and Opportunities [J]. Adcaij－Advancesin Distributed Computingand Artificial Intelligence Journal，2020，9（4）：95－106.

[29] Khan A M，Salah K. IoT security：Review，blockchain solutions，and open challenges [J]. Future Generation Computer Systems，2018，82，395－411.

[30] Mohanta B K，Panda S S & Jena D. An Overview of Smart Contract and Use Cases in Blockchain Technology. Paper presented at the 2018 9th International Conference on Computing，Communication and Networking Technologies（ICCCNT），2018.

[31] Wang RK，Chen X. Research on Agricultural Product Traceability Technology（Economic Value）Based on Information Supervision and Cloud Computing [J]. Computational Intelligence and Neuroscience，2022：4687639.

[32] Ji G，Zhou S，Lai K H，et al. Timing of blockchain adoption in a supply chain with competing manufacturers [J]. International Journal of Production Economics，2022，247：108430.

[33] 李天明，严翔，张增年，等．区块链＋物联网在农产品溯源中的应用研究 [J]. 计算机工程与应用，2021，57（23）：50－60.

[34] Imeri A，Khadraoui D. The Security and Traceability of Shared Information in the Process of Transportation of Dangerous Goods. Paper presented at the Ifip International Conference on New Technologies，2018.

[35] Hassan M U, Rehmani M H, Chen J. Privacy preservation in blockchain based IoT systems: Integration issues, prospects, challenges, and future research directions [J]. Future Generation Computer Systems, 2019, 97: 512 - 529.

[36] Moe T. Perspectives on traceability in food manufacture [J]. Trends in Food Science & Technology, 1998, 9 (5): 211 - 214.

[37] Wu X Y, Fan Z P, Cao B B. An analysis of strategies for adopting blockchain technology in the high - quality fresh products supply chain [J]. International Journal of Production Research, 2023, 61 (11) 3717 - 3734.

[38] Huber P, Swaminathan J M, Pengwen H. Blockchain Adoption for Combating Deceptive Counterfeits [J]. Production and Operations Management Society, 2021, 30 (4): 864 - 882.

[39] Hayat H K, Noman M M, Zdenka K, et al. Blockchain technology for agricultural supply chains during the COVID - 19 pandemic: Benefits and cleaner solutions. [J]. Journal of cleaner production, 2022, 347, 131268.

[40] Chen X M, Shang J, Zada M, et al. Health Is Wealth: Study on Consumer Preferences and the Willingness to Pay for Ecological Agricultural Product Traceability Technology: Evidence from Jiangxi Province China [J]. International Journal of Environmental Research and Public Health, 2021, 18 (22): 11761.

[41] Chu T T, Pham T T T. Vertical coordination in agri - food supply chain and blockchain: A proposed framework solution for Vietnamese cashew nut business [J]. Regional Science Policy and Practice, 2022, 2022: 12576.

[42] Sunny J, Undralla N, Pillai V. Madhusudanan. Supply chain transparency through blockchain - based traceability: An overview with demonstration [J]. Computers& Industrial Engineering, 2020, 150, 106895.

[43] Semou P F. Use of Blockchain Technology in Agribusiness: Transparency and Monitoring in Agricultural Trade [J]. Adv. Econ. Bus. Manag. Res, 2017, 31: 38 - 40.

[44] 杨永强，蔡宗辉，刘雅卓. 区块链+大数据：突破瓶颈，开启智能新时代 [M]. 北京：机械工业出版社，2019.

[45] 陈娉婷，张月婷，沈祥成，等. 中国食用农产品追溯标准体系现状及对策 [J]. 湖北农业科学，2021，60 (22)：190 - 194，200.

[46] McAfee A, Brynjofsson E. Big data: the management revolution [J]. Harvard business review, 2012, 90 (10): 60 - 68.

[47] Venkatesh V G, KangKai K, Bill W, et al. System architecture for blockchain based transparency of supply chain social sustainability [J]. Robotics and Computer-integrated Manufacturing, 2020, 63: 1-9.

[48] Liu S, Hua G, Kang Y, et al. What value does blockchain bring to the imported fresh food supply chain? [J]. Transportation Research Part E, 2022, 165: 102859.

[49] ZhiPeng L, HyiThaek C, SangJoon L. The Effect of Blockchain Operation Capabilities on Competitive Performance in Supply Chain Management [J]. Sustainability, 2021, 13 (21).

[50] 赵帅，李文立，曹晓宁，等. 预售模式下的生鲜农产品双渠道供应链协调机制 [J]. 管理工程学报，2021，35 (4)：162-177.

[51] Liu M, Dan B, Zhang S, et al. Information sharing in an E-tailing supply chain for fresh produce with freshness-keeping effort and value-added service [J]. European Journal of Operational Research, 2021, 290 (2): 572-584.

[52] Xueli M, Shuyun W, Sardar M N I, Xiaobing L. Coordinating a three-echelon fresh agricultural products supply chain considering freshness-keeping effort with asymmetric information [J]. Applied Mathematical Modelling, 2019, 67: 337-356.

[53] 张婷婷. 财税政策扶持区块链产业发展的路径设计 [J]. 重庆科技学院学报（社会科学版），2019 (03)：49-52，59.

[54] 张旭梅，朱江华，但斌，等. 考虑补贴和公益性的生鲜冷链保鲜投入激励 [J]. 系统工程理论与实践，2022，42 (3)：738-754.

[55] Zheng Z, Xie S, Dai H, et al. An Overview of Blockchain Technology: Architecture, Consensus, and Future Trends. Paper presented at the 6th IEEE International Congress on Big Data, 2017.

[56] Hongyan D, Mitchell M T, Paul H Z. Design of Traceability Systems for Product Recall. International Journal of Production Research, 2015, 53 (2), 511-531.

[57] Wu L, Wang S, Zhu D, et al. Chinese consumers' preferences and willingness to pay for traceable food quality and safety attributes: The case of pork. Paper presented at the China Economic Review, 2015, 35: 121-136.

[58] Jin S, Zhang Y, Xu Y. Amount of information and the willingness of consumers to pay for food traceability in China [J]. Food Control, 2017, 77: 163-170.

[59] Dai H，Tseng M M，Zipkin H P. DesignofTrace - ability Systems for Product Recall. International Journal of Production Research，2015，53（2）：511 - 531.

[60] Jin S，Zhang Y，Xu Y. Amount of information and the willingness of consumers to pay for food traceability in China [J]. Food Control，2017，77：163 - 170.

[61] 盛海召．生鲜农产品电子商务中复购率影响因素分析 [J]. 江西农业，2018（4）：131.

[62] Nofer M.，Gomber P.，Hinz O.，Schiereck D. Blockchain. Bus. Inf. Syst. Eng. 2017，59，183 - 187.

[63] Nakamoto S. Bitcoin：A Peer - to - peer Electronic Cash System [J]. Decentralized Business Review，2008：21260.

[64] Remigijus P，Aleksandr I. A Decade of Blockchain：Review of the Current Status，Challenges，and Future Directions [J]. Informatica，2019，30（4）：729 - 748.

[65] 傅丽玉，陆歌皓，吴义明，等．区块链技术的研究及其发展综述 [J]. 计算机科学，2022，49（S1）：447 - 461，666.

[66] Kim Y R. Blockchain Initiatives for Tax Administration [J]. SSRN Electronic Journal，2022，69：240.

[67] Lida X，Wu H，Shancang L. Internet of Things in Industries：A Survey. [J]. IEEE Trans. Industrial Informatics，2014，10（4）：2233 - 2243.

[68] Armbrust M，Fox A，Griffith R，et al. A view of cloud computing [J]. Communications of the ACM，2010，53（4）：50 - 58.

[69] Duan X. Big data for cyber physical systems in industry 4.0：a survey [J]. Enterprise Information Systems，2019，13（2）：148 - 169.

[70] Morkunas V J，Paschen J，Boon E. How blockchain technologies impact your business model [J]. Business Horizons，2019，62（3）：295 - 306.

[71] Milojicic D S，Kalogeraki V，Lukose R，et al. Peer - to - peer computing：HP Laboratories Palo Alto [R]. 2003.

[72] 李剑锋．基于拜占庭容错机制的区块链共识算法研究与应用 [D]. 郑州：郑州大学，2018.

[73] Buterin V. A next - generation smart contract and decentralized application platform [EB/OL]. (2018 - 12 - 08). https：//github.com/ethereum/wiki/wiki/White - Paper.

[74] Crosby M，Kalyanaraman V. Blockchain technology：beyond bitcoin [J]. Applied Innovation Review，2016，2：6 - 10.

[75] Yang L. Blockchain and the related issues：a review of current research topics [J]. Journal of Management Analytics，2018，5（4）：231－255.

[76] Katz J，Lindell Y. Introduction to modern cryptography [M]. USA：Chapman and Hall/CRC，2008.

[77] Mumtaz N M B，Nadeem Adnan N，et al. A Survey on Blockchain Technology：Evolution，Architecture and Security [J]. IEEE ACCESS，2021，9：61048－61073.

[78] Le T V，Hsu C L. A Systematic Literature Review of Blockchain Technology：Security Properties，Applications and Challenges [J]. Journal of Internet Technology，2021，22（4）：789－802.

[79] Lo K S，Liu Y，Chia Y S，et al. Analysis of Blockchain Solutions for IoT：A Systematic Literature Review [J]. IEEE Access，2019，7：58822－58835.

[80] Chen X，Nguyen K，Sekiya H. An experimental study on performance of private blockchain in IoT applications [J]. Peer－to－Peer Networking and Applications，2021，14（5）：3075－3091.

[81] Liu M，Wu K，Xu J J. How Will Blockchain Technology Impact Auditing and Accounting：Permissionless versus Permissioned Blockchain [J]. Current Issues in Auditing，2019，13（2）：A19－A29.

[82] 张亮，刘百祥，张如意，等. 区块链技术综述 [J]. 计算机工程，2019，45（5）：1－12.

[83] Xu J，Zhou W，Zhang S，et al. A review of the technology and application of deposit and traceability based on blockchain [J]. Journal of High Speed Networks，2021，27（4）：335－359.

[84] 郑敏，王虹，刘洪，等. 区块链共识算法研究综述 [J]. 信息网络安全，2019（7）：8－24.

[85] Johar S，Ahmad N，Asher W，et al. Research and Applied Perspective to Blockchain Technology：A Comprehensive Survey [J]. Applied Sciences，2021，11（14）.

[86] Li Y，Yin H，Gai K. Blockchain－as－a－Service Powered Knowledge Graph Construction [J]. Lecture Notes in Artificial Intelligence，2021，12817：500－511.

[87] Misbah K，Frank H D，Jiankun H. A Survey and Ontology of Blockchain Consensus Algorithms for Resource－Constrained IoT Systems [J]. Sensors，2022，22（21）.

[88] 曾诗钦，霍如，黄韬，等．区块链技术研究综述：原理、进展与应用 [J]. 通信学报，2020，41 (1)：134-151.

[89] Sekar A R, Maria A, Fadi A. A comprehensive survey on blockchain technology [J]. Sustainable Energy Technologies and Assessments, 2022, 52: 102039.

[90] Ali T S, Ali A, Salman J, et al. A Comparative Analysis of Blockchain Architecture and Its Applications: Problems and Recommendations [J]. IEEE Access, 2019, 7: 176838-176869.

[91] Ibrahim A S, Muhammad I, Ian H, et al. A survey of breakthrough in blockchain technology: Adoptions, applications, challenges and future research [J]. Computer Communications, 2021, 169: 179-201.

[92] 张峰，许干，程翔．区块链在金融领域中的应用综述 [J]. 科技促进发展，2019，15 (8)：865-871.

[93] Yu G, Yun Z, Mohammed A. Supply Chain Finance and Blockchain in Operations Management: A Literature Review [J]. Sustainability, 2022, 14 (20): 13450.

[94] Victor C, Patricia B, Hui Z, et al. How Blockchain can impact financial services—The overview, challenges and recommendations from expert interviewees [J]. Technological Forecasting & Social Change, 2020, 158: 120166.

[95] Rania G E, Karen K. Blockchain in Health Care: Hope or Hype? [J]. Journal of medical Internet research, 2020, 22 (7): e17199.

[96] Mark G, Janet N T, et al. Adoption of Blockchain in Health Care [J]. Journal of medical Internet research, 2020, 22 (9): e17423.

[97] Xi P, Zhang X, Wang L, et al. A Review of Blockchain-Based Secure Sharing of Healthcare Data [J]. Applied Sciences, 2022, 12 (15): 7912.

[98] Xie Y Zhang J, Wang H, et al. Applications of Blockchain in the Medical Field: Narrative Review [J]. Journal of Medical Internet Research, 2021, 23 (10): e28613.

[99] Shi S Y, He D, Li L, et al. Applications of blockchain in ensuring the security and privacy of electronic health record systems: A survey [J]. Computers & Security, 2020, 97: 101966.

[100] Zhao H W, Bai P D, Peng Y, et al. Efficient key management scheme for health blockchain [J]. CAAI Transactions on Intelligence Technology, 2018, 3 (2): 114-118.

[101] Wang Q, Su M. Integrating blockchain technology into the energy sector—from theory of blockchain to research and application of energy blockchain [J]. Computer Science Review, 2020, 37: 100275.

[102] 宁晓静，张毅，林湘宁，等．基于物理—信息—价值的能源区块链分析 [J]. 电网技术，2018，42 (7)：2312-2323.

[103] Schletz Marco, Cardoso Ana, Prata Dias Gabriela, Salomo Søren. How Can Blockchain Technology Accelerate Energy Efficiency Interventions? A Use Case Comparison [J]. Energies, 2020, 13 (22): 5869.

[104] 丁伟，王国成，许爱东，等．能源区块链的关键技术及信息安全问题研究 [J]. 中国电机工程学报，2018，38 (4)：1026-1034，1279.

[105] 张妍，王龙泽，吴靖，等．区块链与综合能源系统：应用及展望 [J]. 中国科学基金，2020，34 (1)：31-37.

[106] Loukil F, Abed M, Boukadi K. Blockchain adoption in education: a systematic literature review [J]. Education and Information Technologies, 2021, 26 (5): 5779-5797.

[107] Bhaskar P, Tiwari C K, Joshi A. Blockchain in education management: present and future applications [J]. Interactive Technology and Smart Education, 2020, 18 (1): 1-17.

[108] Ocheja P, Flanagan B, Ogata H, et al. Visualization of education blockchain data: trends and challenges [J]. Interactive Learning Environments, 2023, 31 (9): 5970-5994.

[109] Alammary A, Alhazmi S, Almasri M, et al. Blockchain-Based Applications in Education: A Systematic Review [J]. Applied Sciences, 2019, 9 (12): 2400.

[110] Nanayakkara S, Rodrigo M N N, Perera S, et al. A Methodology for Selection of a Blockchain Platform to Develop an Enterprise System [J]. Journal of Industrial Information Integration, 2021, 23: 100215.

[111] Li C L, Zhang J, Yang X M, et al. Lightweight blockchain consensus mechanism and storage optimization for resource-constrained IoT devices [J]. Information Processing and Management, 2021, 58 (4): 102602.

[112] Bracci E, Tallaki M, Ievoli R, et al. Knowledge, diffusion and interest in blockchain technology in SMEs [J]. Journal of Knowledge Management, 2022, 26 (5): 1386-1407.

[113] Iyengar G, Saleh F, Sethuraman J, et al. Economics of Permissioned Blockchain Adoption [J]. Management Science, 2023, 69 (6): 3415 - 3436.

[114] Della V F, Oliver M. Blockchain Enablers for Supply Chains: How to Boost Implementation in Industry [J]. IEEE Access, 2020, 8: 209699 - 209716.

[115] 裴凇莹，陈振国．基于文献计量的国内区块链技术研究及应用态势分析 [J]. 计算机工程与科学，2021，43 (11)：1966 - 1978.

[116] 王金丽，樊勇，张辉．区块链文献主题发现及演化研究 [J]. 计算机工程与应用，2020，56 (20)：1 - 8.

[117] Lu Y. The blockchain: State - of - the - art and research challenges [J]. Journal of Industrial Information Integration, 2019, 15: 80 - 90..

[118] Ahi Alan A, Noemi S, et al. Advanced technologies and international business: A multidisciplinary analysis of the literature [J]. International Business Review, 2022, 31 (4): 101967.

[119] 何正源，段田田，张颖，等．物联网中区块链技术的应用与挑战 [J]. 应用科学学报，2020，38 (1)：22 - 33.

[120] Samaniego M, Jamsrandorj U, et al. Blockchain as a service for IoT [C]. Proceedings of the IEEE International Conference on Internet of Things (iThings), IEEE Green Comput. Commun. (GreenCom), IEEE Cyber, Phys. Social Comput. (CPSCom), IEEE SmartData (SmartData), IEEE, Chengdu, China, 2016, 433 - 436.

[121] Xingjian D, Jianxiong G, Deying L, et al. An Incentive Mechanism for Building a Secure Blockchain - Based Internet of Things [J]. IEEE Transactions on Network Science and Engineering, 2021, 8 (1): 477 - 487.

[122] Tao L, Yi Y, Zhongyang Y. The service architecture of Internet of things terminal connection based on blockchain technology [J]. The Journal of Supercomputing, 2021, 77 (11): 12690 - 12710.

[123] Firdaus A, Razak A F M, Feizollah A. The rise of "blockchain": bibliometric analysis of blockchain study [J]. Scientometrics, 2019, 120 (3): 1289 - 1331.

[124] Qiu Han, Qiu Meikang, Memmi Gerard, et al. A Dynamic Scalable Blockchain Based Communication Architecture for IoT [J]. Lecture Notes in Artificial Intelligence, 2018, 11373: 159 - 166.

[125] Singh S, Sanwar M S A H, Byungun Y. Blockchain Security Attacks, Challenges,

and Solutions for the Future Distributed IoT Network [J]. IEEE ACCESS，2021，9：13938－13959.

[126] Atlam Hany F.，Azad Muhammad Ajmal，et al. A Review of Blockchain in Internet of Things and AI [J]. Big Data and Cognitive Computing，2020，4（4）：1－27.

[127] Jianhong Z，Gang F，Yunxiang W. Optimal Deployment Mechanism of Blockchain in Resource－Constrained IoT Systems [J]. IEEE Internet of Things Journal，2022，9（11）：8168－8177.

[128] Rejeb A，Keogh J G，Treiblmaier H. Leveraging the Internet of Things and Blockchain Technology in Supply Chain Management [J]. Future Internet，2019，11（7）：1－22.

[129] Xu L，Paul R，Catalina M，et al. Blockchain－Enabled Applications in Next－Generation Wireless Systems：Challenges and Opportunities [J]. IEEE Wireless Communications，28（2）：86－95.

[130] 袁勇，欧阳丽炜，王晓，等．基于区块链的智能组件：一种分布式人工智能研究新范式 [J]. 数据与计算发展前沿，2021，3（1）：1－14.

[131] Tsolakis N，Schumacher R，Dora M，et al. Artificial intelligence and blockchain implementation in supply chains：a pathway to sustainability and data monetisation? [J]. Annals of operations research，2023，327（1）：157－210.

[132] Javad Z，Hao P W，Lakshmi S B，et al. Blockchain for decentralization of internet：prospects，trends，and challenges [J]. Cluster computing，2021，24（4）：2841－2866.

[133] Zou J，He D，Zeadally S，et al. Integrated Blockchain and Cloud Computing Systems：A Systematic Survey，Solutions，and Challenges [J]. ACM Computing Surveys，2021，54（8）：1－36.

[134] Abelseth B. Blockchain tracking and cannabis regulation：developing a permissioned blockchain network to track Canada's cannabis supply chain [J]. Dalhousie Journalof Interdisciplinary Management，2018，14：1－11.

[135] Ahmed A，Qassim N，Manar T A. Novel blockchain reference model for government services：Dubai government case study [J]. International Journal of System Assurance Engineering and Mangement，2020，11（6）：1170－1191.

[136] Novak M. Crypto－friendliness：understanding blockchain public policy [J]. Jour-

nal of Entrepreneurship and Public Policy，2019，9（2）：9（2）：165－184.

［137］郭滕达．美国推动区块链发展的主要做法及启示［J］．世界科技研究与发展，2020，42（5）：558－566.

［138］Xue N，Ronald R，Jiban K. Blockchain－enabled government efficiency and impartiality：using blockchain for targeted poverty alleviation in a city in China［J］．Information Technology for Development，2021，27（3）：599－616.

［139］Minh B N，Chung T D，Lam B D. Towards a blockchain－based certificate authentication system in Vietnam［J］．PeerJ Computer Science，2020，6：e266.

［140］Lu Y. The blockchain：State－of－the－art and research challenges［J］．Journal of Industrial Information Integration，2019，15：80－90.

［141］刘双印，雷墨鹭兮，王璐，等．区块链关键技术及存在问题研究综述［J］．计算机工程与应用，2022，58（3）：66－82.

［142］刘哲，郑子彬，宋苏，等．区块链存在的问题与对策建议［J］．中国科学基金，2020，34（1）：7－11.

［143］Rossi M，Mueller－BlochChristoph，et al. Blockchain Research in Information Systems：Current Trends and an Inclusive Future Research Agenda［J］．Journal of the Association for Information Systems，2019，20（9）：1390－1405.

［144］Jieren C，Yuan Z，Yuming Y，et al. PoEC：A Cross－Blockchain Consensus Mechanism for Governing Blockchain by Blockchain［J］．CMC－Computers Materials & Continua，2022，73（1）：1385－1402.

［145］Ferreira D，Jin L，Nikolowa R. Corporate Capture of Blockchain Governance［J］．Review of Financial Studies，2022，36（4）：1364－1407.

［146］Liu Y，Lu Q H，Yu G，et al. Defining blockchain governance principles：A comprehensive framework［J］．Information Systems，2022，109：102090.

［147］Feng H W，Wang J L，Li Y，Blockchain Storage Architecture Based on Information－Centric Networking［J］．Electronics，2022，11（17）：1－22.

［148］Dodo K，Tang L J，Ahmed M H，et al. Empirical Performance Analysis of Hyperledger LTS for Small and Medium Enterprises［J］．Sensors，2022，22（3）：1－17.

［149］Sanka A I，Cheung R C. C.．A systematic review of blockchain scalability：Issues，solutions，analysis and future research［J］．Journal of Network and Computer Applications，2021，195：103232.

[150] Fan X, Niu B, Liu Z. Scalable blockchain storage systems: research progress and models [J]. Computing, 2022, 104 (6): 1497-1524.

[151] 毛志来，刘亚楠，孙惠平，陈钟．区块链性能扩展与安全研究 [J]. 信息网络安全，2020，20 (3)：56-64.

[152] Huang B B, Jin L, Lu Z H, et al. BoR: Toward High-Performance Permissioned Blockchain in RDMA-enabled Network [J]. IEEE Transactions on Services Computing, 2019, 13 (2): 301-313.

[153] 斯雪明，徐蜜雪，苑超．区块链安全研究综述 [J]. 密码学报，2018，5 (5)：458-469.

[154] Wen Y J, Lu F Y, Liu Y F, et al. Attacks and countermeasures on blockchains: A survey from layering perspective [J]. Computer Networks, 2021, 191: 107978.

[155] Li X Q, Jiang P, Chen T, et al. A survey on the security of blockchain systems [J]. Future Generation Computer Systems, 2020, 107: 841-853.

[156] 江沛佩，王骞，陈艳姣，等．区块链网络安全保障：攻击与防御 [J]. 通信学报，2021，42 (1)：151-162.

[157] KabashkinIgor. Risk Modelling of Blockchain Ecosystem [J]. Lecture Notes in Artificial Intelligence, 2018, 10394: 59-70.

[158] Kausar F, Senan F M, Asif H M, Raahemifar Kaamran. 6G technology and taxonomy of attacks on blockchain technology [J]. Alexandria Engineering Journal, 2022, 61 (6): 4295-4306.

[159] Zamani E, He Y, Phillips M. On the Security Risks of the Blockchain [J]. Journal of Computer Information Systems, 2020, 60 (6): 495-506.

[160] 江云超，何小卫，崔一举．区块链节点存储优化方案 [J]. 应用科学学报，2020，38 (1)：119-126.

[161] Jia M, Chen J, He K, et al. Redactable Blockchain From Decentralized Chameleon Hash Functions [J]. IEEE Transactions on Information Forensics and Security, 2022, 17: 2771-2783.

[162] Wang T H, Hua H C, Wei Z Q, et al. Challenges of blockchain in new generation energy systems and future outlooks [J]. International Journal of Electrical Power and Energy Systems, 2022, 135: 107499.

[163] Ju C H, Shen Z H, Bao F G, et al. Blockchain Traceability System in Complex

Application Scenarios: Image - Based Interactive Traceability Structure [J]. Systems, 2022, 10 (3): 1 - 16.

[164] Alhazmi H E, Eassa F E. BCSM: A BlockChain - based Security Manager for Big Data [J]. International Journal of Advanced Computer Science and Applications (IJACSA), 2022, 13 (3): 538 - 545.

[165] Alsulbi K, Khemakhem M, Basuhail A. Big Data Security and Privacy: A Taxonomy with Some HPC and Blockchain Perspectives [J]. International Journal of Computer Science and Network Security, 2021, 21 (7): 43 - 55.

[166] Nelson B, Olovsson T. Security and privacy for big data: A systematic literature review [C]. Paper presented at the IEEE International Conference on Big Data, 2017, 3693 - 3702.

[167] Saggi M K, Jain S H. A survey towards an integration of big data analytics to big insights for value - creation [J]. Information Processing & Management, 2018, 54 (5): 758 - 790.

[168] Sifah E B, Xia Q, et al. Chain - based big data access control infrastructure [J]. The Journal of Supercomputing, 2018, 74 (10): 4945 - 4964.

[169] Dai H N, Zheng Z B, Zhang Y. Blockchain for Internet of Things: A Survey [J]. IEEE Internet of Things Journal, 2019, 6 (5): 8076 - 8094.

[170] Nguyen D C, Pathirana P N, Ding M, et al. Integration of Blockchain and Cloud of Things: Architecture, Applications and Challenges [J]. IEEE Communications Surveys and Tutorials, 2020, 22 (4): 2521 - 2549.

[171] Nguyen D C, Pathirana P N, Ding M, et al. Blockchain for 5G and beyond networks: A state of the art survey [J]. Journal of Network and Computer Applications, 2020, 2020: 102693.

[172] Deepa N, Pham Quoc - Viet, Nguyen Dinh C. A Survey on Blockchain for Big Data: Approaches, Opportunities, and Future Directions [J]. Future Generation Computer Systems - THE International Journal of Escience, 131: 209 - 226.

[173] Yang J C, Wen J B, Jiang B, et al. Blockchain - Based Sharing and Tamper - Proof Framework of Big Data Networking [J]. IEEE Network, 2020, 34 (4): 62 - 67.

[174] Ramesh P, Devadas A, Ray P, et al. Under lock and key: Incorporation of blockchain technology in the field of ophthalmic artificial intelligence for big data management - A perfect match? [J]. Indian Journal of Ophthalmology, 2022, 70 (6):

2188-2190.

[175] Peng C, Liu Z K, Wen F, et al. Research on Blockchain Technology and Media Industry Applications in the Context of Big Data [J]. Wireless Communications and Mobile Computing, 2022, 2022: 1-8.

[176] Tulkinbekov K, Kim D H. Blockchain-Enabled Approach for Big Data Processing in Edge Computing [J]. IEEE Internet of Things Journal, 9 (19): 18473-18486.

[177] Lv Z H, Qiao L, Hossain M S, et al. Analysis of Using Blockchain to Protect the Privacy of Drone Big Data [J]. IEEE Network, 2021, 35 (1): 44-49.

[178] Xiao X Y, Jin L, Kateb F, et al. Modernisation of urban governance: An approach of 'Blockchain [J]. Applied Mathematics and Nonlinear Sciences, 2021, 6 (2): 535-542.

[179] 刘敖迪，杜学绘，王娜，等. 基于区块链的大数据访问控制机制 [J]. 软件学报，2019，30 (9)：2636-2654.

[180] Sharma P, Borah M D, Namasudra S. Improving security of medical big data by using Blockchain technology [J]. Computers and Electrical Engineering, 2021, 96: 107529.

[181] Wen S W. A study on the big data scientific research model and the key mechanism based on blockchain [J]. Open Computer Science, 2022, 12 (1): 357-363.

[182] Tan L, Shi N, Yang C X, et al. A Blockchain-Based Access Control Framework for Cyber-Physical-Social System Big Data [J]. IEEE Access, 2020, 8: 77215-77226.

[183] Li M, Zeng L L, Zhao L, et al. Blockchain-Watermarking for Compressive Sensed Images [J]. IEEE ACCESS, 2021, 9: 56457-56467.

[184] Chen J, Wu J G, Qian Z H, et al. Industrial Chain Data Sharing and Circulation of Blockchain an Big Data Technology [J]. Wireless Communications & Mobile Computing, 2022, 2022: 7719036.

[185] Nasonov D, Visheratin A A, Boukhanovsky A. Blockchain-Based Transaction Integrity in Distributed Big Data Marketplace [J]. Lecture Notes in Artificial Intelligence, 2018, 10860: 569-577.

[186] Jin X L, Zhang M, Zhou Z Y, et al. Application of Blockchain Platform to Manage and Secure Personal Genomic Data: A Case Study of LifeCODE.ai in China [J].

Journal of Medical Internet Research, 2019, 21 (9): 13587.

[187] Liu L, Liu X, Wan J H. Design of Updating Encryption Algorithm for Privacy Big Data Based on Consortium Blockchain Technology [J]. Journal of Mathematics, 2022, 2022: 1 - 11.

[188] Chen J, Lv Z H, Song H B. Design of personnel big data management system based on blockchain [J]. Future Generation Computer Systems, 2019, 101: 1122 -1129.

[189] Bakir C. New Blockchain Based Special Keys Security Model With Path Compression Algorithm for Big Data [J]. IEEE Access, 2022, 10: 94738 - 94753.

[190] Fan L J, Gil G J R, Song Y, et al. Sharing big data using blockchain technologies in local governments: Some technical, organizational and policy considerations [J]. Information Polity, 2019, 24 (4): 419 - 435.

[191] Xu M, Tang L. Safety Collection Algorithm of Big Data for Blockchain - Based Power Grid Systems [J]. IETE Journal of Research, 2022, 2022: 1 - 10.

[192] Moreno J L, Serrano M A, Fernandez E B, et al. Improving Incident Response in Big Data Ecosystems by Using Blockchain Technologies [J]. Applied Sciences, 2020, 10 (2): 1 - 20.

[193] Ma Z F, Wang L Y, Wang X C, et al. Blockchain - Enabled Decentralized Trust Management and Secure Usage Control of IoT Big Data [J]. IEEE Internet of Things Journal, 2020, 7 (5): 4000 - 4015.

[194] Shahzad I, Maqbool A, Rana T, et al. Blockchain - based green big data visualization: BGbV [J]. Complex & Intelligent Systems, 2022, 8 (5): 3707 - 3718.

[195] Chen Y, Xie H, Lv K, et al. DEPLEST: A blockchain - based privacy - preserving distributed database toward user behaviors in social networks [J]. Information Sciences, 2019, 501: 100 - 117.

[196] Zheng R Y, Jiang J L, Hao X H, et al. bcBIM: A Blockchain - Based Big Data Model for BIM Modification Audit and Provenance in Mobile Cloud [J]. Mathematical Problems in Engineering, 2019: 2019: 1 - 14.

[197] 席嫣娜，张宏宇，高鑫，等．基于区块链的能源互联网大数据知识共享模型 [J]. 电力建设，2022，43 (3)：123 - 130.

[198] Xu C H, Wang K, Li P. Making Big Data Open in Edges: A Resource - Efficient Blockchain - Based Approach [J]. IEEE Transactions on Parallel and Distributed

Systems，2019，30 (4)：870 - 882.

[199] Karakas S，Acar A Z，Kucukaltan B. Blockchain adoption in logistics and supply chain：a literature review and research agenda [J]. International Journal of Production Research，2021：2012613.

[200] Choi T M，Feng L P，Li R. Information disclosure structure in supply chains with rental service platforms in the blockchain technology era [J]. International Journal of Production Economics，2020，221：107473.

[201] ChangY L，Iakovou E，Shi W D. Blockchain in global supply chains and cross border trade：A critical synthesis of the state - of - the - art，challenges and opportunities [J] . International Journal of Production Research，2019，58 (7)，2082 -2099.

[202] Esmaeilian B，Sarkis J，Lewis K，et al. Blockchain for the future of sustainable supply chain management in Industry 4.0 [J]. Resources，Conservation and Recycling，2020，163：105064.

[203] Fosso W S，Queiroz M M，Trinchera L. Dynamics between blockchain adoption determinants and supply chain performance：An empirical investigation [J]. International Journal of Production Economics，2020，229：107791.

[204] Wong L W，Tan G W H，Lee V H，et al. Unearthing the determinants of Blockchain adoption in supply chain management [J]. International Journal of Production Research，2020，58 (7)：2100 - 2123.

[205] Kouhizadeh M，Saberi S，Sarkis J. Blockchain technology and the sustainable supply chain：Theoretically exploring adoption barriers [J]. International Journal of Production Economics，2021，231：107831.

[206] Park A，Li H. The Effect of Blockchain Technology on Supply Chain Sustainability Performances [J]. Sustainability，2021，13 (4)：1726.

[207] Cole R，Stevenson M，Aitken J. Blockchain technology：implications for operations and supply chain management [J]. Supply Chain Management：An International Journal，2019，24 (4)：469 - 483.

[208] Wamba S F，Queiroz M M. Blockchain in the operations and supply chain management：Benefits，challenges and future research opportunities [J]. International Journal of Information Management，2020，52：102064.

[209] Wamba S F，Queiroz M M. Industry 4.0 and the supply chain digitalisation：a blockchain diffusion perspective [J]. Production Planning & Control，2022，33

(2-3): 193-210.

[210] Yong B B, Shen J, Liu X, et al. An intelligent blockchain-based system for safe vaccine supply and supervision [J]. International Journal of Information Management, 2020, 52: 102064.

[211] Mangla S K, Kazancoglu Y, Yildizbasi A, et al. A conceptual framework for blockchain-based sustainable supply chain and evaluating implementation barriers: A case of the tea supply chain [J]. Business Strategy and the Environment, 2022: 31 (8): 3693-3716.

[212] Alkhader W, Alkaabi N, Salah K, et al. Blockchain-Based Traceability and Management for Additive Manufacturing [J]. IEEE Access 2020, 8: 188363-188377.

[213] Sun S G, Wang X P. Promoting traceability for food supply chain with certification [J]. Journal of Cleaner Production, 2019, 217: 658-665.

[214] Casino F, Kanakaris V, Dasaklis T K, et al. Blockchain-based food supply chain traceability: a case study in the dairy sector [J]. International Journal of Production Research, 2021, 59 (19): 5758-5770.

[215] 陈飞，叶春明，陈涛. 基于区块链的食品溯源系统设计 [J]. 计算机工程与应用，2021, 57 (2): 60-69.

[216] 高琪娟，杨春节，武咸春，等. 基于区块链的茶叶质量安全溯源系统研究 [J]. 安徽农业大学学报，2021, 48 (2): 299-303.

[217] Griffin T W, Harris K D, Ward J K., et al. Three Digital Agriculture Problems in Cotton Solved by Distributed Ledger Technology [J]. Applied Economic Perspectives and Policy, 2022, 44 (1): 237-252.

[218] Salah K, Nizamuddin N, Jayaraman R, et al. Blockchain-Based Soybean Traceability in Agricultural Supply Chain [J]. IEEE Access, 2019, 7: 73295-73305.

[219] Saurabh S, Dey K. Blockchain technology adoption, architecture, and sustainable agri-food supply chains [J]. Journal of Cleaner Production, 2021, 284: 124731.

[220] Li L, Zhou H G. A survey of blockchain with applications in maritime and shipping industry [J]. Information Systems and e-Business Management, 2020, 19 (3): 789-807.

[221] Li Q Y, Ma M Q, Shi T Q, et al. Green investment in a sustainable supply chain: The role of blockchain and fairness [J]. Transportation Research Part E, 2022, 167: 102908.

[222] Korepin V, Dzenzeliuk N, Seryshev R, et al. Improving supply chain reliability with blockchain technology [J]. Maritime Economics & Logistics, 2021: 1-14.
[223] 刘家稷，杨挺，汪文勇．使用双区块链的防伪溯源系统 [J]. 信息安全学报，2018，3 (3)：17-29.
[224] Dasaklis T K, Voutsinas T G, Tsoulfas G T, et al. A Systematic Literature Review of Blockchain-Enabled Supply Chain Traceability Implementations [J]. Sustainability, 2022, 14 (4): 1-30.
[225] Tian F. An agri-food supply chain traceability system for China based on RFID & blockchain technology. Paper presented at the 2016 13th international conference on service systems and service management (ICSSSM). IEEEfrom, 2016.
[226] Rubio M A, Tarazona G M, & Contreras L. Big Data and Blockchain Basis for Operating a New Archetype of Supply Chain: Springer, Cham, 2018.
[227] Comunicación C B B. De Alan Turing al ‘ciberpunk’: la historia de ‘blockchain’ [R]. 2017. https: //www. bbva. com/es/historia-origen-blockchain-bitcoin/
[228] Arvis J F. Germany Tops 2016 Logistics Performance Index [R]. Web page The World Bank. 2017. http: //www. worldbank. org.
[229] Kim H M, Laskowski Marek. Toward an ontology-driven blockchain design for supply-chain provenance [J]. International Journal of Intelligent Systems in Accounting Finance & Management, 2018, 25 (1): 18-27.
[230] Zhang A, Zhong R Y, Farooque Muhammad. Blockchain-based life cycle assessment: An implementation framework and system architecture [J]. Resources, Conservation and Recycling, 2020, 152, 104512.
[231] Tian K, Zhuang X T, Yu B B. The Incentive and Supervision Mechanism of Banks on Third-Party B2B Platforms in Online Supply Chain Finance Using Big Data [J]. Mobile Information Systems, 2021, 1-16.
[232] Sundarakani B, Ajaykumar A, Gunasekaran A. Big Data Driven Supply Chain Design and Applications for Blockchain: An Action Research using Case Study approach [J]. Omega, 2021, 102: 102452.
[233] Unal D, Hammoudeh M, Khan M A, et al. Integration of Federated Machine Learning and Blockchain for the Provision of Secure Big Data Analytics for Internet of Things [J]. Computers & Security, 2021, 109: 102393.
[234] Hader M, Tchoffa D, Mhamedi A E, et al. Applying integrated Blockchain and

Big Data technologies to improve supply chain traceability and information sharing in the textile sector [J]. Journal of Industrial Information Integration, 2022, 28: 100345.

[235] Venkatesh V G, Kang K, Wang B, et al. System architecture for blockchain based transparency of supply chain social sustainability [J]. Robotics and Computer - Integrated Manufacturing, 2020, 63: 101896.

[236] Xu Z J, Zhang J, Song Z X, et al. A scheme for intelligent blockchain - based manufacturing industry supply chain management [J]. Computing, 2021, 103 (8): 1771 - 1790.

[237] Wong S, Yeung J W, Lau Y, et al. Technical Sustainability of Cloud - Based Blockchain Integrated with Machine Learning for Supply Chain Management [J]. Sustainability, 2021, 13 (15): 1 - 22.

[238] Liu Z Y, Li Z P. A blockchain - based framework of cross - border e - commerce supply chain [J]. International Journal of Information Management, 2020, 52: 102059.

[239] Narwane V S, Raut R D, Mangla Sachin Kumar, et al. Risks to Big Data Analytics and Blockchain Technology Adoption in Supply Chains [J]. Annals of Operations Research, 2023. 327 (1): 339 - 374.

[240] Stroumpoulis A, Kopanaki E. Theoretical Perspectives on Sustainable Supply Chain Management and Digital Transformation: A Literature Review and a Conceptual Framework [J]. Sustainability, 2022, 14 (8): 1 - 27.

[241] Tan B Q, Wang F F, Liu J, et al. A Blockchain - Based Framework for Green Logistics in Supply Chains [J]. Sustainability, 2020, 12 (11): 1 - 23.

[242] Adarsh S, Shon G Joseph, Franklin John, et al. A Transparent and Traceable Coverage Analysis Model for Vaccine Supply - Chain Using Blockchain Technology [J]. IT Professional Magazine, 2021, 23 (4): 28 - 35.

[243] Fernández - C T M, Blanco N O, Froiz - M I, et al. Towards an Autonomous Industry 4.0 Warehouse: A UAV and Blockchain - Based System for Inventory and Traceability Applications in Big Data - Driven Supply Chain Management [J]. Sensors, 2019, 19 (10): 1 - 20.

[244] 贾晓阳．区块链和大数据发展下的供应链管理研究 [J]. 商业经济研究，2020 (10): 49 - 51.

[245] 蔡恒进，郭震．供应链金融服务新型框架探讨：区块链+大数据 [J]. 理论探讨，2019 (2)：94-101.

[246] 刘盼，杨福星，甄选，等．黄河流域中基于区块链与大数据的低碳企业定价策略 [J]. 煤炭经济研究，2020，40 (8)：20-27.

[247] 王超．基于区块链和大数据技术的供应链信息协调管理新模式研究 [J]. 经济研究导刊，2021 (27)：114-117.

[248] Bosona T，Gebresenbet G. Food traceability as an integral part of logistics management in food and agricultural supply chain [J]. Food Control，2013，33 (1)：32-48.

[249] Rejeb A，Rejeb K，Zailani S. Big data for sustainable agri-food supply chains：A review and future research perspectives [J]. Journal of Data，Information and Management，2021，3：167-182.

[250] Badia-M R，Mishra P，Ruiz-L L. Food traceability：New trends and recent advances. A review [J]. Food Control，2015，57：393-401.

[251] 曾楚锋，张丽芬，徐娟娣，等．农产品产地溯源技术研究进展 [J]. 食品工业科技，2013，34 (6)：367-371.

[252] 钱丽丽，于果，迟晓星，等．农产品产地溯源技术研究进展 [J]. 食品工业，2018，39 (1)：246-249.

[253] Srivastava A，Dashora K. A Fuzzy ISM approach for modeling electronic traceability in agri-food supply chain in India [J]. Annals of Operations Research，2021，315 (2)：2115-2133.

[254] Cheng C X，Jiang P，Lu J H. A Common Traceability Method for Agricultural Products Based on Data Center [J]. Sensor Letters，2013，11 (6-7)：1269-1273.

[255] 姜爽，韩贵清，司震宇，等．第三方稻米溯源平台设计与实现 [J]. 农业工程学报，2017，33 (24)：215-221.

[256] Canavari M，Centonze R，Hingley M，et al. Traceability as part of competitive strategy in the fruit supply chain [J]. British Food Journal，2010，112 (2-3)：171-186.

[257] Corallo A，Latino M E，Menegoli M，et al. What factors impact on technological traceability systems diffusion in the agrifood industry? An Italian survey [J]. Journal of Rural Studies，2020，75：30-47.

[258] 郑开涛，刘世洪．农产品质量安全溯源多边平台的研究与设计 [J]．中国农业科技导报，2017，19 (12)：52-58.

[259] 王力坚，孙成明，陈瑛瑛，等．我国农产品质量可追溯系统的应用研究进展 [J]．食品科学，2015，36 (11)：267-271.

[260] 李文勇，孙传恒，刘学馨，等．嵌入式农产品追溯码加密算法设计与实现 [J]．农业工程学报，2012，28 (17)：253-259.

[261] 董玉德，丁保勇，张国伟，等．基于农产品供应链的质量安全可追溯系统 [J]．农业工程学报，2016，32 (1)：280-285.

[262] Sharma R，Hurburgh C，Mosher G A. Developing guidance templates and terminology to support multiple traceability objectives in the grain supply chain [J]. Cereal Chemistry，2021，98 (1)：52-69.

[263] 陶佰睿，赵金利，李雪，等．基于 Kmeans 改进 FP 算法稻米溯源体系优化设计 [J]．安徽农业大学学报，2019，46 (1)：198-202.

[264] 马慧鋆，余冰雪，李妍，等．食品溯源技术研究进展 [J]．食品与发酵工业，2017，43 (5)：277-284.

[265] 郑火国，刘世洪，胡海燕．食品安全追溯链构建研究 [J]．中国农业科技导报，2016，18 (1)：81-86.

[266] 王虹，王成杰，杨旭，等．进口食品追溯体系的现状及发展趋势 [J]．食品与发酵工业，2021，47 (13)：303-309.

[267] 赵璐瑶，段晓亮，张东，等．基于标志物的食品溯源技术研究进展 [J]．中国粮油学报，2022，37 (6)：186-193.

[268] Mgonja J T，Luning P，et al. Diagnostic model for assessing traceability system performance in fish processing plants [J]. Journal of Food Engineering，2013，118 (2)：188-197.

[269] 刘丽梅，高永超，王永春．不完备数据链的智能化食品追溯方法 [J]．计算机集成制造系统，2014，20 (1)：62-68.

[270] 赵勇，赵国华．食品供应链可追溯体系研究 [J]．食品与发酵工业，2007 (9)：146-149.

[271] Deng M L，Feng P. Research on a Traceability Scheme for a Grain Supply Chain [J]. Journal of Sensors，2021，2021：1-9.

[272] Francois G，Fabrice V，Didier M. Traceability of fruits and vegetables [J]. Phytochemistry，2020，173：112291.

[273] Wu M N, Li Z X, Zhang Y H, et al. Mutton Traceability Method Based on Internet of Things [J]. Journal of Sensors, 2014, 2014: 1-9.

[274] 马冬红，王锡昌，刘利平，等．近红外光谱技术在食品产地溯源中的研究进展[J]．光谱学与光谱分析，2011，31（4）：877-881.

[275] 管骁，古方青，杨永健．近红外光谱技术在食品产地溯源中的应用进展[J]．生物加工过程，2014，12（2）：77-82.

[276] 郭波莉，魏益民，潘家荣．同位素指纹分析技术在食品产地溯源中的应用进展[J]．农业工程学报，2007（3）：284-289.

[277] 梁万杰，曹静，凡燕，等．基于RFID和EPCglobal网络的牛肉产品供应链建模及追溯系统[J]．江苏农业学报，2014，30（6）：1512-1518.

[278] 唐华丽，高涛，王兆丹，等．稳定同位素比率质谱法在水产品溯源中的研究进展[J]．食品与发酵工业，2020，46（10）：296-302.

[279] 孙传恒，杨信廷，李文勇，等．基于监管的分布式水产品追溯系统设计与实现[J]．农业工程学报，2012，28（8）：146-153.

[280] Bosona T, Gebresenbet G. Food traceability as an integral part of logistics management in food and agricultural supply chain [J]. Food Control, 2013, 33 (1): 32-48.

[281] Karlsen K M, Dreyer B, Olsen P, et al. Literature review: Does a common theoretical framework to implement food traceability exist? [J]. Food Control, 2013, 32 (2): 409-417.

[282] Wang Q, Liu H J, Bai Y, et al. Research progress on mutton origin tracing and authenticity [J]. Food Chemistry, 2022, 373: 131387.

[283] 于润强，杨夯，薛碧凝，等．肉食品溯源与鉴别技术的研究进展[J]．应用化工，2019，48（7）：1671-1674.

[284] 颜静，熊亚波，刘继，等．基于农产品无损检测的产地溯源技术的研究进展[J]．食品工业科技，2014，35（11）：396-400.

[285] Cui Y, Feng H H, Batur A, et al. Traceability information modeling and system implementation in Chinese domestic sheep meat supply chains [J]. Journal of Food Process Engineering, 2018, 41 (7): e12864.

[286] 秦雨露，孙晓红，陶光灿．我国食品安全追溯系统推广应用难点及对策研究[J]．中国农业科技导报，2020，22（1）：1-11.

[287] Wu X T, Liu P Z, Ding J R, et al. Research and Application of Traceability Model

for Agricultural Products [J]. Lecture Notes in Artificial Intelligence, 2019, 11065: 217-226.

[288] Saberi S, Kouhizadeh M, Sarkis J & et al. Blockchain technology and its relationships to sustainable supply chain management [J]. International Journal of Production Research, 2019, 57 (7): 2117-2135.

[289] Bai Y H, Fan K, Zhang K, et al. Blockchain-based trust management for agricultural green supply: A game theoretic approach [J]. Journal of Cleaner Production, 2021, 310: 127407.

[290] Cho S, Lee K, Cheong A, et al. Chain of Values: Examining the Economic Impacts of Blockchain on the Value-Added Tax System [J]. Journal of Management Information Systems, 2021, 38 (2): 288-313.

[291] Rane S B, Thakker S V, Kant R. Stakeholders' involvement in green supply chain: a perspective of blockchain IoT-integrated architecture [J]. Management of Environmental Quality: An International Journal, 2020, 32 (6): 1166-1191.

[292] Mohit M, Kaur S, Singh M. Design and implementation of transaction privacy by virtue of ownership and traceability in blockchain based supply chain [J]. Cluster computing, 2022, 2022: 1-18.

[293] Diniz E H, Yamaguchi A, et al. Greening inventories: Blockchain to improve the GHG Protocol Program in scope 2 [J]. Journal of Cleaner Production, 2021, 291: 125900.

[294] Esmaeilian B, Sarkis J, Lewis K, et al. Blockchain for the future of sustainable supply chain management in Industry 4.0 [J]. Resources Conservation and Recycling, 2020, 163: 105064.

[295] Korepin V, Dzenzeliuk N, Seryshev R, et al. Improving supply chain reliability with blockchain technology [J]. Maritime Economics & Logistics, 2021, 1-14.

[296] Srivastava R, Zhang J Z, Eachempati P. Blockchain technology and its applications in agriculture and supply chain management: a retrospective overview and analysis [J]. Enterprise Information Systems, 2021, 1-20.

[297] Krithika L B. Survey on the Applications of Blockchain in Agriculture [J]. Agriculture, 2022, 12 (9): 1-22.

[298] Salah K, Nizamuddin N, Jayaraman R, et al. Blockchain-based Soybean Traceability in Agricultural Supply Chain [J]. IEEE Access, 2019, 7: 73295-73305.

[299] Tian Feng. An agri - food supply chain traceability system for China based on RFID & blockchain technology [J]. IEEE, 2016, 1 - 6.

[300] Administration F A D. Guidance - regulation - food - a, HACCP [R]. 2018.

[301] Rejeb A. Halal meat supply chain traceability based on HACCP, Blockchain and internet of things [J]. Acta Technica Jaurinensis, 2018, 11 (4): 218 - 247.

[302] Kamath R. Food Traceability on Blockchain: Walmart's Pork and Mango Pilots with IBM [J]. The Journal of British Blockchain Association, 2018, 1 (1): 1 - 12.

[303] Lin J, Shen Z, Zhang A, & Al, E. Blockchain and IoT based food traceability for smart agriculture. Paper presented at the Proceedings of the 3rd International Conference on Crowd Science and Engineeringfrom, 2018.

[304] Hirbli T. Palm oil traceability: blockchain meets supply chain [R]. 2018. https: //dspace. mit. edu/bitstream/handle/1721. 1/117800/1051223547 - MIT. pdf%3fsequence%3d1.

[305] Biswas K, Muthukkumarasamy V, & Tan W L. (2017Blockchain Based Wine Supply Chain Traceability System. Paper presented at the Future Technologies Conference. In Proceedings of the 2017 future technologies conference (FTC) (pp. 56 - 62). Vancouver, Canada: The Science and Information (SAI) Organization. Retrieved from https: //www. researchgate. net/publication/321474197.

[306] Tsang Y P, Choy K L, Wu C H, et al. Blockchain - driven IoT for Food Traceability with an Integrated Consensus Mechanism [J]. IEEE Access, 2019, 7 (1), 129000 - 129017.

[307] He X J, Chen X M, Li K Z. A Decentralized and Non - reversible Traceability System for Storing Commodity Data [J]. KSII Transactions on Internet and Information Systems, 2018, 13 (2): 619 - 634.

[308] Sambrekar K. Fast and Efficient Multiview Access Control Mechanism for Cloud Based Agriculture Storage Management System [J]. International journal of cloud applications and computing, 2019, 9 (1): 33 - 49.

[309] Chen H L, Chen Z Y, Lin F T, et al. Effective Management for Blockchain - Based Agri - Food Supply Chains Using Deep Reinforcement Learning [J]. IEEE Access, 2021, 9, 36008 - 36018.

[310] 卞立平，孙爱东，孙晓明，等．基于区块链技术的农产品深度溯源系统建设思考和设计方案 [J]. 江苏农业学报，2022，38 (4)：1092 - 1098.

[311] Yang X T, Li M Q, Yu H J, et al. A Trusted Blockchain - Based Traceability System for Fruit and Vegetable Agricultural Products [J]. IEEE Access, 2021, 9: 36282 - 36293.

[312] 王志铧，柳平增，宋成宝，等．基于区块链的农产品柔性可信溯源系统研究 [J]. 计算机工程，2020，46 (12)：313 - 320.

[313] Feng H H, Wang X, DuanY Q, et al. Applying blockchain technology to improve agri - food traceability: A review of development methods, benefits and challenges [J]. Journal of Cleaner Production, 2020, 260: 121031.

[314] CollartAlba J, Canales Elizabeth. How might broad adoption of blockchain - based traceability impact the U. S. fresh produce supply chain? [J]. Applied Economic Perspectives and Policy, 2022, 44 (1): 219 - 236.

[315] 孙传恒，于华竟，罗娜，等．基于智能合约的果蔬区块链溯源数据存储方法研究 [J]. 农业机械学报，2022，53 (8)：361 - 370.

[316] 于华竟，徐大明，罗娜，等．杂粮供应链区块链多链追溯监管模型设计 [J]. 农业工程学报，2021，37 (20)：323 - 332.

[317] 王可可，陈志德，徐健．基于联盟区块链的农产品质量安全高效追溯体系 [J]. 计算机应用，2019，39 (8)：2438 - 2443.

[318] 刘双印，雷墨鹥兮，徐龙琴，等．基于区块链的农产品质量安全可信溯源系统研究 [J]. 农业机械学报，2022，53 (6)：327 - 337.

[319] Zhang Q. Analysis of Agricultural Products Supply Chain Traceability System Based on Internet of Things and Blockchain [J]. Mathematical Problems in Engineering, 2022, 2022: 1 - 23.

[320] Lin X L. Analysis of Agricultural Product Information Traceability and Customer Preference Based on Blockchain [J]. Wireless Communications and Mobile Computing, 2022, 2022: 1 - 19.

[321] 景旭，刘滋雨，秦源泽．基于区块链中继技术的集群式农产品供应链溯源模型 [J]. 农业工程学报，2022，38 (11)：299 - 308.

[322] 孙俊，何小东，陈建华．基于区块链的农产品追溯系统架构研究 [J]. 河南农业科学，2018，47 (10)：149 - 153.

[323] Menon S, Jain K. Blockchain Technology for Transparency in Agri - Food Supply Chain: Use Cases, Limitations, and Future Directions [J]. IEEE Transactions on Engineering Management, 2021, 2021: 1 - 37.

[324] Luo Q Q, Liao R Z, Li J W, et al. Blockchain Enabled Credibility Applications: Extant Issues, Frameworks and Cases [J]. IEEE Access, 2022, 10: 45759-45771.

[325] Chao S. Construction Model of E-Commerce Agricultural Product Online Marketing System Based on Blockchain and Improved Genetic Algorithm [J]. Security and Communication Networks, 2022, 2022: 1-11.

[326] Hu S S, Huang S, Qin X H. Exploring blockchain-supported authentication based on online and offline business in organic agricultural supply chain [J]. Computers & Industrial Engineering, 2022, 173: 108738.

[327] Xie Z J, Kong H, Wang B. Dual-Chain Blockchain in Agricultural E-Commerce Information Traceability Considering the Viniar Algorithm [J]. Scientific Programming, 2022, 2022: 1-10.

[328] Li X C, Huang D. Research on Value Integration Mode of Agricultural E-Commerce Industry Chain Based on Internet of Things and Blockchain Technology [J]. Wireless Communications & Mobile Computing, 2021, 2021: 8889148.

[329] Dey K, Shekhawat U. Blockchain for sustainable e-agriculture: Literature review, architecture for data management, and implications [J]. Journal of Cleaner Production, 2021, 316: 128254.

[330] Demestichas K, Peppes N, Alexakis T, et al. Blockchain in Agriculture Traceability Systems: A Review [J]. Applied Sciences, 2020, 10 (12): 1-22.

[331] 伍德伦，饶元，许磊，等.农产品区块链信息可信评估差异化共享模型设计与实现 [J]. 农业工程学报，2022，38 (11)：309-317.

[332] Zhang L J, Zeng W M, Jin Z L, et al. A Research on Traceability Technology of Agricultural Products Supply Chain Based on Blockchain and IPFS [J]. Security and Communication Networks, 2021: 1-12.

[333] Zhang G F, Chen X, Feng B, et al. BCST-APTS: Blockchain and CP-ABE Empowered Data Supervision, Sharing, and Privacy Protection Scheme for Secure and Trusted Agricultural Product Traceability System [J]. Security and Communication Networks, 2022: 1-18.

[334] Wu Y, Jin X, Yang H G, et al. Blockchain-Based Internet of Things: Machine Learning Tea Sensing Trusted Traceability System [J]. Journal of Sensors, 2022, 2022: 1-11.

[335] Yao Q, Zhang H J. Improving Agricultural Product Traceability Using Blockchain [J]. Sensors, 2022, 22 (9): 1-21.

[336] Wang L K, Qi C J, Jiang P, et al. The Impact of Blockchain Application on the Qualification Rate and Circulation Efficiency of Agricultural Products: A Simulation Analysis with Agent-Based Modelling [J]. International Journal of Environmental Research and Public Health, 2022, 19 (13): 1-19.

[337] Osmanoglu M, Tugrul B, Dogantuna T, et al. An Effective Yield Estimation System Based on Blockchain Technology [J]. IEEE Transactions on Engineering Management, 2020, 67 (4): 1157-1168.

[338] Niu B Z, Shen Z F, Xie F F. The value of blockchain and agricultural supply chain parties' participation confronting random bacteria pollution [J]. Journal of Cleaner Production, 2021, 319: 128579.

[339] HuXiao. Cold chain logistics model of agricultural products based on embedded system and blockchain [J]. Production Planning & Control, 2022: 1-12.

[340] Zhang X H, Sun Y J, Sun Y X. Research on Cold Chain Logistics Traceability System of Fresh Agricultural Products Based on Blockchain [J]. Computational Intelligence and Neuroscience, 2022: 1-10.

[341] Zhao G Q, Liu S F, Lopez C, et al. Blockchain technology in agri-food value chain management: A synthesis of applications, challenges and future research directions [J]. Computers in Industry, 2019, 109: 83-99.

[342] Kohler S, Pizzol M. Technology assessment of blockchain-based technologies in the food supply chain [J]. Journal of Cleaner Production, 2020, 269: 122193.

[343] Kamble S S, Gunasekaran A, Sharma R. Modeling the blockchain enabled traceability in agriculture supply chain [J]. International Journal of Information Management, 2019, 52: 101967.

[344] Kamble S S, Gunasekaran A, Kumar V. A machine learning based approach for predicting blockchain adoption in supply Chain [J]. Technological Forecasting and Social Change, 2021, 163: 120465.

[345] Kristoffer F, David S. The Supply Chain Has No Clothes: Technology Adoption of Blockchain for Supply Chain Transparency [J]. Logistics, 2018, 2 (1): 2-12.

[346] Tayal A, Solanki A, Kondal R, et al. Blockchain-based Efficient Communication for Food Supply Chain Industry: Transparency and Traceability Analysis for Sus-

tainable Business [J]. International Journal of Communication Systems, 2020, 34 (4): e4696.

[347] Saurabh S, Dey K. Blockchain technology adoption, architecture, and sustainable agri-food supply chains [J]. Journal of Cleaner Production, 2021, 284: 124731.

[348] Gao K, Liu Y, Xu H Y, et al. Design and implementation of food supply chain traceability system based on Hyperledger Fabric [J]. International Journal of Computational Science and Engineering, 2020, 23 (2): 185-193.

[349] Nam V, Ghadge A, Bourlakis M. Blockchain adoption in food supply chains: a review and implementation framework [J]. Production Planning& Control, 2023, 34 (6): 506-523.

[350] Dong L X, Jiang P, Xu F S. Impact of Traceability Technology Adoption in Food Supply Chain Networks [J]. Management Science, 2022.

[351] Behnke Kay, Janssen M F W H A. Boundary conditions for traceability in food supply chains using blockchain technology [J]. International Journal of Information Management, 2023, 69 (3): 1518-1535.

[352] Joo J, Han Y. An Evidence of Distributed Trust in Blockchain-Based Sustainable Food Supply Chain [J]. Sustainability, 2021, 13 (19): 1-19.

[353] Ali M H, Chung L, Kumar A, et al. A sustainable Blockchain framework for the halal food supply chain: Lessons from Malaysia [J]. Technological Forecasting & Social Change, 2021, 170: 120870.

[354] Li K P, Lee J Y, Gharehgozli A. Blockchain in food supply chains: a literature review and synthesis analysis of platforms, benefits and challenges [J]. International Journal of Production Research, 2023, 61 (11): 3527-3546.

[355] Khan S, Kaushik M K, Kumar R, et al. Investigating the barriers of blockchain technology integrated food supply chain: a BWM approach [J]. Benchmarking-An International Journal, 2023, 30 (3): 713-735.

[356] Friedman N, Ormiston J. Blockchain as a sustainability-oriented innovation?: Opportunities for and resistance to Blockchain technology as a driver of sustainability in global food supply chains [J]. Technological Forecasting & Social Change, 2022, 175: 121403.

[357] Westerlund M, Nene S, Leminen S, et al. An Exploration of Blockchain-based Traceability in Food Supply Chains: On the Benefits of Distributed Digital Records

from Farm to Fork [J]. Technology Innovation Management Review, 2021, 11 (6): 6-18.

[358] Kamilaris A, Fonts A, et al. The rise of blockchain technology in agriculture and food supply chains [J]. Trends in Food Science & Technology, 2019, 91: 640-652.

[359] Kazancoglu Y, Ozbiltekin P M, Sezer M D. Resilient reverse logistics with blockchain technology in sustainable food supply chain management during COVID-19 [J]. Business Strategy and the Environment, 2023, 32 (4): 2327-2340.

[360] Rogerson M, Parry G C. Blockchain: case studies in food supply chain visibility [J]. Supply Chain Management: An International Journal, 2020, 25 (5): 601-614.

[361] Duan J, Zhang C, Gong Y, et al. A Content-Analysis Based Literature Review in Blockchain Adoption within Food Supply Chain [J]. International Journal of Environmental Research and Public Health, 2020, 17 (5): 1-22.

[362] Collart A J, Canales E. How might broad adoption of blockchain-based traceability impact the US fresh produce supply chain? [J]. Applied Economic Perspectives and Policy, 2022, 44 (1): 219-236.

[363] Yang L, Zhang J, Shi X T. Can blockchain help food supply chains with platform operations during the COVID-19 outbreak? [J]. Electronic commerce research and applications, 2021, 49: 101093.

[364] Ding J H, Bai S Z. Optimal Decision and Coordination of Organic Food Supply Chain from the Perspective of Blockchain [J]. Discrete Dynamics in Nature and Society, 2022, 2022: 1-12.

[365] Tsolakis N, Niedenzu D, Simonetto M, et al. Supply network design to address United Nations Sustainable Development Goals: A case study of blockchain implementation in Thai fish industry [J]. Journal of Business Research, 2020, 131: 495-519.

[366] Bumblauskas D, Mann A, Dugan B, et al. A blockchain use case in food distribution: Do you know where your food has been? [J]. International Journal of Information Management, 2020, 52: 102008.

[367] Iftekhar A, Cui X H. Blockchain-Based Traceability System That Ensures Food Safety Measures to Protect Consumer Safety and COVID-19 Free Supply Chains

[J]. Foods, 2021, 10 (6): 1-22.

[368] Galvez J F, Mejuto J C, Simal-G J. Future challenges on the use of blockchain for food traceability analysis [J]. Trends in Analytical Chemistry, 2018, 107: 222-232.

[369] Katsikouli P, Wilde A S, Dragoni N, et al. On the Benefits and Challenges of Blockchains for Managing Food Supply Chains [J]. Journal of the science of food and agriculture, 2020, 101 (6): 2175-2181.

[370] Tanwar S, Parmar A, Kumari A, et al. Blockchain Adoption to Secure the Food Industry: Opportunities and Challenges [J]. Sustainability, 2022, 14 (12).

[371] Wang Y J, Chen K, Hao M, et al. Food Safety Traceability Method Based on Blockchain Technology [J]. Journal of physics. Conference series, 2020, 1634 (1): 012025.

[372] Jaison F, Ramaiah N S. A survey on traceability in food safety system using blockchain [J]. Journal of Discrete Mathematical Sciences and Cryptography, 2022, 25 (3): 793-799.

[373] Singh A, Gutub A, Nayyar A, et al. Redefining food safety traceability system through blockchain: findings, challenges and open issues [J]. Multimedia tools and applications, 2023, 82 (14): 21243-21277.

[374] 何静，胡鑫月. 区块链赋能食品供需网创新追溯模式 [J]. 中国农业大学学报，2021, 26 (9): 257-265.

[375] 曾小青，彭越，王琪. 物联网加区块链的食品安全追溯系统研究 [J]. 食品与机械，2018, 34 (9): 100-105.

[376] Kaur A, Singh G, Kukreja V, et al. Adaptation of IoT with Blockchain in Food Supply Chain Management: An Analysis-Based Review in Development, Benefits and Potential Applications [J]. Sensors, 2022, 22 (21): 1-19.

[377] Pele P, Schulze J, Piramuthu S, et al. IoT and Blockchain Based Framework for Logistics in Food Supply Chains [J]. Information Systems Frontiers, 2023, 25 (5): 1743-1756.

[378] Wang L X, He Y L, Wu Z N. Design of a Blockchain-Enabled Traceability System Framework for Food Supply Chains [J]. Foods, 2022, 11 (5): 1-20.

[379] Shahbazi Z, Byun Y C. A Procedure for Tracing Supply Chains for Perishable Food Based on Blockchain, Machine Learning and Fuzzy Logic [J]. Electronics, 2020,

10 (1): 1-22.

[380] Sunny J, Undralla N, Pillai V. Madhusudanan. Supply chain transparency through blockchain-based traceability: An overview with demonstration [J]. Computers & Industrial Engineering, 2020, 150: 106895.

[381] Shew A M, Snell H A, Nayga R M, et al. Consumer valuation of blockchain traceability for beef in the United States [J]. Applied Economic Perspectives and Policy, 2022, 44 (1): 299-323.

[382] Patelli N, Mandrioli M. Blockchain technology and traceability in the agrifood industry [J]. Journal of Food Science, 2020, 85 (11): 3670-3678.

[383] Wang L, Xu L Q, Zheng Z Y, et al. Smart Contract-Based Agricultural Food Supply Chain Traceability [J]. IEEE ACCESS, 2021, 9: 9296-9307.

[384] 孙传恒，于华竟，徐大明，等．农产品供应链区块链追溯技术研究进展与展望 [J]. 农业机械学报，2021，52 (1): 1-13.

[385] Bhat S A, Huang F F, Sofi I B, et al. Agriculture-Food Supply Chain Management Based on Blockchain and IoT: A Narrative on Enterprise Blockchain Interoperability [J]. Agriculture-Basel, 2022, 12 (1): 1-33.

[386] Rabah K. Convergence of AI, IoT, big data and blockchain: a review [J]. The Lake Institute Journal, 2018, 1 (1): 1-18.

[387] Wang K. Design of Agricultural Product Quality and Safety Big Data Fusion Model Based on Blockchain Technology [C]. International Conference on Advanced Hybrid Information Processingfrom, 2019, 301: 216-225.

[388] Kamble S S, Gunasekaran A, Gawankar S A. Achieving sustainable performance in a data-driven agriculture supply chain: A review for research and applications [J]. International Journal of Production Economics, 2020, 219: 179-194.

[389] Collart A J, Canales E. How might broad adoption of blockchain-based traceability impact the U. S. fresh produce supply chain? [J]. Applied Economic Perspectives and Policy, 2021, 44: 219-236.

[390] Fu H, Zhao C P, Cheng C X, et al. Blockchain-based agri-food supply chain management: case study in China [J]. International Food and Agribusiness Management Review, 2020, 23 (5): 667-679.

[391] Liu P, Zhang Z R, Dong F Y. Subsidy and pricing strategies of an agri-food supply chain considering the application of Big Data and blockchain [J]. RAIRO-Op-

erations Research, 2022, 56 (3): 1995-2014.

[392] Zhou X, Zheng F, Zhou X J, et al. From traceability to provenance of agricultural products through blockchain [J]. Web Intelligence, 2020, 18 (3): 181-189.

[393] Yadav V S, Singh A R, Raut Rakesh D, et al. Exploring the application of Industry 4.0 technologies in the agricultural food supply chain: A systematic literature review [J]. Computers & Industrial Engineering, 2022, 169: 108304.

[394] Guo W, Yao K. Supply Chain Governance of Agricultural Products under Big Data Platform Based on Blockchain Technology [J]. Scientific Programming, 2022, 2022: 1-16.

[395] Wang K. Design of Agricultural Product Quality and Safety Big Data Fusion Model Based on Blockchain Technology [C]. Advanced Hybrid Information Processing, ADHIP 2019, PT I, 2019, 301: 216-225.

[396] Zhu L, Li F. Agricultural data sharing and sustainable development of ecosystem based on block chain [J]. Journal of Cleaner Production, 2021, 315: 127869.

[397] Hobbs J E. Innovation and future direction of supply chain management in the Canadian agri-food industry [J]. Canadian Journal of Agricultural Economics-Revue Canadienne D Agroeconomie, 1998, 46 (4): 525-537.

[398] Ge H, Nolan J, Gray R, et al. Supply chain complexity and risk mitigation-A hybrid optimization-simulation model [J]. International Journal of Production Economics, 2016, 179: 228-238.

[399] Abbas H, Zhao L D, Gong X, et al. Environmental effects on perishable product quality and trading under OBOR supply chain different route scenarios [J]. Environmental science and pollution research international, 2022, 29 (45): 68016-68034.

[400] Widodo K H, Nagasawa H, Morizawa K, et al. A periodical flowering-harvesting model for delivering agricultural fresh products. [J]. European Journal of Operational Research, 2006, 170 (1): 24-43.

[401] Soto S W E, Nadal-R E, González-A M C, et al. Operational research models applied to the fresh fruit supply chain [J]. European Journal of Operational Research, 2016, 251 (2): 345-355.

[402] Cheng J, Pan S L. Research on supply chain management of agricultural products based on RFID technology [J]. AGRO FOOD INDUSTRY HI-TECH, 2017, 28

(3): 959 - 964.

[403] Chen H L, Chen Z Y, Lin F T, et al. Effective Management for Blockchain - Based Agri - Food Supply Chains Using Deep Reinforcement Learning [J]. IEEE Access, 2021, 9: 36008 - 36018.

[404] Lin W J, Huang X H, Fang H, et al. Blockchain Technology in Current Agricultural Systems: From Techniques to Applications [J]. IEEE ACCESS, 2020, 8: 143920 - 143937.

[405] 张燕丽,李波. 基于主从联盟链结构的农产品供应链追溯系统方案设计 [J]. 计算机应用研究, 2022, 39 (6): 1638 - 1644.

[406] Shahid A, Almogren A, Javaid N, et al. Blockchain - Based Agri - Food Supply Chain: A Complete Solution [J]. IEEE Access, 2020, 8: 69230 -69243.

[407] Chen X Z, Chen R L, Yang C R. Research and design of fresh agricultural product distribution service model and framework using IoT technology [J]. Journal of Ambient Intelligence and Humanized Computing, 2021, 1 - 17.

[408] 黄海龙,蒋平安,张霞,等. 基于 Web 的农产品追溯系统的设计与开发 [J]. 新疆农业科学, 2010, 47 (9): 1832 - 1836.

[409] 刘树,田东,张小栓,等. 基于混合模式的农产品质量安全可追溯系统集成方法 [J]. 计算机应用研究, 2009, 26 (10): 3804 - 3806.

[410] Lei J. Research on the improvement path of international competitiveness of China's agricultural product supply chain from the perspective of machine learning [J]. Expert Systems, 2022: e12935.

[411] Luo M, Zhou G H, Wei W. Study of the Game Model of E - Commerce Information Sharing in an Agricultural Product Supply Chain based on fuzzy big data and LSGDM [J]. Technological Forecasting & Social Change, 2021, 172: 121017.

[412] Ahumada O, Villalobos J R. Application of planning models in the agri - food supply chain: A review [J]. European Journal of Operational Research, 2008, 196 (1): 1 - 20.

[413] Dou D. Sensor Vegetable Greenhouse and Agricultural Product Supply Chain Management Based on Improved Neural Network [J]. Mobile Information Systems, 2022, 2022: 4139784.

[414] Liu W A, Wei S, Wang S Y, et al. Theoretical framework of agricultural precision management based on the smart supply chain: evidence from China [J]. Produc-

tion Planning & Control, 2022, 1-22.

[415] Fu S L, Zhan Y Z, Ouyang J, et al. Power, supply chain integration and quality performance of agricultural products: evidence from contract farming in China [J]. Production Planning & Control, 2020, 32 (13): 1119-1135.

[416] He X F, Ai X Z, Jing Y W, et al. Partner selection of agricultural products supply chain based on data mining [J]. Concurrency and Computation: Practice and Experience, 2016, 28 (4): 1246-1256.

[417] 张蓓，杨学儒．农产品供应链核心企业质量安全管理的多维模式及实现路径 [J]. 农业现代化研究，2015，36 (1)：46-51.

[418] Tao T, Gu C Q, Wang Z Y, et al. Big Data Driven Agricultural Products Supply Chain Management: A Trustworthy Scheduling Optimization Approach [J]. IEEE Access, 2018, 6: 49990-50002.

[419] Chen G. Production decision of agricultural products: A game model based on negative exponential utility function [J]. Journal of Intelligent & Fuzzy Systems, 2019, 37 (5): 6139-6149.

[420] Shen L X, Li F C, Li C C, et al. Inventory Optimization of Fresh Agricultural Products Supply Chain Based on Agricultural Superdocking [J]. Journal of Advanced Transportation, 2020: 1-13.

[421] Xu G Y, Feng J H, Chen F L, et al. Simulation-based optimization of control policy on multi-echelon inventory system for fresh agricultural products [J]. International Journal of Agricultural and Biological Engineering, 2019, 12 (2): 184-194.

[422] 游军，郑锦荣．基于期权的农产品供应链风险管理 [J]. 贵州农业科学，2009，37 (7)：234-237.

[423] Behzadi G, O'Sullivan M J, Olsen T L, et al. Agribusiness supply chain risk management: A review of quantitative decision models [J]. Omega, 2018, 79: 21-42.

[424] Yan B, Wang X N, Shi P. Risk assessment and control of agricultural supply chains under Internet of Things [J]. Agrekon, 2017, 56 (1): 1-12.

[425] Fu H Y, Li J W, Li Y J, et al. Risk Transfer Mechanism for Agricultural Products Supply Chain Based on Weather Index Insurance [J]. Complexity, 2018: 2369423.

[426] Dai M H, Liu L B. Risk Assessment of Agricultural Supermarket Supply Chain in

Big Data Environment [J]. Sustainable Computing Informatics and Systems, 2020, 28: 100420.

[427] Huang X G, Xie R H, Huang Lijuan. Real - time emergency management mode of cold chain logistics for agricultural products under the background of "Internet+" [J]. Journal of Intelligent & Fuzzy Systems, 2020, 38 (6): 7461 -7473.

[428] 李康，郑建国，伍大清．生鲜农产品冷链管理及关键技术研究进展 [J]. 食品与机械，2015, 31 (6): 233 - 237.

[429] Ye F F, Zhao J. Influencing Factors Analysis of Collaborative Development Level of New Retail and Cold Chain Distribution of Agricultural Products under Low - Carbon [J]. Mathematical Problems in Engineering, 2022: 8258416.

[430] Li X L. Application of Collaborative Optimization in Urban Fresh Product Logistics Inventory and Distribution System [J]. Scientific Programming, 2022, 4516499.

[431] Perdana T, Tjahjono B, Kusnandar K. , et al. Fresh agricultural product logistics network governance: insights from small - holder farms in a developing country [J]. International Journal of Logistics - Research and Applications, 2023, 26 (12): 1761 - 1784.

[432] 吴继辉，吕建军．我国农产品供应链协同管理的研究进展 [J]. 中国农业资源与区划，2018, 39 (12): 250 - 255.

[433] Huo Y J, Wang J L, Guo X Y, et al. The Collaboration Mechanism of Agricultural Product Supply Chain Dominated by Farmer Cooperatives [J]. Sustainability, 2022, 14 (10): 5824.

[434] Wan N N, Li L, Wu X Z, et al. Coordination of a fresh agricultural product supply chain with option contract under cost and loss disruptions. [J]. PloS one, 2021, 16 (6): e0252960.

[435] Shiang H Y, Chen H Y, Chiang F C. A study on contractual agreements in supply chains of agricultural produce [J]. International Journal of Production Research, 2019, 57 (11): 3766 - 3783.

[436] 杨振华，沈强，董晓松．竞争供应链中制造商环保技术投资决策研究 [J]. 中国管理科学，2022, 30 (7): 164 - 175.

[437] Dai B, Xie X, Li J B. Interactions of traceability and reliability optimization in a competitive supply chain with product recall [J]. European Journal of Operational Research, 2021, 290 (1): 116 - 131.

[438] Niu B Z, Mu Z H, Cao B, et al. Should multinational firms implement blockchain to provide quality verification? [J]. Transportation Research Part E: Logistics and Transportation Review, 2021, 145: 102121.

[439] Choi T M, Feng L P, Li R. Information disclosure structure in supply chains with rental service platforms in the blockchain technology era [J]. International Journal of Production Economics, 2020, 221: 107473.

[440] 王珊珊，张李浩，范体军．基于碳减排技术的竞争供应链投资均衡策略研究 [J]. 中国管理科学，2020，28 (6)：73-82.

[441] 江秋阳，陶峰，范体军，等．基于RFID技术的双供应链投资决策研究 [J]. 中国管理科学，2020，28 (11)：120-129.

[442] Chen J, Liang L, Yao D, et al. Price and quality decisions in dual-channel supply chains [J]. European Journal of Operational Research, 2017, 259 (3): 935-948.

[443] Ji J N, Zhang Z Y, Yang L. Carbon emission reduction decisions in the retail-/dual-channel supply chain with consumers' preference [J]. Journal of Cleaner Production, 2017, 141: 852-867.

[444] Xu X, Zhang M, Dou G, et al. Coordination of a supply chain with an online platform considering green technology in the blockchain era [J]. International Journal of Production Research, 2021: 1-18.

[445] Liu Z G, Yu Z Q, Zhang S S, et al. Three stage game research of dual-channel supply chain of fresh agricultural products under consumer preference [J]. Int. J. of Computing Science and Mathematics, 2018, 9 (1): 48-57.

[446] Yan B, Han L G, Chen Y R, et al. Dynamic channel decision-making of fresh agricultural product companies considering consumer convenience preferences [J]. RAIRO-Operations Research, 2021, 55: S1317-S1338.

[447] Liu Y P, Yan B, Chen X X. Coordination of dual-channel supply chains with uncertain demand information [J]. IMA Journal of Management Mathematics, 2023, 34 (2): 333-353.

[448] Perlman Y, Ozinci Y, Westrich S. Pricing decisions in a dual supply chain of organic and conventional agricultural products [J]. Annals of Operations Research, 2019, 314 (2): 601-616.

[449] 唐润，李倩倩，彭洋洋．考虑质量损失的生鲜农产品双渠道市场出清策略研究

[J]. 系统工程理论与实践，2018，38 (10)：2542 - 2555.

[450] Ganeshkumar C，Pachayappan M，Madanmohan G. Agri - food Supply Chain Management：Literature Review [J]. Intelligent Information Management，2017，9 (2)：68 - 96.

[451] Joshi S，Singh R K，Sharma M. Sustainable Agri - food Supply Chain Practices：Few Empirical Evidences from a Developing Economy. Global Business Review，2020.

[452] Yu M Z，Chen Y，Yi Z. Benefits of market information and professional advice in a vertical agricultural supply chain：the role of government provision [J]. International Journal of Production Research，2022，60 (11)：3461 - 3475.

[453] Sun G. Research on the Fresh Agricultural Product Supply Chain Coordination with Supply Disruptions [J]. Discrete Dynamics in Nature and Society，2013：416790.

[454] 曾佑新，袁盼，张怡雯. 博弈论视角下不同主导权的生鲜电商供应链决策分析 [J]. 南京审计大学学报，2019，16 (5)：55 - 64.

[455] Liu C C. Research on Coordination Mechanism and Low - Carbon Technology Strategy for Agricultural Product Supply Chain [J]. International Journal of Information Systems and Supply Chain Management (IJISSCM)，2017，10 (3)：1 - 23.

[456] Qin Y H，Xiang L. Quality Improvement of Agricultural Products Supply Chain Under Social Preference and CSR by Big Data Analysis [J]. Journal of Global Information Management (JGIM)，2021，30 (7)：1 - 26.

[457] Wang J L，Huo Y J，Guo X Y，et al. The Pricing Strategy of the Agricultural Product Supply Chain with Farmer Cooperatives as the Core Enterprise [J]. Agriculture，2022，12 (5)：1 - 20.

[458] Moon I，Jeong Y J，Saha Subrata. Investment and coordination decisions in a supply chain of fresh agricultural products [J]. Operational Research，2020，20 (4)：2307 - 2331.

[459] Yang J，Liu H R，Yu X D，et al. Emergency Coordination Model of Fresh Agricultural Products' Three - Level Supply Chain with Asymmetric Information [J]. Mathematical Problems in Engineering，2016：2780807.

[460] Luo M，Zhou G H，Xu H. Three - tier supply chain on temperature control for fresh agricultural products using new differential game model under two decision - making situations [J]. Operations Management Research，2022，15 (3 - 4)：

1028 - 1047.

[461] 陈军，但斌．努力水平影响流通损耗的生鲜农产品订货策略［J］．工业工程与管理，2010，15（2）：50 - 55.

[462] 刘墨林，但斌，马崧萱．考虑保鲜努力与增值服务的生鲜电商供应链最优决策与协调［J］．中国管理科学，2020，28（8）：76 - 88.

[463] Yan B，Liu G D，Zhang Z Y，et al. Optimal financing and operation strategy of fresh agricultural supply chain [J]. Australian Journal of Agricultural and Resource Economics，2020，64（3）：776 - 794.

[464] 叶俊，顾波军，付雨芳．不同贸易模式下生鲜农产品供应链冷链物流服务与定价决策［J］．中国管理科学，2023，31（2）：95 - 107.

[465] Wang M，Zhao L D. Cold chain investment and pricing decisions in a fresh food supply chain. International Transactions in Operational Research. 2018，28：1074 - 1097.

[466] 周继祥，王勇，邱晗光．部分信息下生鲜农产品采购外包问题研究［J］．中国管理科学，2020，28（7）：122 - 131.

[467] Yan B，Chen X X，Yuan Q，et al. Sustainability in fresh agricultural product supply chain based on radio frequency identification under an emergency [J]. Central European Journal of Operations Research，2019，28（4）：1343 - 1361.

[468] 杨亚，范体军，张磊．生鲜农产品供应链 RFID 技术投资决策及协调［J］．系统工程学报，2018，33（6）：823 - 833.

[469] Yan B，Chen X X，Cai C Y，et al. Supply chain coordination of fresh agricultural products based on consumer behavior [J]. Computers and Operations Research，2020，123：105038.

[470] Ranjan A，Jha J K. Pricing and coordination strategies of a dual - channel supply chain considering green quality and sales effort [J]. Journal of Cleaner Production，2019，218：409 - 424.

[471] 但斌，陈军．基于价值损耗的生鲜农产品供应链协调［J］．中国管理科学，2008（5）：42 - 49.

[472] Wang C，Chen X. Option pricing and coordination in the fresh produce supply chain with portfolio contracts [J]. Annals of Operations Research，2017，248（1 - 2）：471 -491.

[473] Shen D J，Lai K K，Leung S C H，Liang Liang. Modelling and analysis of invento-

ry replenishment for perishable agricultural products with buyer - seller collaboration [J]. International Journal of Systems Science, 2011, 42 (7): 1207 -1217.

[474] 黄惠琴，熊峰. 基于损失回购契约的农产品供应链协调研究 [J]. 深圳大学学报（理工版），2016，33（3）：293 - 300.

[475] 吴忠和，陈宏，赵千. 时间约束下鲜活农产品供应链应急协调数量折扣契约研究 [J]. 运筹与管理，2014，23（3）：146 - 156.

[476] Qiu F, Hu Q F, Xu B. Fresh Agricultural Products Supply Chain Coordination and Volume Loss Reduction Based on Strategic Consumer [J]. International journal of environmental research and public health, 2020, 17 (21): 7915.

[477] 王道平，程蕾，李锋. 产出不确定的农产品供应链协调问题研究 [J]. 控制与决策，2012，27（6）：881 - 885.

[478] Yan B, Han L G. Decisions and coordination of retailer - led fresh produce supply chain under two - period dynamic pricing and portfolio contracts [J]. RAIRO - Operations Research, 2022, 56 (1): 349 - 365.

[479] Yan B, Shi S, Ye B, et al. Sustainable development of the fresh agricultural products supply chain through the application of RFID technology [J]. Information Technology & Management, 2015, 16 (1): 67 - 78.

[480] 陈军，但斌. 基于实体损耗控制的生鲜农产品供应链协调 [J]. 系统工程理论与实践，2009，29（3）：54 - 62.

[481] 董振宁，周雪君，林强. 考虑保鲜努力的生鲜农产品供应链协调 [J]. 系统工程学报，2022，37（3）：362 - 374.

[482] Zhao Z, Cheng Y. Two - Stage Decision Model of Fresh Agricultural Products Supply Chain Based on Option Contract [J]. IEEE Access, 2022, 10: 119777 - 119795.

[483] Liao C H, Lu Q H. Coordinating a Three - Level Fresh Agricultural Product Supply Chain considering Option Contract under Spot Price Uncertainty [J]. Discrete Dynamics in Nature and Society, 2022, 2022: 2991241.

[484] Li M, He L, Yang G C, et al. Profit - Sharing Contracts for Fresh Agricultural Products Supply Chain Considering Spatio - Temporal Costs [J]. Sustainability, 2022, 14 (4): 2315.

[485] Pouliot S. Traceability and food safety: Liability, reputation, and willingness to pay [J]. Diss. Theses—Gradworks, 2008, 70: 179 - 191.

[486] Piramuthu S, Farahani P, Grunow M. RFID - generated traceability for contaminated product recall in perishable food supply networks [J]. European Journal of Operational Research, 2013, 225 (2): 253 - 262.

[487] Dai B, Nu Y, Xie X, et al. Interactions of traceability and reliability optimization in a competitive supply chain with product recall [J]. European Journal of Operational Research, 2021, 290 (1): 116 - 131.

[488] Saak A E. Traceability and reputation in supply chains [J]. International Journal of Production Economics, 2013, 177, 149 - 162.

[489] Yao S Q, Zhu K J. Combating product label misconduct: The role of traceability and market inspection [J]. European Journal of Operational Research, 2020, 282: 559 - 568.

[490] Aiello G, Enea M, Muriana C. The expected value of the traceability information [J]. European Journal of Operational Research, 2015, 244 (1): 176 - 186.

[491] Dai H Y, Tseng M M, Zipkin Paul H. Design of traceability systems for product recall [J]. International Journal of Production Research, 2015, 53 (2): 511 -531.

[492] Dai J B, Fan L, Lee N K S, et al. Joint optimisation of tracking capability and price in a supply chain with endogenous pricing [J]. International Journal of Production Research, 2017, 55 (18): 5465 - 5484.

[493] Niknejad N, Ismail W, Bahari M, et al. Mapping the research trends on blockchain technology in food and agriculture industry: A bibliometric analysis [J]. Environmental Technology & Innovation, 2021, 21: 101272.

[494] Riccioli F, Moruzzo R, Zhang Z, et al. Willingness to pay in main cities of Zheijiang provice (China) for quality and safety in food market [J]. Food Control, 2020, 108: 106831.

[495] Charlebois S, Haratifar S. The perceived value of dairy product traceability in modern society: An exploratory study [J]. Journal of Dairy Science, 2015, 98 (5): 3514 - 3525.

[496] Zhang A, Mankad A, Ariyawardana A. Establishing confidence in food safety: is traceability a solution in consumers' eyes? [J]. Journal of Consumer Protection and Food Safety, 2020, 15 (2): 99 - 107.

[497] Pedersen A B, Risius M, Beck R. A Ten - Step Decision Path to Determine When

to Use Blockchain Technologies [J]. MIS Quarterly Executive. 2019, 18 (2): 99 -115.

[498] Hayrutdinov S, Saeed M S R, Rajapov Azamat. Coordination of Supply Chain under Blockchain System - Based Product Lifecycle Information Sharing Effort [J]. Journal of Advanced Transportation. 2020, 5635404.

[499] Fan Z P, Wu X Y, Cao B B. Considering the traceability awareness of consumers: Should the supply chain adopt the blockchain technology? [J]. Annals of Operations Research, 2022, 309 (2): 837 - 860.

[500] Liu Z Y, Guo P T. Supply chain decision model based on blockchain: a case study of fresh food E - commerce supply chain performance improvement [J]. Discrete Dynamics in Nature and Society, 2021, 1 - 19.

[501] Liu K Y, Lan Y, Li W, et al. Behavior - Based Pricing of Organic and Conventional Agricultural Products Based on Green Subsidies [J]. Sustainability, 2019, 11 (4), 11 - 51.

[502] Wu X Y, Fan Z P, Cao Bingbing. An analysis of strategies for adopting blockchain technology in the fresh product supply chain [J]. International Journal of Production Research, 2021, 5: 1 - 18.

[503] Stranieri S, Riccardi F, Meuwissen M P M, et al. Exploring the impact of blockchain on the performance of agri - food supply chains [J]. Food Control, 2021, 119: 107495.

[504] Zhao G, Liu S, Lopez C, et al. Blockchain technology in agri - food value chain management: A synthesis of applications, challenges and future research directions [J]. Computers in Industry, 2019, 109: 83 - 99.

[505] 梁喜，肖金凤．基于区块链和消费者敏感的双渠道供应链定价与渠道选择 [J/OL]. 中国管理科学: 1 - 12 [2023 - 05 - 11]. DOI: 10.16381/j.cnki.issn1003 -207x.2020.1755.

[506] De G P. Blockchain and smart contracts in supply chain management: A game theoretic model [J]. International Journal of Production Economics, 2020, 228: 107855.

[507] Chen H, Tian Z, Xu F. What are cost changes for produce implementing traceability systems in China? Evidence from enterprise A [J]. Applied Economics, 2018, 51 (7): 687 - 697.

[508] Gan W，Huang B. Exploring Data Integrity of Dual - Channel Supply Chain Using Blockchain Technology [J]. Computational Intelligence and Neuroscience，2022：3838282.

[509] 云南省人民政府．云南省支持区块链产业发展若干措施实施细则（试行）[EB/OL].（2021 - 05 - 27). http：//www. yn. gov. cn/ztgg/lqhm/lqzc/djzc/202112/t20211230_232494. html.

[510] 重庆市渝中区人民政府．重庆市区块链数字经济产业园发展促进办法（试行）[EB/OL].（2020 - 04 - 09). http：//www. cqyz. gov. cn/zwgk_229/fdzdgknr/zcwj/xzgfxwj/qzf/202004/t20200430_7285931. html.

[511] 苏州市工业和信息化局．关于加快推动区块链技术和产业创新发展的实施意见（2020—2022）[EB/OL].（2020 - 09 - 02). http：//www. suzhou. gov. cn/szsrmzf/wzjd/202012/f4593640a8a74fd29ce9fdfcb77cca5d. shtml.

[512] 武汉市经济和信息化局．市人民政府关于加快区块链技术和产业创新发展的意见 [EB/OL].（2021 - 06 - 30）. http：//www. wuhan. gov. cn/zwgk/xxgk/zcjd/202107/t20210701_1730679. shtml.

[513] 工业和信息化部．两部门关于加快推动区块链技术应用和产业发展的指导意见 [EB/OL].（2021 - 06 - 07）. https：//www. miit. gov. cn/zwgk/zcwj/wjfb/rjy/art/2021/art_851f2059f13d41a8bba59c8dce9401a8. html.

[514] 广州市人民政府．广州市埔区工业和信息化局　广州开发区经济和信息化局关于印发广州市埔区广州发区加速区块链产业引领变革若干措施实施细则的通知 [EB/OL].（2019 - 10 - 28). http：//www. gz. gov. cn/gfxwj/qjqfxwj/hpq/qdm/confent/post_5485252. html.

[515] 泉州市政府办公室．泉州市人民政府办公室关于印发加快区块链技术应用发展的若干措施 [EB/OL].（2020 - 06 - 28)，http：//www. quanzhou. gov. cn/zfb/xxgk/zfxxgkzl/zfxxgkml/srmzfxxgkml/ghjh/202006/t20200628_2352368. html.

[516] 旷野之科技．深圳出台扶持政策，区块链项目最高可补贴 200 万元 [Z/OL].（2018 - 03 - 23)，https：//www. 163. com/dy/article/DDIIVOE60511GFTU. html.

[517] 昆明市人民政府．昆明数字经济发展扶持项目申报启动　区块链基础平台最高补助 500 万元 [Z/OL].（2022 - 03 - 24). https：//www. km. gov. cn/c/2022 - 03 - 24/4319273. shtml.

[518] CoinON. 全国 10 城区块链产业专项补贴政策汇总 [Z/OL].（2019 - 12 - 09). https：//www. coinonpro. com/news/toutiao/89823. html.

[519] Alauddin M，Quiggin J. Agricultural intensification，irrigation and the environment

in South Asia: Issues and policy options [J]. Ecological Economics, 2008, 65 (1), 111-124.

[520] Pingali P L. Green: impacts, limits, and the path ahead [J]. Proc. Natl. Acad. Sci. U. S. A., 2012, 109 (31), 12302-12308.

[521] Jiang Y P, Li K R, Chen S F, et al. A sustainable agricultural supply chain considering substituting organic manure for chemical fertilizer [J]. Sustainable Productionand Consumption, 2021, 29: 432-446.

[522] Sckokai P, Moro D. Modeling the Reforms of the Common Agricultural Policy for Arable Crops Under Uncertainty [J]. Social Science Electronic Publishing, 2010, 88 (1): 43-56.

[523] Zheng S, Lambert D, Wang S S, et al. Effects of Agricultural Subsidy Policies on Comparative Advantage and Production Protection in China [J]. Chinese Economy, 2013, 46 (1): 20-37.

[524] Zi W C, Zhou J Y, Xu H L. Preserving relational contract stability of fresh agricultural product supply chains [J]. Journal of Industrial and Management Optimization, 2021, 17 (5): 2505-2518.

[525] Yu Y N, He Y, Salling M. Pricing and Safety Investment Decisions in Food Supply Chains with Government Subsidy [J]. Journal of Food Quality, 2021 (8), 1-18.

[526] Bajgiran A H., Jang J, Fang X, et al. A biofuel supply chain equilibrium analysis with subsidy consideration [J]. International Journal of Energy Research, 2019, 43 (5): 1848-1867.

[527] Zhang R R, Ma W M, Liu J J. Impact of government subsidy on agricultural production and pollution: A game-theoretic approach [J]. Journal of Cleaner Production, 2020, 285: 124806.

[528] Lopez R A, Xi H, De F. What Drives China's New Agricultural Subsidies? [J]. World Development, 2017, 93: 279-292.

[529] Xu J F, Liao P. Crop Insurance, Premium Subsidy and Agricultural Output [J]. Journal of Integrative Agriculture, 2014, 13 (11): 2537-2545.

[530] Yu J. Effects of subsidized crop insurance on crop choices [J]. Agricultural Economics, 2018, 49 (4): 533-545.

[531] Alizamir S, Iravani F, Mamani H. An Analysis of Price vs. Revenue Protection: Government Subsidies in the Agriculture Industry [J]. Management Science,

2019，65（1）：32-49.

[532] Peng H J，Pang T. Optimal strategies for a three-level contract-farming supply chain with subsidy [J]. International Journal of Production Economics，216：274-286.

[533] Solaymani S，Aghamohammadi E，Falahati A. Food security and socio-economic aspects of agricultural input subsidies [J]. Review of Social Economy，2019，77（3）：271-296.

[534] 张旭梅，朱江华，但斌，等．考虑补贴和公益性的生鲜冷链保鲜投入激励 [J]. 系统工程理论与实践，2022，42（3）：738-754.

[535] 彭红军，庞涛．农业补贴政策下订单农业供应链融资与运作策略研究 [J]. 管理工程学报，2020，34（5）：155-163.

[536] 杨志华，杨俊孝，王丽，等．农业补贴政策对农户耕地地力保护行为的响应机制研究 [J]. 东北农业科学，2020，45（2）：116-120.

[537] Yu Y N，He Y，Salling M. Pricing and Safety Investment Decisions in Food Supply Chains with Government Subsidy [J]. Journal of Food Quality，2021：1-18.

[538] Broeks M J，Biesbroek S，Over E A B，et al. A social cost-benefit analysis of meat taxation and a fruit and vegetables subsidy for a healthy and sustainable food consumption in the Netherlands [J]. BMC Public Health，2020，20（1）1-12.

[539] Rummo P E，Noriega D，Parret A，et al. Evaluating a USDA program that gives SNAP participants financial incentives to buy fresh produce in supermarkets [J]. Chinese Journal of Management Science，2019，38（11）：1816-1823.

[540] Peng H J，Pang T. Optimal strategies for a three-level contract-farming supply chain with subsidy [J]. International Journal of Production Economics，2019，216：274-286.

[541] Ye F，Cai Z G，Chen Y J，et al. Subsidize farmers or bioenergy producer? The design of a government subsidy program for a bioenergy supply chain [J]. Naval Research Logistics，2020，68（8）：1-16.

[542] Zhang R R，Ma W M，Liu J J. Impact of government subsidy on agricultural production and pollution：a game-theoretic approach [J]. Journal of Cleaner Production，2020，285：1-11.

[543] Chen Y H，Wen X W，Wang B，et al. Agricultural pollution and regulation：How to subsidize agriculture? [J]. Journal of Cleaner Production，2017，164：

258 -264.

[544] Wang C, Deng M Z, Deng J F. Factor reallocation and structural transformation implications of grain subsidies in China [J]. Journal of Asian Economics, 2020, 71: 101248.

[545] Tagarakis A C, Benos L, Kateris D, et al. Bridging the gaps in traceability systems for fresh produce supply chains: Overview and development of an integrated IoT-based system [J]. Applied Sciences, 2021, 11 (16): 7596.

[546] Liu P, Wang S. Logistics outsourcing of fresh enterprises considering fresh-keeping efforts based on evolutionary game analysis [J]. IEEE Access, 2021, 9: 25659-25670.

[547] 熊峰，彭健，金鹏，等．生鲜农产品供应链关系契约稳定性影响研究——以冷链设施补贴模式为视角 [J]. 中国管理科学，2015，23 (8)：102-111.

[548] Liu K Y, Lan Y, Li W, et al. & Cao Erbao. Behavior-Based Pricing of Organic and Conventional Agricultural Products Based on Green Subsidies [J]. Sustainability, 2019, 11 (4).

[549] 孙浩，乔翠霞．农业绿色转型视角下的农业补贴制度问题研究 [J]. 中国发展，2017，17 (4)：24-28.

[550] Zhang Y, Sun J, Wang Z R, et al. Agricultural subsidies, production certification and green pesticide use rate: evidence from experiments [J]. Fresenius Environmental Bulletin, 2021, 30 (4): 3910-3923.

[551] 李守伟，李光超，李备友．农业污染背景下农业补贴政策的作用机理与效应分析 [J]. 中国人口·资源与环境，2019，29 (2)：97-105.

[552] Eerola E & Huhtala A. Voting for Environmental Policy under Income and Preference Heterogeneity [J]. American Journal of Agricultural Economics, 2008, 90 (1): 256-266.

[553] Jiang Y P, Li K R, Chen Sifan, et al. A sustainable agricultural supply chain considering substituting organic manure for chemical fertilizer [J]. Sustainable Production and Consumption, 2022, 29: 432-446.

[554] 涂正革，甘天琦，王昆．基于绿色发展视角的农业补贴政策效率损失的探究 [J]. 华中师范大学学报（人文社会科学版），2019，58 (2)：39-49.

[555] 吴绒．政府补贴策略下农产品绿色供应链管理决策研究 [J]. 广东农业科学，2014，41 (15)：215-219.

[556] Galvez J F, Mejuto J C, Simal - Gandara J. Future challenges on the use of blockchain for food traceability analysis [J]. TrAC Trends in Analytical Chemistry, 2018, 107: 222 - 232.

[557] Tripoli M & Schmidhuber J. Emerging Opportunities for the Application of Blockchain in the Agri - food Industry [J]. Post - Nairobi WTO Agerda, 2018.

[558] APHIS U. Animal disease traceability. summary of program reviews and proposed directions from state - federal working group [R]. 2018. https: //www. aphis. usda. gov/publications/animal health/adt - summary - program - review. pdf.

[559] APHIS U. Sheep and goat identification [R]. 2020. https: //www. aphis. usda. gov/aphis/ourfocus/animalhealth/animal - disease - information/sheep - and - goat - health/scrapie - tags.

[560] Chen H H, Tian Z H, Xu F. What are cost changes for produce implementing traceability systems in China? Evidence from enterprise A [J]. Applied Economics, 2018, 51 (7 - 9), 687 - 697.

[561] Xu X & Xie L B. Research on Method of Government Decision - Making of Traceability System Based on Logistic Model [J]. Applied Mechanics and Materials, 2013, 2388 (321 - 324): 3012 - 3016.

[562] Hou B, Wu L H, Chen X J. Market simulation of traceable food in China based on conjoint - value analysis: a traceable case of pork [J]. International Food and Agribusiness Management Review, 2020, 23 (5): 735 - 746.

[563] Fu N, Zhang X R, Jia Z D. Game Analysis on Government Subsidy for Agricultural Enterprise' IoT Investment [J]. IOP Conference Series Materials Science and Engineering, 2019, 688, 55040.

[564] 胡劲松，刘玉红，马德青. 技术创新下考虑绿色度和溯源商誉的食品供应链动态策略 [J]. 软科学，2021，35 (1): 39 - 49.

[565] Xu X, Xie L B. Research on Method of Government Decision - Making of Traceability System Based on Logistic Model [J]. Applied Mechanics and Materials, 2013, 2388 (321 - 324), 3012 - 3016.

[566] Tagarakis A C, Benos L, Kateris D, et al. Bridging the gaps in traceability systems for fresh produce supply chains: Overview and development of an integrated IoT - based system [J]. Applied Sciences, 2021, 11 (16): 7596.

[567] Cheng Y J, Hao H, Tao S P, et al. Traceability Management Strategy of the EV

Power Battery Based on the Blockchain [J]. Scientific Programming, 2021, 1-22.

[568] 时宗野，郑跃．基于区块链技术的双寡头企业绿色生产博弈分析与研究 [J]. 淮北师范大学学报（自然科学版），2021，42（2）：53-59.

[569] 郭曦，齐皓天，钟涨宝．日本第四次修订《食品、农业和农村基本法》及启示 [J]. 中国人口·资源与环境，2016，26（7）：169-176.

[570] 陈娉婷，张月婷，沈祥成，等．中国食用农产品追溯标准体系现状及对策 [J]. 湖北农业科学，2021，60（22）：190-194，200.

[571] 赵荣，乔娟．农户参与蔬菜追溯体系行为、认知和利益变化分析——基于对寿光市可追溯蔬菜种植户的实地调研 [J]. 中国农业大学学报，2011，16（3）：169-177.

[572] Dai J B, Fan L, Lee N K S, et al. Joint optimisation of tracking capability and price in a supply chain with endogenous pricing [J]. International Journal of Production Research, 2017, 55 (17-18), 1-20.

[573] Liao C H, Lu Q H, Shui Y. Governmental Anti-Pandemic and Subsidy Strategies for Blockchain-Enabled Food Supply Chains in the Post-Pandemic Era [J]. Sustainability, 2022, 14 (15): 9497.

[574] Ye F, Liu S Y, Li Y N, et al. Early Adopter or Follower? The Strategic Equilibrium of Blockchain Technology Adoption Strategy for Competing Agri-Food Supply Chains [J]. IEEE Transactions on Engineering Management, 2022: 1-15.

[575] Cao B B, Zhu M F, Tian quan. Optimal Operation Policies in a Cross-Regional Fresh Product Supply Chain with Regional Government Subsidy Heterogeneity to Blockchain-Driven Traceability [J]. Mathematics, 2022, 10 (23): 4592.

[576] Xu J, Duan Y R. Pricing and greenness investment for green products with government subsidies: when to apply blockchain technology? [J]. Electronic Commerce Research and Applications, 2022, 51, 1-14.

[577] 姜文．基于契约理论的生鲜农产品双渠道供应链协调研究 [D]. 徐州：江苏师范大学，2018.

[578] 付琳．公平关切视角下生鲜农产品双渠道定价研究 [D]. 广州：华南理工大学，2017.

[579] 夏静．基于契约理论的“景区+OTA”双渠道供应链协调研究 [D]. 锦州：渤海大学，2020.

[580] Ran W X, Wang Y, Yang L F, et al. Coordination Mechanism of Supply Chain considering the Bullwhip Effect under Digital Technologies [J]. Mathematical Problems in Engineering, 2020: 1-28.

[581] 熊榆，罗青林．碳税约束下零售商减排成本分担合同研究［J］．科技管理研究，2016，36（9）：204-209.

[582] 王婷婷，王道平．政府补贴下供应链合作减排与低碳宣传的动态协调策略［J］．运筹与管理，2020，29（8）：52-61.

[583] 刘洋．考虑消费者感知的3D打印供应链产品定价研究［D］．长沙：湖南大学，2018.

[584] Ma W M, Cheng R, Ke H, et al. Optimal pricing decision for supply chains with risk sensitivity and human estimation [J]. International Journal of Machine Learning and Cybernetics, 2019, 10 (7): 1717-1730.

[585] 邹浩，秦进．价格竞争下风险规避对闭环供应链决策的影响研究［J］．数学的实践与认识，2021，51（1）：277-287.

[586] 韩梦圆，冯良清，张蕾．绿色供应链中三重竞争对发行可替代产品的影响［J］．中国管理科学，2023，31（4）：89-100.

[587] 范雷．基于产品召回的供应链追溯与定价策略研究［D］．武汉：武汉大学，2017.

[588] Bai Q G, Chen M Y, Xu L. Revenue and promotional cost-sharing contract versus two-part tariff contract in coordinating sustainable supply chain systems with deteriorating items [J]. International Journal of Production Economics, 2017, 187: 85-101.

[589] 范辰，张琼思，陈一鸣．新零售渠道整合下生鲜供应链的定价与协调策略［J］．中国管理科学，2020，30（2）：118-126.

[590] 任晓雪．O2O模式下零售商双渠道供应链定价与协调研究［D］．大庆：黑龙江八一农垦大学，2018.

[591] Song Z L, He S W, Xu G S. Decision and coodination of fresh produce threelayer e-commerce supply chain: A new framework [J]. IEEE Access, 2019, 7: 30465-30486.

[592] 聂腾飞，宇海锁，杜少甫．基于政府补贴的随机产出与需求农产品供应链优化决策［J］．中国科学技术大学学报，2017，47（3）：267-273.

[593] Liu P, Yi S P. A study on supply chain investment decision-making and coordination in the Big Data environment [J]. Annals of Operations Research, 2018, 270

(1-2), 235-253.

[594] Liu P, Yi S P. Investment decision-making and coordination of a three-stage supply chain considering Data Company in the Big Data era. Annals of Operations Research, 2018, 270 (1-2), 255-271.

[595] Yiu N C K. Toward Blockchain-Enabled Supply Chain Anti-Counterfeiting and Traceability [J]. Future Internet, 2020, 13 (4): 86-97.

[596] Appelhanz S, Osburg V S, Toporowski W, et al. Traceability system for capturing, processing and providing consumer-relevant information about wood products: System solution and its economic feasibility [J]. Journal of Cleaner Production, 2016, 110: 132-148.

后　记 POSTSCRIPT

历时3年多，本书得以出版。书稿的顺利完成得益于河南省重点研发与推广（软科学）项目“黄河流域中基于区块链与大数据的低碳制造企业定价机制研究（No. 212400410307）”、河南省高等学校重点科研项目“后疫情时期基于技术补贴的‘区块链+’农产品供应链定价机制研究（No. 21A 630016）”、河南省高等学校重点科研项目“基于联盟链和人脸识别的身份认证研究（23A 520005）”、教育部人文社科青年项目“考虑产后损失和减损努力的粮食供应链政府补贴策略研究（21YJC 790076）”、中国博士后科学基金第72批面上项目“考虑减损努力的粮食供应链利益相关者协调机制研究”（2022M 721039）、2023河南省高校哲学社会科学创新人才支持计划（2023-CXRC-24）的支持。

以上项目的研究成果是形成本书稿的重要支撑，主要支撑成果如下：

[1] Liu Pan，Cui Xiaoyan. Subsidy policies of a fresh supply chain considering the inputs of Blockchain Traceability Service system [J]. Science and Public Policy，2022，50 (1)：72-86. (JCR3 区，SSCI)

[2] Pan Liu. Investment decisions of a high-quality fresh supply chain about the blockchain-based anti-counterfeiting traceability service [J]. Agriculture，2022，12 (6)：829-832. (JCR1 区，SCI)

[3] Pan Liu，ziran zhang，Fengyi Dong，Subsidy and pricing strategies of an agri-food supply chain considering the application of Big Data and Blockchain [J]. RARIO - Operation research，2022，56 (3)：1995—2014. (JCR4 区，SCI)

[4] Pan Liu，Fengjie Zhang. Pricing strategies of dual-channel green supply chain considering big data information inputs [J]. Soft Computing，2022，26 (6)：2981-2999. (JCR2 区，SCI&SSCI)

[5] Pan Liu, et al. , Pricing Strategies of Low - Carbon Enterprises in the Yellow River Basin Considering Demand Information and Traceability Services [J]. Kybernetes, 2021, 1 - 19. (JCR3 区, SCI&SSCI)

[6] Pan Liu. Pricing rules of Green Supply Chain considering Big Data information inputs and cost - sharing model [J]. Soft Computing, 2021, 25 (13): 8515 - 8531. (JCR2 区, SCI&SSCI)

[7] Liu, et al. Investment decision and coord • ination of green agri - food supply chain considering information service based on block - chain and Big Data [J]. Journal of Cleaner Production, 2020, 277: 1 - 20. (JCR1 区, SSCI&SCI, 中科院 TOP 期刊)

[8] Liu, et al. Investment Decision of Blockchain - Based Traceability Service Input for a Competitive Agri - Food Supply Chain [J]. Foods, 2022, 1 - 20 (JCR1 区, SCI)

另外，感谢为本书撰写提供支持的崔笑颜硕士、张自冉硕士、李梦娟硕士，感谢为本书出版提供指导意见的李炳军教授、李晔教授、孙昌霞副教授、司海平教授。

图书在版编目（CIP）数据

基于技术补贴的“区块链+”农产品供应链运营机制研究 / 刘盼等著. —北京：中国农业出版社，2023.8
ISBN 978-7-109-30829-9

Ⅰ.①基… Ⅱ.①刘… Ⅲ.①农产品－供应链管理－研究－中国 Ⅳ.①F724.72

中国国家版本馆 CIP 数据核字（2023）第 109163 号

中国农业出版社出版
地址：北京市朝阳区麦子店街 18 号楼
邮编：100125
责任编辑：闫保荣　　文字编辑：何　玮
版式设计：王　晨　　责任校对：吴丽婷
印刷：北京中兴印刷有限公司
版次：2023 年 8 月第 1 版
印次：2023 年 8 月北京第 1 次印刷
发行：新华书店北京发行所
开本：700mm×1000mm　1/16
印张：14.75
字数：234 千字
定价：68.00 元
